U0097033

中國學術思想 研究輯刊

十六編

林慶彰 主編

第13冊

梨洲對明代儒學的承繼與開展

楊自平 著

花木蘭文化出版社

國家圖書館出版品預行編目資料

梨洲對明代儒學的承繼與開展／楊自平 著 — 初版 — 新北市：
花木蘭文化出版社，2013〔民 102〕
目 2+184 面；19×26 公分
（中國學術思想研究輯刊 十六編：第 13 冊）
ISBN：978-986-322-138-8（精裝）
1.（清）黃宗羲 2.學術思想 3.儒學
030.8   102002267

ISBN-978-986-322-138-8

9 789863 221388

中國學術思想研究輯刊
十六編　第十三冊　　　　　　　　ISBN：978-986-322-138-8

梨洲對明代儒學的承繼與開展

作　　　者　楊自平
主　　　編　林慶彰
總 編 輯　杜潔祥
出　　　版　花木蘭文化出版社
發 行 所　花木蘭文化出版社
發 行 人　高小娟
聯絡地址　235 新北市中和區中安街七二號十三樓
　　　　　　電話：02-2923-1455／傳真：02-2923-1452
網　　　址　http://www.huamulan.tw 信箱 sut81518@gmail.com
印　　　刷　普羅文化出版廣告事業
封面設計　劉開工作室
初　　　版　2013 年 3 月
定　　　價　十六編 25 冊（精裝）新台幣 42,000 元　　版權所有・請勿翻印

梨洲對明代儒學的承繼與開展

楊自平　著

作者簡介

楊自平，臺灣彰化縣人，1970 年生。中央大學中國文學系博士。曾任中央大學中國文學系助理教授，現任中央大學中國文學系副教授。長年致力《易》學研究，並旁涉先秦思想、宋明理學、當代新儒學、《史記》學及三國學。著有《世變與學術——明清之際士林《易》學與殿堂《易》學》、《明代學術論集》、《吳澄《易經》解釋與《易》學觀》，並與楊祖漢教授合編《綠色啟動：重探自然與人文的關係》（共三冊）及《黃宗羲與明末清初學術》。除收錄於個人專書之期刊論文外，尚有等數篇期刊論文、專書論文與會議論文。

提　　要

　　本論文共分六章，主要是環繞梨洲歷史性儒學的建構而開展的。

　　第一章「導論——梨洲思想的淵源與形成」。梨洲希望藉由認識時代情勢及時代問題，進而進行反省並提出對治，因此梨洲學與整個時代環境及歷史發展是緊密關聯的。至於梨洲與宋明理學之關聯性，基本上是重理、重心、重氣傳統激盪下所開展的，針對此三系發展的特色及流弊加以反省與承繼，既言「盈天地皆心」，又主張「盈天地皆氣」，同時又言「即心窮理」。關於本書的詮釋入路，主要採劉述先先生的「思想史」進路，將梨洲學放入思想史脈絡中思考，並對比同時期的船山學，見出彼此歷史性儒學之不同向度。梨洲重根源，而船山重現象面；梨洲強調人的歷史實踐，而船山則較側重常道如何於歷史中開顯。而本書之研究方式則是強調對梨洲學的解釋與理解，至於批判則略提之，儘量對梨洲有相應的理解，以見出梨洲如何繼承宋明及開展時代新學。

　　第二章「淪人的存在及人存在的歷史性」梨洲的歷史性儒學的理論基礎主要是承繼陽明心學傳統及蕺山的重氣傳統，以氣作為萬有創生之基源，以心作為人存有根源及物我互通之關鍵，氣與心皆就本體層次而言，而本體層次又融攝實存層次作為其主宰。梨洲更進一步於本體論的氣、心概念中提出「實踐」的概念，強調於實踐中體證本體，並於實踐中完成本體，而建立所謂「實踐存有學」。人因人性而可超脫形軀之限，但人性必須經由實踐使人性不斷被開顯，而在開顯的歷程中便呈現了人性的歷史性；而人經由實踐的過程便是參與了歷史創造，使人與歷史形成互動關係。

　　第三章「歷史性的儒學之建立與省察」梨洲歷史性的儒學是由歷史中擷取養分建構而成，而梨洲所謂的歷史是環繞著文化而說的，包含了政治、學術、經濟等人性落實於具體事為中的各種表現，所以「歷史即是文化史」，而肯定文化的價值背後隱含最根本的動機及目的——肯定人性，並以人性作為歷史思維之切入點，對歷史進行解釋與批判，就此而言「歷史即是人性史」。正因認清人性是歷史創造之根源，其他人事變遷均是運行過程中的變化之勢只是暫時現象，最終會回歸歷史常道。故對整個歷史發展，梨洲強調人類歷史是：環繞著道（人性）而建立的傳統，將事實上是出於「致用」的理想之運用性及無限性解釋，提出經由歷史發揮，並於歷史發展。

　　第四章「對陽明思想及王學各派的理解與批判」，主要探討梨洲對王學之反省。梨洲以「儒

釋之辨」作為基源問題，分別就王門四句教、龍溪、江右、泰州諸派進行反省。梨洲認為陽明能真正展現儒學精神，關鍵在於肯定良知。對其詮釋有對於龍溪，梨洲所以嚴厲批判主要是龍溪欲混同儒釋（道），關鍵在於龍溪與梨洲立場之差異——重會通與別同異。對於江右的認定，梨洲認為江右在義理、實踐、傳承三方面而言，均得陽明正傳且有救正發揚王學之功，故論斷江右為王學嫡傳。至於泰州派，梨洲批判泰州雖然強調實踐，但卻產生狂放行徑，關鍵在於忽略道德本體，產生祖師禪「作用見性」之弊。基本上梨洲的立場是「重德傳統」，而泰州屬「重樂傳統」。

第五章「重視通經致用與肯定道德豐功」梨洲對於朱陸知識與道德的對立，提出早年只是教相之異，而晚年已漸彌合。但朱、陸故梨洲以「心」作為知識與道德的根源解消二者之對立性。對於道德——事功的對立，主要是指泰州狂放的行徑，故重新反省朱、陳之爭論，提出朱子忽略終極之理不離事功之理，而陳亮誤以事功之理即終極之理，故梨洲強調道德不離事功，事功應本於道德起，而事功之建立必須經由學習歷程——治學與修德，並進一步配合「時位」將人性充盡發用表現在——立德、立功、立言上。

第六章「結論」本章一方面針對各章節進行彙統，一方面見出梨洲學如何由道德性儒學開展出歷史性的儒學實踐來另方面指出梨洲學的時代意義。同時吾人面對現今的時代課題可將傳統與現代關聯起來思考，尋出解決之道。梨洲重視經世觀點亦可作為現今知識分子之參考。

目

次

第一章　導　論
——梨洲思想的淵源與形成

第一節　前　言

　　本章主要是將梨洲學放入時代的大情境及宋明學術發展之歷程中見出梨洲的定位所在，先將大致的輪廓勾勒出，而爲後面細部的論述作準備。

　　首先，關於梨洲所處的時代背景及其自身的生命歷程，對梨洲而言，其學術之形成與其所處環境有密不可分之關係，彼對於時代有極敏銳的感應，能於許多事件的跡象中見出發生之根源，加上對於歷史的研究，種種因素使梨洲關懷其生存的大環境，愈多的生活體驗，更豐富了梨洲的見解，因此研究梨洲學不可不認識其生命特質及人生歷鍊，並將彼放入整個時代情境中，重新思考梨洲所關切的時代問題。

　　第三節接著探討梨洲對宋明理學的承與與開展，梨洲的歷史性的儒學是延續明代心學而來，一方面承繼，一方面開展。王學不受政統制約，而能承繼發揚孔孟之道，重新喚起人們的道德自覺，間接的由精神層面與專制教條抗衡。就學術的精神而言，王學可以作爲明代學術的代表，既然王學足以作爲明代學術的代表，且王學與宋代朱陸之學有其承繼關係，因此整個宋明理學是一個延續性的發展，而作爲接續者自然必須延續此發展歷程。至於同期的顧炎武與王船山對陽明心學均有所批判，其中顧氏對王學多不相應〔註1〕，

〔註 1〕　顧亭林評李贄云：「然推其作俑之繇，所以敢於詆毀聖賢，而自標宗旨者，皆出於陽明、龍溪禪悟之學。」〔清〕顧炎武：〈李贄〉，《日知錄集釋》（臺北：

反契近程朱學；船山則是一方面批判王學末流，同時亦遠紹關學而開啓新的學術生機，正視人「存在的歷史性」〔註2〕。就顧氏而言，其是以程朱學批判心學；就與心學之密切度而言船山是高於顧氏的，因船山是於王學批判中轉出新的生機，但相對於梨洲直承王學而言，梨洲與王學關聯性又高於船山。至於與梨洲並稱的孫夏峰、李二曲，三人同爲清初承繼王學之學者，但何以不稱孫、李二氏爲宋明理學之總結，基本上二氏屬王學之延續，因此不可稱爲總結。本節所論重點落在梨洲如何承繼王學之宗旨，並進一步開創出新的時代之學，此便涉及轉進的問題，通篇便是環繞梨洲對宋明理學的總結與轉進進行思考。

本章第四節則就前人成果與研究進路加以論述。首先，就前輩對梨洲的詮釋加以說明，進而點出梨洲對於人存有問題的思維是實踐上遂式的模式，異於過去天命下貫式的思維，既然強調實踐上遂必然重視人的材質生命，此異於過去直接訴諸人性強調人存有的超越面，梨洲重視的是人性如何藉由形軀具體落實於生活情境中，正因強調具體落實，自然重視歷史性的思維，而非只是將人性單獨抽離於生活世界進行哲學思考，因此對梨洲學的詮釋應掌握梨洲學的特色，而尋出適切的詮釋進路，否則無法見出其中的精髓。故本文對梨洲學採取的詮釋進路是將梨洲學以思想史的角度切入，統觀其觀點與整個時代情境間的關聯性，進而就此現象進行深入的哲學反省，以見出其立論之用意。筆者認爲梨洲是基於時代變遷及儒學內部轉型的需求，由心學傳統轉出歷史性的儒學。梨洲歷史性的儒學是將道德主體放入具體情境中思考，甚至是落在整個歷史脈絡中考察的，因此實踐場域亦由個人修養轉化爲歷史實踐。但此處產生一問題，既然歷史性儒學的開出是時代趨勢使然，如此梨洲的歷史性的儒學特色如何見出？此處提出了與梨洲同期且觀點較接近的船山，針對二人的歷史性的儒學特質進行比照，以逼顯梨洲的特色。筆者認爲梨洲重視歷史性的儒學之心性根源，而船山重歷史性的儒學的現象面。

世界書局，1991 年），卷 20，頁 439。卷末附黃侃《日知錄校記》此可見出亭林對於王門頗多微辭，尤以泰州、龍溪爲最。然對於朱子卻極爲推崇，亭林言道：「惟絕學首明於伊雒，而微言大闡於考亭，不徒羽翼聖功，亦乃發揮王道。啓百世之先覺，集諸儒之大。」〔清〕顧亭林：〈華陰縣朱子祠堂上梁文〉，《亭林詩文集》（臺北：臺灣商務印書館，1965 年），卷 5，頁 130。

〔註 2〕 參見林安梧：《王船山人性史哲學之研究‧導論》（臺北：東大圖書公司，1991 年），頁 17。

最後再交代本文的研究方法及章節安排。

第二節　生命歷程及時代背景

　　劉述先將梨洲定位為思想家，而非哲學家〔註3〕，因梨洲並未建構一完整之哲學體系，只是承繼、運用了前人之哲學體系進行時代問題之思考。至於稱其為思想家主要是因其對時代問題確實有獨到的創造性見解，具有原創性的思維。既身為一位思想家，自然對所處的時代環境有敏銳地洞察力，因此欲瞭解一個思想家的思想不得不關聯整個時代環境來思考，而且就梨洲這個時代感極強的思想家而言尤其如此，何以言之？一方面因梨洲本身存在的命運，使其不得不與時代環境相關聯，此處主要是就其父身遭逆閹迫害，使其不得不報父仇而牽扯政局之中，除此亦受其父及其師蕺山的影響，積極關懷世局；另一方面因其本身具有歷史意識，故極重視經世致用及對時變之掌握，由於此二因素，使梨洲之生命歷程與時代變遷形成密不可分的糾結。也因其親自參與時局之變遷，故對於當時社會及學術生態有極深刻的認識，因此其學術傾向多針對救正時弊而發，例如反時文、科舉、選文之弊，反釋氏之學，此些問題感乃因於其敏銳的時代感所致。

　　因此梨洲的生命實踐歷程與時代變遷有密不可離之關係，就其所處時代，可大略區分為三階段，明末衰亂時期、明亡及南明時期、清代政權一統時期。而梨洲之生平亦可因應此而區分為三期：黨錮時期、抗清時期、著述時期〔註4〕，在黨錮時期主要是因其父及其師之關係，間接參與東林之事務，此間重要行徑即是發生了其以鐵錐擊許顯純，拔崔應元鬚，以報其父之血仇。其後則實際參與復社活動，其間重要事件則是與復社名士、東林遺孤合力作

〔註3〕劉述先云：「黃宗羲不能說是一位哲學家，而是一位思想家。這不是說他沒有自己的哲學思想，只是他用一種折光的方式表達出來。他著《明儒學案》，又著手編寫《宋元學案》，雖未完成，但他的意圖十分清楚，他想客觀地研究宋（元）明儒的思想，通過主觀的選擇與判斷，作出總結。」劉述先：《黃宗羲心學之定位》（臺北：允晨文化股份有限公司，1986年），頁1。

〔註4〕此分期可與梨洲七世孫黃炳垕所作《黃宗羲年譜》中於黃梨洲先生小像旁附的一段文字，此署名為自題，對此出於誰之手，暫且不論，但其所述有參考價值。其論道：「初錮之為黨人，繼指之為游俠，終則之於儒林，其為人也，蓋三變而至於今，豈其時為之耶？抑夫人之有遠心？」〔清〕黃炳垕：《黃宗羲年譜》（北京：中華書局，1993年），卷首。此可清楚見出梨洲生命歷程的三階段，並可見出其變遷與時勢之密切關聯。

〈南都防亂揭〉討逆臣如阮大鋮，但卻因此反遭逆臣之圍勦。至於抗清時期，其實際參與了武裝戰鬥之事，嘗組織「世忠營」迎接魯王抗清，並親自帶領「火攻營」，但卻遭清軍殲滅，後退守四明山繼續抗戰，甚至嘗遠赴日本乞軍援，其後又陸續為魯王作密信工作，此抗清行動一直延續近十年之久，其間面臨清廷嚴密搜捕行動，又加上南明朝廷逆臣勢力之威脅，其可謂經歷了九死一生的艱難處境，又加上其因抗清連累了家屬，且偏逢家人遭病死及祝融之災，其際遇可謂人生悲慘至極。到最後鑑於復興無望，遂脫離現實政治，潛心致力著作講學，此際其所從事的工作，便是將親身經歷以文字作忠實記錄，並針對明代的治亂興衰進行透徹反省，而完成了《留書》、《明夷待訪錄》之作品，並為明代思想及文學成果作詳盡的整理及保存的工作，彼一生所完成的著作種類之繁，內容之豐，是學術史上少見的，正因其辛勤整理及著作，使當時文獻得以詳盡留存。除了辛勤著述外，梨洲亦從事講學工作，彼嘗於其師蕺山的紹興證人書院從事講學，以傳承其師之學術。而其貢獻最深遠者應屬甬上證人書院的創辦及講學活動，前後經歷八年，造就不少經學家、史學家等，甚至形成了清初重要的學派──浙東學派，而與顧炎武浙西學派分庭抗禮，而梨洲亦因此影響清代學術既深且遠，雖然後因受政治壓力制約，但卻潛伏於學術底層，而深深地影響清學。〔註5〕

　　正因梨洲實際投身明末政治，對明代政權衰亂之因素有極深刻的認識，雖然充滿救國理想，但當其著述反省明代政治時，卻能以理性客觀的立場進行論斷，異於許多遺民對明政權仍充滿理想性的眷戀，無法予以公允的反省。也因其親身投身世局，故能目睹許多政治事件之真象，見出許多逆臣誤國之行徑，見出忠義之士的烈忠氣節，透過其史家之洞察，運用其史家之筆的記載，使明末清初這段歷史經由其實際體驗而忠實的保存下來，當然其間不免含史家本身主觀意識之攙雜，此是任何史家在論述時所不可避免的，但至少就事件本身之可靠性較一般間接性資訊是更為可信。因此由梨洲的生命實踐到史料保存與評斷，而至對整個傳統的通盤反省，基本上是以一個實存生命具體落實於整個生活情境中去實踐，並將此實存感與整個歷史傳統之生命緊密聯結，使其在思索任何問題時並不將事件單獨來看，而是將事件與整

〔註 5〕關於梨洲生平之論述主要參考〔清〕黃炳垕：《黃宗羲年譜》、〔清〕全祖望：《鮚埼亭集》（臺北：華世出版社，1977 年），卷 11〈梨洲先生神道碑文〉及近人吳光：《黃梨洲著作彙考‧附錄二‧清初啓蒙思想家黃宗羲傳》（臺北：臺灣學生書局，1990 年）中所載關於梨洲生平介紹之部分。

個環境甚至歷史變遷關聯起來思考，意即對事件採取所謂共時性、歷時性的思考〔註6〕，如此方能見出事件產生之諸多成因，而非只是一偶發事件，此即梨洲所採取的思維向度，對於此方面之思考將於第三章詳盡論之。

也正因梨洲有深刻的歷史意識，因此面臨國亡家破之艱難，仍能保存堅毅的生存意志，意即梨洲並不只著眼於現實政權之興亡，更關切整個傳統文化命脈之存繼，因此於明亡後便堅持以遺民之身分不肯受清廷之召〔註7〕，但面對保存歷史文獻之責則勇毅承擔，雖不親自參與修史，但卻遣百家及門生萬斯同參與修史，期能於官史中保存明代珍貴文獻，而此正是在復國無望之際，所能為故國盡的最後心力，亦是為整個歷史文化延續生機，由此亦可見出梨洲在大難之際所表現出的歷史生命，與一般氣節之士所表現的道德生命是不同生命型態的展現。

梨洲對明代歷史進行反省，其用意除了消極性的保存史料外，更重要的是透過對此些歷史事件之反省、批判，而對傳統進行重建，即為當代建構一批判性的觀點，即由傳統中為未來發展尋出創造之生機，作為未來發展之動源。因此由梨洲對明代歷史之反省中見出社會經濟之發展新趨勢——商業的地位逐漸提昇，故梨洲認為過去重農抑商之觀點應逐漸修正，否則對經濟整

〔註6〕 所謂對事件採取共時性、歷時性的思考，此乃引用 A．J 古列維奇〈時間：文化史的一個課題〉一文，其認為：「在所謂原始的或神話的意識中，時間概念並不是以抽象的形式存在的，因為在古代發展階段，思想本身主要是具體的、與物體有關的、可感的。同時，意識從同時（共時）和歷時的兩種總體性來理解世界，因而是『暫存的』。」A．J 古列維奇：〈時間：文化史的一個課題〉，《文化與時間》（臺北：淑馨出版社，1992 年），頁 285。又言：「所有的時間樣式，過去、現在和未來，在『同時性（共時性）』的意義上，可以說處於同一平面。針對這種『空間化』的現象，我們認為時間必須按照同空間一樣的方式來加以理解，現在是與過去和未來的時間統一體分不開的。……過去從未終止其存在，它與現在具有同樣的現實性。」（同前，頁 287）梨洲思索過去、現在、未來的事物之時，其間事物的關聯意義除了表現在一體連續性的歷時性發展外，亦以平面性的關聯存在，此意味著在過去、現在、未來的事物是具密切關聯性的，彼此交互影響，非以線性的斷裂關係呈現。

〔註7〕 康熙十七年，梨洲年六十九，帝嘗欲詔梨洲為博學鴻儒，梨洲力辭，乃止。十九年又嘗詔梨洲修史，梨洲以年老力辭，只遣子百家參與修史工作。並言於徐元文曰：「昔聞首陽二老，託孤於尚父，遂得三年食薇，顏色不壞，令我遣子從公，可以置我矣。」可見梨洲堅守遺民本身，以不仕表己志，至於遣子修史則是為保存明史，並不違背其遺民氣節。參見〔清〕黃炳垕：《黃宗羲年譜》，頁 420。

體發展將無法產生利導作用〔註8〕。梨洲除了就經濟、政治、軍事、社會等層面進行批判反省外，其更尋出一切問題的真正根源所在——帝皇專制體制本身的不合理性。此則不僅是明代的問題，更是傳統的政治體制的問題，只是藉著明代的興亡使梨洲對帝皇專制體制之限制有更深切的體會，因此大膽對此專制體制提出批判，而此觀點之產生並非槃洲獨自創發，而是由對歷史的反省批判中見出專制制度的遺害，並從傳統儒家觀點中汲取民本思想，再配合現實客觀情境而建構具有時代意識的觀點，而以此作為政治體制的批判性觀點。

梨洲批判性觀點除了自歷史的反省、批判中建立外，亦積極擷取新的時代觀點，以因應時代變遷趨勢。在清初的社會因政局尚未穩立，而充滿種種可能發展，一時呈現出新興的氣象。此時承明末引進西學，西方的天文、曆算、物理等科學知識大量傳入，對當時知識界產生極大衝擊，梨洲對此些自然科學所採取的態度是廣泛吸收，但又非一味棄故學於不顧，因此其態度是兼採中外古今之觀點，因此能將中國故有的質測之學進一步開發。〔註9〕

在西學求實之思潮刺激下，加上自宋明理學以來因過於強調義理之建構，使經典成了哲學之附庸，甚至不惜為符應個人義理架構而竄改經文，如朱子對《大學》之改定，如此則產生對經典不同理解之爭議，而不得不向經典回歸，以釐清學術之紛爭。雖然梨洲以嚴格的考據法來治經，但此與清代後來發展的考據學是有極大殊異的，其根本關鍵在於考據只是學問研究的方法，是種對學術求真求實的態度，其主要目的在於釐清歷代的雜蕪傳注，保存可信的傳注，使經典原貌得以重現，如此可使後學不再為可疑的學術史料而誤導。此治學態度主要是建立在通經致用的基點上，並非為考據而考據，

〔註8〕 梨洲言道：「世儒不察，以為工商為末，妄議抑之。夫工故聖王之所欲來，商有使其願出於途者，蓋皆本也。」參見〔清〕黃宗羲：《明夷待訪錄·財計三》（北京：中華書局，1985 年），頁 34。

〔註9〕 梨洲於〈亡兒阿壽壙志〉言道：「予注律呂、象數、周髀、歷算、句股、開方、地理之書，頗得前人所未發。」〔清〕黃宗羲著、陳乃乾編：《黃梨洲文集》（北京：中華書局，2009 年），頁 284。梨洲不違言其於曆法上受西洋曆法之影響，並嘗著述《西洋歷法假如》、《回回歷法假如》，但對於中國故有之學，亦不因西學之傳而抹煞其價值，反而積極推廣保存，例如算術，其認為此為中國故有之學。梨洲〈敍陳言揚句股述〉云：「句股之學，其為精密容圓、測圓、割圓皆周公、商高之遺術，六藝之一也。……嗚呼！此六藝中一事，先王之道，其久而不歸者復何限哉！」參見〔清〕黃宗羲著、陳乃乾編：《黃梨洲文集》，頁 329。因此梨洲對西學之態度是開放的，以彌補吾故有之學的不足。

而走具有強烈的實用性格，與後來乾嘉學者受限於客觀情境而窮於考據訓詁是有極大出入的。此重經典的眞實性呈現，是宋明理學發展下必然的走向，而要求向原始經典回歸，是當時的學術趨勢，故皮錫瑞氏稱顧黃王三大儒爲漢宋兼採派——取漢唐注疏及宋元明之義理，但不過是實事求是，非欲自爲一家。〔註10〕

　　此些實用性的時代要求，對於清代學術無疑是發展的嶄新契機，若無人爲之刻意壓抑，定能開展出一番儒學新氣象。而梨洲無疑是扮演了啓蒙者的角色，於儒學因時代變革而面臨全盤崩解之際，爲儒學尋出重生的希望，而其所開創的歷史性的儒學正是於時代的實用性要求中滋長出來的，同時亦爲時代思潮注入了新的生命力，故一方面梨洲參與了時代思潮的啓蒙，同時亦於此時代趨勢中尋出學術生長的園地。當然此新學之萌芽是基於整個儒學傳統而來，並非獨立創生的，是儒學傳統落實於新時代需求下的新開展，即所謂富有時代性色彩的儒學型態。而此新學經由梨洲塑造後，透過浙東學派的流衍，與浙西顧炎武之學同爲當時學術主流。

第三節　對宋明理學的承繼與開展

　　關於梨洲對宋明理學之總結，此處並不從純粹哲學觀點思考，而是就整個思想史的發展來論述，若就哲學理論之建構而論，至蕺山應可算是宋明理學之終結〔註11〕。但從思想史本身的延續性而言，清初之思想必根於宋明理學之基礎而創造。因此就中國學術發展歷程觀之，在理想上後代之學術必承繼前代學術而來，或繼續開展，或加以突破，但此學術生機基本上是連續性的結構，例如漢代專制性倫理導致魏晉強調自然生命的解放。當然此生機仍會受各種外在因素如政治勢力干預，外來文化衝擊，此客觀之勢與學術生機形成動態性平衡之關係；再如唐代經學因官方的控制已形成統一標準，缺乏創造性，而佛教勢力的衝擊，便造成學術內部的反動，形成宋明理學興起之動力，但到了宋明又有新的政治勢力之干預此自由的生機，因此學術之發展

〔註10〕〔清〕皮錫瑞：《經學歷史》（臺北：漢京文化事業有限公司，1983 年），頁300、305。

〔註11〕此觀點的提出是牟宗三氏，牟氏認爲梨洲將天命實體的超越義滑落，流於實然的氣化流行義，故將蕺山視爲宋明理學的總結，主要便是就蕺山尚能表現天命的超越性。參見牟宗三：《心體與性體（二）》（臺北：正中書局，1992 年），頁 117。

便在內部及外在因素在發展的動勢中互相激盪，而於激盪中保持一種動態的平衡。依此觀點而論之，清代繼明而起，就思想史本身的連續性而言，清學與明代理學必有密切地承繼關係，因此宋明理學之生機不可能至蕺山便乍然終止，在無外力干預之際，其間必有所謂轉型期，而梨洲便扮演此階段重要角色。

一、重良知及重氣思想激盪下的梨洲學

梨洲學是根植於宋明理學的發展基礎上，甚至更可遠溯於先秦儒學，因此欲認識梨洲學必須深刻瞭解其學術之淵源，否則純粹就哲學立場評斷之，實不易見出梨洲學的整體特色，因其思想形成，基本上是根基於前賢成果而由批判中進行改造重建，若將此歷程關係切斷，則梨洲思想無異是一灘無源的死水。

至於梨洲思想之淵源，彼已清楚藉著《明儒學案》明確揭示，其學是承繼陽明學而來，近則受蕺山的啓迪。對於明代理學之流衍，梨洲認為應以陽明學為明代發展之主流，對此是否只是個人的門戶偏見？古清美氏對此有番精闢的見解，古氏認為梨洲所面對的是清廷標榜程朱學，並欲以程朱學作為明代思想之正統，而排斥白沙、陽明、甘泉認為非程朱宗旨而視為非正統，對此梨洲極力強調陽明學方是明代思想之代表，故積極釐清清廷所謂宗朱學者其實與陽明學關係是極密切的，並積極使陽明之地位於官史中與程朱系學者並列，正因梨洲之積極爭取，方使陽明學爭得與宗朱學者相當之地位，但就《明史》〈儒林傳〉中所呈現的仍是認為明代理學是衰頹，缺乏創造力的，且明確認定程朱學為明學之正統，並於《四庫全書》仔細搜羅宗朱派作品，故古氏認為在官方強勢扭向事實下，梨洲以私人之力保存為朝廷忽略的學術史料，此不能單純以門戶偏見視之。〔註12〕

除了因客觀環境的限制，使梨洲必須積極維護關於王學的史料外，若就明代理學發展本身來看，梨洲以王學為明代思想之代表是否諦當？對此問題，首先就其對於學術發展之認識來反省。彼認為學術發展是連續性的承繼與創造，後階段的學術正是基於前階段學術而發展，意即前階段學術精神已為後階段所承繼融攝而加以創造。梨洲言道：

> 堯舜其元也。湯其亨也，文王其利也，孔孟其貞也。若以後賢論，

〔註12〕古清美：《明代理學論文集》（臺北：大安出版社，1990年），頁375-381。

> 周程其元也，朱陸其亨也，姚江其利也。蕺山其貞也，孰爲貞下之
> 元乎？〔註13〕

梨洲認爲陽明學正是承繼朱陸之學而發展的，即宋代的朱陸學已轉型成具時代性的陽明學，此可見出彼是以學術本身動態的發展趨勢來看陽明學於宋明理學之定位。正由於從歷史層面進行思考，因此一般認爲梨洲紬朱尊王，但事實上此處所謂的朱是就明代宗朱學者而言，並非指朱學本身，而所謂的王則是就陽明學本身而言。梨洲何以反對明代的宗朱學者而標舉陽明學呢？此則牽扯到當時的整個學術環境。

就整個明初而言，一直是程朱學主導的局面，朝廷推尊朱學，所制訂的考試制度，全以朱學爲中心，甚至帝王欽定國定本的朱子學，敕撰《四書大全》、《性理大全》，以箝制天下知識分子之思想〔註14〕，任何學術一經規制化，其創造性的生命力必定衰微，也因此朱子學逐漸成爲抽象的形式原理，且與專制體制的政治宰制性結合，形成僵化制約人性的政治工具，對一個有自覺意識的知識分子而言是不甘願被統制者的僵化教條所束縛，而陳白沙正是此自覺意識的啓蒙者，而到陽明方更成熟。對於此現象梨洲是有深刻認識的，因此堅持認定陽明學爲明代學術之表徵，而此亦是明代理學之創造性價值所在。若不由此處論述，則的確如《明史》〈儒林傳〉所認爲的明代理學不過是程朱學之遺緒，實無開創價值。

除了因朱學爲專制體制所改造成爲專制性形式化原則外，梨洲認爲朱學義理無法面對明代的時代課題——儒佛之辨，此則涉及內部義理的問題，意即時代性儒學的建立。梨洲明顯見出儒佛之辨實爲當時文化之重要課題，儒學自宋代便一直面臨佛學之衝擊，且儒學本身逐漸有融攝佛學義理之趨勢，梨洲認爲此境象造成儒學存在之危機，一直至陽明標舉良知教，使儒學的存在生機得以維持。因此在《明儒學案》中，梨洲一直環繞儒佛之辨的論題進行反省批判。梨洲認爲朱學不以吾心眾理具足，而言人所具唯虛靈明覺之體，而以心去知覺眾理的觀點，與釋氏之相同處在於人所具者只是虛靈明覺之心，而天理在天地萬物的存在之中；所不同處只在於朱學言人應以此虛靈之心去窮理，而釋氏則只守此虛靈明覺而不主窮理。梨洲認爲朱學與釋氏之

〔註13〕〈由堯舜至於湯〉，參見〔清〕黃宗羲：《孟子師說》，收入《黃宗羲全集》第
　　　　1 冊（臺北：里仁書局，1987 年），卷 7，頁 166。

〔註14〕容肇祖：《明代思想史》（臺北：開明書店，1978 年），頁 34。

學在本體論上極接近，所不同者在工夫論上，而朱學的工夫論亦有不足，其限制在於無法在本體上作工夫，而易流於外求，使儒學無法與釋氏之學明確區隔。唯有陽明學其指點出人的良知，良知不只是虛靈明覺，更能涵攝眾理，因此在本體論上便與釋氏所言的空體有極大出入，且工夫無須外求，只須使吾心充分作主即可，而使儒學在本體論、工夫論與釋氏之學有明顯分別，而彰顯儒學獨特之價值〔註 15〕。因此梨洲在歷史文化的層面上肯定陽明學是具有時代意義的儒學，能真正對治當時所面臨的時代課題，而此亦是梨洲認為陽明學較當時朱學更具時代表徵的一大因素。但梨洲並不因此而認定整個王學發展完全能對治此時代危機，梨洲所肯定的是陽明學本身，認為陽明的致良知教是能合知行為一體的，至於王門後學於良知或實踐處掌握不確實而有所偏失，對於此現象梨洲亦是嚴厲批判的，關於此部分將詳見於本文第四章。

　　基本上，梨洲的《明儒學案》即是一部標準的思想史著作，其符合了思想史的三要件：其一，事實記述的真實性；其二，理論闡述的系統性；其三，全面判斷的統一性〔註 16〕。梨洲不僅將前賢的言論文獻作了忠實的著錄，同時以儒釋之辨的基源問題〔註 17〕作為統一問題之切入點，而以陽明良知學作為核心理論，針對各家在存有論、心性論對此基源問題的對治的成效進行批判工作。而梨洲所資據的批判利器——陽明學，並非只是陽明學的理論套用，而是經過梨洲創造性的詮釋方加以運用，如何言梨洲將陽明學進行創造性詮釋？

〔註 15〕梨洲言道：「而或者以釋氏本心之說，頗近於心學，不知儒釋界線只一理字。釋氏於天地萬物之理，一切置之度外，更不復講，而止守此明覺。世儒則不恃此明覺，而求理於天地萬物之間，所為絕異。然其歸理於天地萬物，歸明覺於吾心則一也。向外尋理終是無源之水，無根之木，總使合得，本體上已費轉手，……先生點出心之所以為心，不在明覺而在天理，金鏡已墜而復收，遂使儒釋界線渺若山河。」〔清〕黃宗羲：《明儒學案》，收入《黃宗羲全集（七）》（杭州：浙江古籍出版社，2004 年），卷 10，頁 202。

〔註 16〕勞思光：《新編中國哲學史》（一）（臺北：三民書局，1995 年），頁 14。

〔註 17〕關於基源問題，此處根據勞思光氏的解釋轉化而來，勞氏對基源問題之界定是：「一個人或學派的思想理論，根本上必是對某一個問題的答覆或解答，我們如果找到了這個問題，我們即可以掌握這一部分理論之總脈絡。反過來說，這個理論的一切內容實際上皆是以這個問題為根源，理論上一步步的工作，不過是對那個問題提供解答的過程。」勞思光：《新編中國哲學史》（一），頁 15。

　　事實上梨洲對陽明學的理解已先通過其師蕺山對陽明學的理解，再由梨洲對其師所理解的陽明學再進行另一層理解。就陽明學而言，其建構是經由陽明實際修養實踐的體會而來，再經向言說系統將其體驗過程具體化，並透過體驗、思考過程對程朱學進行反省，亦藉由儒家經典文獻進行詮釋，而建構出所謂的陽明學；故其良知學之建構是經由實踐自覺良知本體之重要性，再經由良知本體的實踐，體證良知本體即天理所凝聚，以天理作爲萬有之形上根源，基本上陽明學的存有論是關聯著心性問題而牽連出來的〔註18〕。而其所關注的問題是落在良知本體的自覺上，因此在理論建構中，心性論便以良知爲核心，而由心性推衍出的存有問題，則以理爲優位，當然就陽明學的發生情境而言，此超越性的標舉是必要的。因當時人的存在問題已爲現實結構所桎錮，故必須由人存在的根源處重新思考人所以爲人之價值意義，由良知本體之提出，重新喚起人的自覺意識。但人的超越性被過度強調時，同時又產生了另一種生命存在的危機，意即所謂人的根源價值一旦落於言說系統又造成抽象性的現象即原本具創造力的良知本體被實體化、虛玄化了，如此則與人的實存生命產生隔離，而有無法落實的危機，而面臨道德生命與材質生命分化的存在危境。面對此重要問題，蕺山不得不有所因應，其採取的方式便是重新反省陽明學本身，而將陽明強調的良知重新放入實存情境中思考，以氣的概念與理的概念對舉，使理不再離開實存情境而存在。事實上，蕺山以氣的概念來救正王學，將陽明所言的心向內收攝淤意，以意作爲心之眞精神所在，此創造性是植基於陽明的理論上。何以官言之？就陽明本身其未始不意識到理氣不離的關係，此在陽明的文獻中可明顯見出此跡象〔註19〕，但正如前所言其所以指點超越面主要是爲了對治僵化的程朱學，因

〔註18〕《傳習錄・答聶文蔚》言道：「良知只是一個天理自然明覺發見處，只是一個眞誠惻怛，便是他本體。」〈答羅整菴少宰書〉又言：「理一而已，以其理之凝聚而言則謂之性，以其凝聚之主宰而言則謂之心。」參見〔明〕王陽明：《傳習錄》（臺北：臺灣商務印書館，1991年），頁182、168。陽明強調良知本體是虛靈明覺，而此虛靈明覺之本體即天理所凝聚之處，及由良知本體經由人存在的眞存實感而體認天理不外吾心，吾心即天理的意義。因此陽明是由心性論建構良知本體，進而由良知本髓的實踐過程中體驗其形上根源，並非另立存有論探討良知的根源問題。

〔註19〕關於陽明言理氣不離之文獻，陽明言道：「天地氣機，原無一息之停，然有箇主宰，故不先不後，不急不緩，雖千變萬化，而主宰常定，人得此而生。若主宰定時，與天運一般不息，雖酬酢萬變，常是從容自在，所謂天君泰然，百體從令，若無主宰，便只是這氣奔放，如何不忙。」〔明〕王陽明：《傳習

此是為了現實的權變，但此發展至極致自然其限制便會產生，故蕺山將陽明的立意重新還原，再進一步向前開展而發展出蕺山所重建的陽明學。

　　梨洲則又繼承蕺山所理解的陽明學繼續發展，但其關注面卻由個體心性修養轉向歷史文化層面，因此其在思考明代思想發展歷程時，便將關注焦點落在儒佛之辨的文化議題上，此即繼蕺山將陽明的良知轉化為「善的意向性」後〔註 20〕，進一步將實踐面向轉移，在哲學義理上並無明顯更動，不過是將實踐層面由內聖轉向外王問題，亦可言由對人性問題的關切，轉向社會實踐及歷史實踐〔註 21〕。當然實踐面相的轉移除了環境及個人因素的決定外，其間亦包含了哲學義理的轉變，因重心傳統與重氣傳統其實踐向度便有明顯不同。重心傳統強調「超越的道德性」，而重氣傳統所重視的便是「實存的歷史性」〔註 22〕，而梨洲的歷史性儒學便是在重心、重氣傳統的激盪下建構的。

二、由重道德性轉向歷史性的儒學

　　此處將進一步探討的是梨洲的哲學根據與陽明、蕺山的關連處及差異處何在的問題。就前面對陽明的論析，吾人可斷定的是陽明所重的是人的主體良知，而此良知所根源的正是超越的天理，因此將陽明定位在重心傳統是肯定的。至於蕺山，則處於王學末流逐漸將陽明「心無體，以天地萬物感應之是非為體」〔註 23〕的良知逐漸實體化，使良知漸流於虛玄，而與實存生命脫節，形成形上、形下理氣二分的格局。鑑淤此，蕺山遂提出理氣不離的命題救正之，提出「盈天地間一氣也」〔註 24〕，強調天地間無處不是氣化流行之

錄》，頁 79-80。由此可明顯見出陽明亦肯定理氣不離之命題，但其只是權變地強調超越義的理（良知），以此為根本、主宰，因此陽明強調超越層面但亦不忽略實然層面的重要性，因此在《傳習錄》中亦常強調明道所言的「論性不論氣，不備；論氣不論性，不明。」〔明〕王陽明：〈答周道通書〉，《傳習錄》，頁 142。此更可證明陽明並不輕忽氣的重要性，如同孟子弦調四端，但亦不廢生之謂性的自然生命。

〔註 20〕此觀點參考林安梧：〈論劉蕺山哲學中『善的意向性』〉，《國立編譯館館刊》第十九卷第一期（1990 年 6 月），頁 107-115。

〔註 21〕參考林安梧：〈陽明的本體實踐學——以「大學問」為核心的考察〉，《陽明學學術研討會論文集》（臺北：國立臺灣師範大學文人教育研究中心，1989 年），頁 105-124。

〔註 22〕關於「存在的歷史性」一詞，轉用自林安梧：《王船山人性史哲學之研究·導論》，頁 15。

〔註 23〕參見〔明〕王陽明：〈門人黃省會錄〉，《傳習錄》，頁 236。

〔註 24〕蕺山言道：「盈天地間一氣也，氣即理也，天得之以為天，地得之以為地，人

作用，所謂的理，不過是由形下之氣推溯其形上根源，而將其稱爲太虛、太極，然理實非一實存物，只是氣最終的存有根源處，是宇宙創化之生機，即所謂生生之源〔註25〕。但理的超越性可經由氣之作用，成爲萬物存有之理，意即萬物皆具此「虛體」〔註26〕。此虛體是相對於實體的概念而言，其意指存有物所具之生機。此生機就天地而言名爲「誠」，就人而言則名爲「獨」，落在人的存在而論，此獨處是心之所存，意即心的創生動源，正是人的工夫實踐處，因此蕺山強調人應「愼獨」（或名之誠意）。雖然蕺山就義理上破除過去理氣二分，將人心、道心，義性、氣性區隔爲二的論點，而以氣的概念補正之，將理只視爲氣本身的生機，就此而論蕺山雖提出氣的概念以救正因過度強調天理、良知，而易導致偏離實存生命，而流於虛懸化之弊。但蕺山言氣仍較強調本體層面的根源之氣的創生力，因此仍是承繼過去天命下貫式的思維，只不過將過去本體層面理的概念替換爲氣，將理視爲氣之條理性，如此可免在言說系統上有重理輕氣的理氣二分之嫌，但就其根本義理而言則是一致的。至於實踐工夫，則是就人既稟承天命，自然得不斷實踐、擴充使吾性逐漸上溯於天而言，因此仍是在天命下貫式的思維架構中談實踐的。但蕺山與陽明不同的是陽明標舉人性的尊貴，欲喚起人的普遍道德意識，而蕺山則繼陽明強調良知而王學末流漸有實體化、虛玄化的傾向中，進而提出重視材質生命的觀點，正視人本身材質生命的限制，此處可由蕺山在《人譜》中對人性的負面特質分析的精細中見出此跡象。我們亦可如此認定蕺山所以異於陽明處便在於陽明強調的是指點人存在根源價值——良知，而蕺山進一步將此良知內化而歸於意，而強調此超越性如何眞正落實於實存生命中，而

物得之以爲人物，一也。」蕺山關於盈天地皆氣的用語於其著作中屢見不鮮，此爲其哲學之重要命題。〔明〕劉宗周：〈語類十一・學言中〉，《劉子全書及遺編》（京都：中文出版社，1981年），卷11，頁163。

〔註25〕　〈聖學宗要〉言道：「一陰一陽之謂道，即太極也。天地間一氣而已，非有理而後有氣，乃氣立而理因之而寓也。就形下之中而指其形而上者，不得不推高一層，以立至尊之位，故謂之太極，而實無太極之可言，所謂無極而太極也。使實有是太極之理，爲此氣從出之，毋則亦一物而已，又何以生生不息，妙萬物而無窮乎？……太極之妙。生生不息而已矣。生陽生陰，而生水火木金土，而生萬物，皆一氣自然之變化，而合之只是一箇生意，此造化之蘊也。」〔明〕劉宗周：《劉子全書及遺編》，卷5，頁93。

〔註26〕　〈學言中〉，蕺山言道：「惟天太虛，萬物皆受鑄於虛，故皆有虛體，非虛則無以行氣，非虛則無以藏神，非虛則無以精通。」〔明〕劉宗周：《劉子全書及遺編》，卷11，頁164。

於材質生命中發揮其主宰作用。因此就蕺山於理學中之定位事實上應是遠紹周、張的重氣傳統,但將此傳統與陽明重心傳統相結合,因此蕺山一方面可視爲重心傳統的承繼,亦可視爲重氣傳統的開展,意即蕺山是由明代心學傳統轉向清初重氣傳統的轉捩點,而蕺山的觀點又經向梨洲的承繼而進一步開展。

　　此處我們進一步探討梨洲所開展的歷史性的儒學路數,相較於陽明、蕺山的重道德性儒學,其特殊處爲何?基本上,梨洲所開出的歷史性的儒學一方面是儒學本身不容已的轉型力量,因心性學已發展至極致,其落實於材質生命的要求自然增強,而由陽明的心學轉向重材質生命的重氣傳統,此承繼蕺山的觀點而來。至於異族勢力入侵,而使國亡家破的外在情境之大變革,自然深刻衝擊著具理想性的知識分子,使其自覺過去一味強調內聖修身之學的限制性,一旦面臨大難之際卻無法施展其抱負,因此外王實用之學便在此刺激下產生。面對此些環境因素,梨洲經由對陽明、蕺山,甚至整個宋明儒學的詮釋、批判中,承繼了對人性的重要觀點,由陽明處承繼了道德自覺及知行一體的觀點,於蕺山處承繼了氣本論觀點及愼獨工夫,但陽明、蕺山仍是落在本體層次下貫式的思考人的存有,而梨洲則落實於人的具體材質生命,正視人的實存限制,提出上遂式的實踐觀點,重視人如何具體於生活世界、歷史脈絡具體實踐,而於實踐中體現人存有的價值,同時成就人的存在價值,因此而開出所謂的「歷史性儒學」,一方面重視人生命中的歷史性,一方面重視人的歷史實踐,此與陽明、蕺山由天命下貫處肯定人的存有是不同路數的思考,但基本上梨洲的歷史性儒學是承繼陽明、蕺山的重心、重氣傳統而創造的,故梨洲可視爲宋明理學的總結,清代新學的啓蒙,於學術發展上扮演具有承先啓後的重要角色。

第四節　前人成果與研究進路

一、前賢研究成果論析

　　關於梨洲思想之價值,牟宗三以哲學觀點認爲梨洲無法掌握其師蕺山先是心性分設,再以此吸收王學的義理間架,並對蕺山由性體講愼獨這一層完全不瞭解,只瞭解從誠意言愼獨〔註27〕,且蕺山十分重超越義「於穆不已」

────────────

〔註27〕牟宗三:《中國哲學十九講》(臺北:臺灣學生書局,1991年),頁415、416。

的實體，以此言性體、獨體，但到梨洲卻將此超越的天命實體義卻滑落，流淤實然的氣化流行義〔註28〕，故言宋明理學只言到蕺山便乍然終止，以蕺山作爲宋明理學之殿軍。

筆者認爲牟氏所謂梨洲將超越實體義落入實然氣化流行，或使蕺山獨體的超越義減弱，此些評斷是無誤的，但由此進一步認定梨洲強調實然氣化便認定其不瞭解蕺山學，而論斷梨洲哲學價值便不高，此論斷似稍嫌獨斷，容易讓人誤解只有超越義的心性學方是上乘，強調實然氣化義的心性學其價值則遜劣。對於牟氏強調由人的超越性保證人存在的價值，其用心是不容置疑的，此正是儒家由根本處肯定人存在之價值，一旦此處不穩固，則人的存在便產生危機。但若從另一個角度思考，若人存在之超越性已優先被肯定，吾人是否可就此基礎進一步向前推進，思考人存在之超越性與自然的形軀生命如何結合，換言之，即如何由本體下貫的思考模式，轉向由材質生命上遂的思維方式。由本體下貫式的思維屬於超越性的思維方式，由材質生命上遂的思維屬於實存性的思維方式，前者就形上學層面探討，後者則涉及材質，且一言材質必關聯著氣言，一言氣必沙及歷程性問題，此即屬歷史性的思考。而牟氏所傾向的是超越性思考，故其所關注的問題是人存在的價值是否有必然保證，故其判定梨洲學不合此要求。而本文所要完成的走屬於歷史性的思考，即將梨洲放入思想史的脈絡中探討其思想之特色。既然關聯歷史性來看，必定得將整個學術視爲動態的發展。就宋明理學之發展，自陽明心學倡行後，人存在的超越性已普遍爲人所意識，但自陽明弟子龍溪、念菴後，良知漸由實體化的主體，逐漸趨於抽象性、虛妄性〔註29〕，而與陽明原初強調人天生

〔註28〕牟氏言道：「蕺山對于『於穆不已』之體體會最深，言之最精，梨洲爲其弟子，何竟無所聞耶？……彼既誤解流行之體爲氣化流變。」因此牟氏認爲梨洲對於其師蕺山超越義的實體流行無精確掌握，而只落於十然義的氣化流行，使天命實體之超越義減煞。牟宗三：〈黃宗羲對于天命流行之體之誤解〉，《心體與性體（二）》，頁119。

〔註29〕關於實體化的主體性一詞援引業師林安梧的說法，林氏云：「以陸王學派而言，所謂『人與宇宙內在的同一性』指的是主體與道體（實體）之通極爲一，所謂『心即理』所指即爲此，所謂『此心即是天』亦指此而言。這樣的主體性我們可以名之曰：實體化的主體，相應而言，這樣的道體，我們亦可因而名之曰：主體化的道體。」林安梧：《台灣——中國邁向世界史》（臺北：唐山出版社，1992年），頁58。關於王學流於虛玄化、抽象化的根本原因，林安梧言道：「彼之所以虛玄而蕩乃是主體之被實體化（道體化），而使得主體被吞沒不見，因此那道體就只是一虛廓的存在，沒法得到主體的充實，這時

本具真存實感的道德主體相背離，因此有時代意識之思想家必須面對陽明發展歷程中產生的限制性而提出對治。

　　對於此歷史性的思考方式，劉述先對梨洲之探討即採取此思考模式，彼認為就思想史的觀點，梨洲是宋明心性學之殿軍，同時又為一個新時代開啟實學、考據文獻學〔註30〕，就此論斷而言，劉氏是極有洞見的。基本上劉氏對梨洲定位的思維進路是由宋明理學發展之進程來思考梨洲學之承繼與開展，就此思維路向，無疑是牟氏哲學觀點外的另一條路數，而向此路數思考才方能更全面認識梨洲學之特色及價值，但可惜的是劉氏此項觀點往往不自覺又回到牟氏的思考路向，而認為梨洲所言過分強調氣外無理而使天命超越義減煞〔註31〕，而所以會有此認定，主要是劉氏雖然以歷史的角度切入，但其所涉及的面向不夠廣，何以言之？因其思考的向度落在思索梨洲心學之承繼淵源，對於當時的整個學術普遍可能的走向，及當時各方面的各種社會條件的變遷則似未論及，除此亦應思考當時的存在情境與過去傳統間的延續關聯性，此些均足得關聯起來思考的，方能於更寬廣的歷史視野中明確界定梨洲之定位。

二、本書之研究進路

　　關於本書的詮釋進路主要是參考劉述先的思想史的角度，筆者認為必須經由此路數方能較充全展現梨洲學之特色。基本上，梨洲學是承繼蕺山、陽明的心學傳統而進一步開展，因此歷史性儒學對於心學而言有承繼與開創關係，開創關係的導因主要是時代變遷產生不同的需求。

　　梨洲面對儒學必須轉型的關鍵，其所採取的方式便是由人的主體性改造

候使得原先強調的社會實踐徹底落空，而異化成一主體的修養境界，又此主體亦已是被實體化的主體，是一與物無對的主體，而此虛的主體又即是道體，……但畢竟這樣的道是停留在抽象的本質狀態。……這時所謂的主體修養境界已滑轉或異變成隨波逐流的日常休閒及玩真成幻的虛玄而蕩。彼之所以情識而肆乃因道體之被主體化，因而使人們以為主體即是道體，……隨著整個社會總體的強度迫壓，人的主體原是要求自由的，這時由生命激力內乘於其中的主體，便相應的迸裂出來，無所底止。……情識而肆與虛玄而蕩是那強調主體的道體及實體化的主體的陸王之學，在一迫壓宰制的歷史社會總體之下必然的產物，此二者乃是一體之兩面。」林安梧：《台灣——中國邁向世界史》，頁62。

〔註30〕劉述先：《黃宗羲心學的定位‧緒言》，頁1。
〔註31〕劉述先：《黃宗羲心學的定位》，頁118。

起，過去在道德意識被標舉之際，所強調的便是人的道德主體，而所對治的問題便是個人生命安頓及日用倫常之道。但隨時代變革，經世致用的理想被標舉，漸被實體化、虛懸化的良知學已不足已因應此現實需求，因此如何面對現實生命使其充盡發用便是重要課題。而強調材質生命便自然強調氣之重要性，而重氣傳統便自然關聯到歷史性的問題，因此人的主體性便由道德主體轉向歷史主體的強調，而歷史主體所對治的問題也向心性修養轉向歷史文化及現實環境的關懷。因此可如此理解，時代變遷加速了儒學轉型的腳步，使梨洲意識到道德主體亦須轉型爲歷史主體，而由於主體性的轉向，關注的問題亦由道德實踐轉爲歷史實踐，使主體與客觀情境形成互動關係，而梨洲的歷史性儒學便是在此互動情境中建立的。

在轉型的過程中，梨洲必然會面對心學發展的限制性，因此自然會產生由理解到批判的過程，進而有所謂承繼與重建。梨洲學便是以其歷史主體對生活世界進行反省，其認爲生活世界是由過去、現在到未來的延續歷程，故空間也因此不限於當下所處的情境，梨洲便以其所稟具的歷史主體對過去的學術、制度及時代問題進行反省與批判，並進一步進行創造。至於梨洲認爲人現存的生活世界並非與過去斷裂開來，而是一連續性的歷程，如此將吾人的生命與整個歷史傳統緊密結合，傳統對吾人而言不再是無意義的死物，而是吾人生命根源所繫，吾人所處的生活世界便是基於傳統逐漸變化演進而來。而吾人與生活世界之關聯──生活世界的構成是人性所創造，而天道亦因人的實踐而開顯於生活世界中，正因生活世界提供吾人具體實踐之場，如此亦使人性於此得以充盡發揮，充分展現人的價值，亦即人開顯了歷史常道，創造了歷史現象，同時人於歷史實踐中亦完成了個人價值，形成了人與生活世界密切的依存關係。

此處或許有人會問道，既然儒學轉型是時代趨勢，因此歷史文化意識似爲當時學術的共相，在同期有船山學亦提倡主氣論，且重視人於歷史文化中長養及開創過程，對此如何區分彼此的差異？以下進一步探討梨洲學與船山學之學術共相及殊相所在。

三、梨洲從根源面及船山從現象面談歷史性的儒學

就同期思想家而言，梨洲與船山之問題意識及思維方式是較近似的，因此就理論建構上亦有相關聯處。此二人所關注的是人的心性問題，但一言心

性便不得不追溯人存在的根源性，同時亦須將人的實踐與天地參贊的使命相關聯，此是中國哲學一向關注的天人合德的問題意識。說二人所建構理氣一元——氣本論的理論模型是相同的，梨洲認為天地間只有一氣流行，然氣有其存在的形上根源，此根源並非一超越的實體，故並非於氣之外另有一相對存有，而此根源暫以太極或理或道名之。此形上根源因無具體形象，但其本身有活動性，即氣之流行，此氣或動或靜，故以陰陽命之，陰靜陽動。而在陰陽變化流行之際，因氣本身有其動勢存在，故有過不及的現象產生，但亦有條理性之現象產生，此條理性之出現便是氣之存有根源主宰性表現的結果。因此由氣流行中所表現的條理性可見出存有根源對於其本身之流行有主宰、制約作用，而此作用除了表現在流行條理性上，亦表現在氣的整體流行即使暫有背離條理性的現象，然其終究會向流行的法則回歸，此便意味著梨洲認為此存有根源對於其本身之活動性有充分的主宰權，即使暫有脫軌現象亦是在其主宰的允許範圍中，此表示梨洲亦肯定氣本身的相乘之勢，無論在氣之相乘之勢或表現條理性其間均有存有根源之作用在，而二者均能開顯存有之作用。至於船山其所建構的理氣合一、道器合一理論，船山亦強調天地間只有一氣，因此形上形下皆一氣通貫，若將《易傳》一陰一陽之謂道之架構展開，陰陽即是道體本身之活動，而道即是氣，是本然之氣，而陰陽分別表現了氣的創造力及凝聚力，正因有陰之凝聚力故能形成萬物之形質而使本然之氣有所聚處，而陽本身則於形質中維持創生、主宰之作用，故船由提出「乾坤並建」之理論〔註32〕，認為過去重陽輕陰之論點是有限制的，強調陰本身亦有其獨立存在之價值。至於氣之陰陽與太極（道）之關係，船山認為氣之存有根源具有無盡的活動性，不停地生化流行〔註33〕，而在陰陽作用

〔註32〕關於船山乾坤並建之理論是其系統中重要的論點，船山於《周易外傳・繫上11》中言道：「是故乾純陽而非無陰，乾有太極也；坤純陰而非無陽，陰有太極也。」〔清〕王船山：《周易外集》，收入《船山全書》第1冊（長沙：嶽麓書社，1996年），卷5，頁1024。〈繫上1〉又言：「則太極者，乾坤之合撰，健則極健，順則極順，無不極而無專極者也。」（同前，頁990）又曰：「大哉《周易》乎！乾坤並建以為大始，以為永成，以統六子，以函五十六卦之變。」由上所引可得之，船山乾坤並建意指乾坤在存有論上是並存的，而以為陰陽無單獨存在之理，即太極是陰陽二氣並具之概念。船山定義太極之概念，〈繫辭下〉：「陰陽之本體，絪縕相得，和同而化，充塞兩間，此所謂太極也。」〔清〕王船山：《周易內傳》，收入《船山全書》第1冊（長沙：嶽麓書社，1996年），卷6，頁561。若無陰陽二氣並存便不成太極矣。

〔註33〕關於形上存有無盡地活動性、創生性，就動之產生，船山認為是：「二氣絪縕，

變化之際，陰陽本身便具有雙重作用力：貞一之理與相乘之機的動態作用〔註 34〕，當氣呈顯出貞一之理時便是陰陽得其定位，而道在其間作用；即氣本身因時乘勢作用時，道亦在其中，因此在發生層面而言，道與時不在「主持分劑」〔註 35〕，同時在氣的流行歷程中亦無時不在彰顯道的存有，此即船山所謂「體以致用，用以備體」〔註 36〕的理論建構，即所謂以兩端一致的思維方式〔註 37〕來建構其理氣論。就理氣關係建構而言梨洲與船由均可涵蓋於船山所建構的兩端一致的理論模式中，此是二人思想之共型，亦為兩人思想之相同處。至於相異處在於船山的系統中建構出「乾坤並建」的理論，突顯了氣的形質（凝聚）作用的價值，由此落到「器」的思考，便衍伸了器本身客觀價值的問題，使器不再依附於人的主體性而論斷其價值。因此船山所側重的是歷史之道如何藉著器（歷史）來開顯，而梨洲則重視人如何於具體情境中發揮心性本然，側重的是人的實踐，彼此各有偏重，但所面對的問題均是環繞「人──歷史」而思考的。

迭相摩盪。」〔清〕王船山：《周易內傳》，頁 578。又言：「一動一靜，闔闢之謂，由闔而闢，皆（悉）動也，廢然之靜，則是息矣。至誠無息，況天地乎！維天之命，於穆不已，何靜之有！」〔清〕王船山：《思問錄》，收入《船山全書》第 12 冊（長沙：嶽麓書社，1996 年），頁 402。此段文字是船山批評周子太極靜而生陰的說法，質疑靜如何生陰的問題，而認為此皆太極本體不停地活動所致，而強調形上存有本身無盡地創生性、活動性，此與傳統天命於穆不已的傳統是相聯結的。

〔註 34〕關於船山貞一之理與相乘之機的析解，林安梧論道：「順著船山兩端一致的思維模式，可知貞一之理是就統整的主宰而言，它說明了此理是貞定不變的，是永恆如一的。……因為依船山即器言道，即氣言理的性格說來，道隨器遷，理隨氣異，道理並不是一成而不變的？……大體說來，船山於此分兩層說，一是就天之在其自己說，此時是貞一之理；而若就天的開展來說，則貞一之理隨相乘之機而各依其勢，各如其理。」林安梧：《王船山人性史哲學之研究》，頁 120。此處應明確區分船山所言的根源層面與發生層面之不同論述。

〔註 35〕《周易外傳·繫上 5》言道：「『一陰一陽之謂道』一之一之云者，蓋以言夫主持而分劑之也，……乃其必為之分劑者，陽躁以廉，往有餘而來不足；陰重以嗇，來恆疾而往恆遲。……故道也者，有時而任其性，有時而弼其情，有時而盡其才，有時而節其義，……全有所任而非剛柔之過也，全有所廢而非剛柔之害也，兩相為酌而非無主以渾其和也，如是皆有分劑之者。……是故於陰陽之乘時而道在，於陰陽之定位而道在。」〔清〕王船山：《周易外傳》，卷 5，頁 1004。由此可見出陰陽之作用與太極是同體不離的。

〔註 36〕《周易外傳·繫上 11》船山言道：「性情相需者也，始終相成者也，體用相涵者也。性以發情，情以充性；始以肇終，終以集始；體以致用，用以備體。」〔清〕王船山：《周易外傳》，卷 5，頁 1023。

〔註 37〕關於船山的兩端一致論可參考林安梧所著《王船山人性論史》第四章。

　　基本上，梨洲雖言人世間、自然界以氣的存在爲主，然其卻仍承繼陽明心學傳統而言「盈天地皆心」的命題，雖然梨洲所理解的心是氣心，且強調吾心之氣與天地萬物之氣是一體無間，但畢竟梨洲仍以此作爲人存在之根源價值，強調人具此心方能充盡呈顯及開顯天理〔註38〕，除了肯定心的存在價值外，亦承繼陽明強調心外無物（理），提出「窮理者，窮此心之萬殊，非窮萬物之萬殊也」〔註39〕，雖然梨洲以氣的概念取消人與物形軀之限隔，但其卻仍執認萬物之開顯必須經由人的能力。當然梨洲並非不考量事物本身有其所處之時勢，但梨洲並不似船山突顯形質作用，此並不意味彼不重形質，而是其仍以陽之作用爲主導，陰不過是陽的變化，由此而承其師蕺山強調創生的作用，一言創生其主觀性必然較強，因其必然關聯到心的存在上，故梨洲於存有之客觀面認識程度不及船山。因此在面對歷史文化問題時，梨洲仍由根源處反省，強調心術之正，及公天下之法的建立，此皆是對當政者之心術處作要求，而船山則由過去儒家強調的德化政治，轉向強調政治本身客觀治道的要求〔註40〕，此可明顯見出船山已較梨洲更能面對政治本身有其特殊制約標準，此標準與道德標準是有其不同的要求，關於此處之差異，可由梨洲

〔註38〕 《孟子師說‧人之所以異章》梨洲言道：「天以氣化流行而生物，純是一團和氣。人物稟之即爲知覺，知覺之精者靈明而爲人，知覺之麤者昏濁而爲物。人之靈明，惻隱羞惡辭讓是非，合下具足，不囿於形氣之內；禽獸之昏濁，所知所覺，不出飲食牝牡之間，爲形氣所錮，原是截然分別。」〔清〕黃宗羲：《孟子師說》，卷4，頁111。
〔註39〕 〔清〕黃宗羲：《明儒學案‧自序》，頁3。
〔註40〕 船山言道：「夫以德而求化民，則不如以政而治民矣。政者所以治也，立政之志本期乎治，以是而治之，持券取償而得其固然也，則猶誠也；持德而以之化民，則以化民故而飾德，其德僞矣。挾一言一行之循乎道，而取償於民，頑者侮之，黠者亦飾僞以應之，上下相率以僞，君子之所甚錢，亂敗之及，一發而不可收也。」〔清〕王船山：《讀通鑑論》（臺北：臺灣中華書局，1966年），卷19，頁637。又言：「夫爲政者，廉以潔己，慈以愛民，盡其在己者而已。至於內行之修，則尤無與於民，而自行其不容已，夫豈持此爲券以取民之償哉？」（同前，頁637）船山認爲吾人於政治不應執著高度的道德標準，一不甚容易流於禮教吃人，反成爲人民之束縛。此處船山雖見出儒家德化政治之限制，但其在解決問題的其並未提出積極具體建議，只是提出理論上的考慮，其認爲政治不應全靠人治或法治而應：「蓋擇人而授以法，使之遵焉，非立法以課人。」〔清〕王船山：《讀通鑑論》，卷10，頁326。又言：「先王不恃其法，而恃其知人安民之精意：若法則因時而參之禮樂刑政。」〔清〕王船山：《讀通鑑論》，卷21，頁727。船山強調治道應是人治與法治兼行。

與船山對義利之辨的不同見解中，見出彼此的差異性〔註41〕。船山所關注的是貞定之理如何於客觀時勢中落實，而梨洲是將事件放入具體情境中考量，再進一步以道德價值對行事動機進行分判〔註42〕。就程度而言，船山在對制度及歷史的反省上是較梨洲更能從事件的客觀面去反省，意即船山的歷史判斷對道德意識的重視程度不似梨洲般強，因此二人對歷史的理解與批判基本上是各有偏重的。正如唐君毅氏對船山史學之評斷，其認為船山強調由勢觀理，故重觀史事之特殊性，由史事中顯歷史之道〔註43〕；至於梨洲，筆者認為相較於船山，則梨洲強調史事的根源性，即心性根源，當然此心性根源必須落實於歷史發展的時勢變遷中見出的。

四、本書研究之方法與章節安排

　　本文對梨洲學的研究方法，主要是經由原典入手，將文獻中重要概念挑出進行「解釋」工作，所謂的解釋是將原典中重要語言概念標舉出，再探討此些語言系統於原典中之所表現的意涵與指涉為何，先大略瞭解文獻中重要概念及其於整體義理中的指涉後，進一步將此些概念背後更深層的意涵指點出，而此即是進一步的「理解」工作，若已大略掌握此些意涵後便進一步反省原作者其內心潛隱的創作意圖為何？而此即是所謂的「批判」工作〔註44〕。因受限於本身才識，故對梨洲學較側重解釋、理解層次，至於批判部分則稍

〔註41〕關於梨洲與船山對義利之辨的不同見解，船山認為義與利是不衝突的，但所謂利是指公利而非私欲，故船山言道：「天下之公欲即理也，人人之獨得即公也。」〔清〕王船山：〈中正篇〉，《張子正蒙注》（臺北：河洛圖書出版社，1975年），卷4，頁141。又言：「天理人欲只爭公私誠偽。」〔清〕王船山：〈論語・先進篇〉，《讀四書大全說》（濟南：山東友誼出版社，1994年），卷6，頁713。船山認為人欲是不可抑遏的，而應暢欲達情，而順應天理自然流行。但梨洲對於欲則視為：「人欲是落在方所，一人之私也，天理人欲正是相反。」〔清〕黃宗羲：《南雷文案・與陳乾初論學書》，《南雷集》（臺北：臺灣商務印書館，1965年），卷3，頁35。由二人對人欲的不同界定可見出，船山對於利認為仍是可以談的，但須以「公」為出發點；而梨洲則根本否定出於利的動機，而認為應以義為本。但二人相同處在於同樣重視公的概念，但對於利與欲的概念認知則有不同，可見出梨洲仍極強調道德價值的重要性。

〔註42〕關於梨洲的歷史判斷與宋明儒以純粹道德判斷進行歷史判斷的殊異，請參看本書第五章第三節。

〔註43〕唐君毅：《中國哲學原論・原教篇》（臺北：臺灣學生書局，1984年），卷19，頁669。

〔註44〕參見沈清松：〈解釋、理解、批判──詮釋學方法的原理及其應用〉，收入臺大哲學系：《當代西方哲學方法論》（臺北：三民書局，1988年），頁19-42。

微涉及，若有不足處，俟日後補正。

　　本文在理解梨洲學時，針對梨洲對宋明儒學反省所提出的諸多批評，作了深入的析解詮釋，而最基本的工作便是就梨洲及其批判對象在重要語詞概念作番釐清，若不就此處理解清楚，則再多的分析均是建築在誤解之上，同時亦無法分辨梨洲批判的準據何在。故在本文第四章部分則針對梨洲對王學諸系的詮釋進行檢討，對於重要概念如：心、意、知、物、善、惡等概念先進行疏理，再進一步思考彼此義理的歧異性。除了指點出彼此觀點的歧異處，更進而思考造成歧異的原因，此處主要是就梨洲而言，探討梨洲是在何種立場提出批評的，筆者由文獻中點出思想史角度作為梨洲批判的切入點，將宋明儒學與當時的時代情境關聯起來反省的，而以此角度進行批判工作。藉由此些理解程序便可大略見出梨洲詮釋的論點及立場所在。

　　筆者認為梨洲是經由對宋明理學的承繼，進而有所開展。而梨洲在進行詮釋活動並非只就文獻本身進行思考，而是將「經典──歷史」關聯起來，義理與其所處時代關聯起來，使「傳統──現代」於發展歷程上有某種程度的聯結，而於其中得出歷史變化之常道及變化之趨勢。

　　本文基本上是以梨洲歷史性儒學之建立為論述中心，第一章是論梨洲思想的淵源與形成。考察梨洲的生命歷程與時代背景，與以及對宋明理學的承繼與開展。第二章則就理論基礎上進行論述，談梨洲的氣本論思想及論人的歷史主體與歷史實踐。第三章則進入歷史性的儒學之核心，論梨洲以人性史為基礎的歷史性的儒學，及論儒學的致用精神。第四章則探討在梨洲如何反省及批判王學的歷程，第五章則反省梨洲如何化解學術的重要爭議──知識與道德，事功與道德，如何將此二對立問題解消，進而產生新的融合而存在於梨洲的體系之中，最後部分則進一步統整梨洲全部的觀點，並進一步見出梨洲學所開啟的幾種可能。以上便是本書的大致方向，希望能順此脈絡對梨洲思想有大致的掌握。

第二章　氣本論思想與人存在的歷史性

第一節　前　言

　　梨洲歷史性的儒學是承蕺山的氣本論而來，此套觀點是將陽明心學重新向宋初周子之學的回歸。事實上陽明心學原本是極重視經世的，但因王學末流之故，漸與過去重視人與生活世界和諧的理想脫離，因此得向宋明理學的發端處回溯，重尋發展的生機。而周子當初所關切的問題便是人與宇宙存有的關聯性〔註1〕，而王學末流卻使人與世界發生斷裂的危機，故須重新面對周子對人與世界的關係進行思考。梨洲對於人與宇宙的聯結，一反過去由天命下貫再進而言實踐上遂，轉向由實踐上遂去證成天命性理，不直接肯定性理的超越性，而是強調由實踐中去開顯，如此加強了人的實踐動力，此是王學發展到後期，產生的一種積極實踐的要求。當然在強調實踐的同時，必然得將心學中已被實體化的主體性觀點〔註2〕打破，重新思考心的流行義，即理氣

〔註1〕關於實值化的主體性一詞援引業師林安梧的說法。林氏言道：「以陸王學派而言，所謂『人與宇宙內在的同一性』指的是主體與道體（實體）之通極為一，所謂『心即理』所指即為此，所謂『此心即是天』亦指此而言。這樣的主體性我們可以名之曰：實體化的主體，相應而言，這樣的道體，我們亦可因而名之曰：主體化的道體。」林安梧：《台灣──中國邁向世界史》，頁58。

〔註2〕濂溪之學主要是順著《中庸》、《易傳》的義理發展，由人存有的根源處去思考，由天命下貫賦予人存有的價值。此即梨洲所謂的：「周子之學以誠為本，從寂然不動處，握誠之本，故曰：『主靜立人極。』本立而道生，千變萬化皆從此出。」〔清〕黃宗羲：〈濂溪學案下〉，《宋元學案》，《黃宗羲全集（二）》（杭州：浙江古籍出版社，1993年），頁306。周子由天命根源處肯定人存在價值，人唯有積極持守此存有根源，方能使人之價值穩立，故強調「主靜」、

不離的觀點，重新賦予主體創生的動力。

　　梨洲對於宇宙論的思考是基於人性論的基礎上討論的，並非單獨對宇宙問題進行思考，因此須將其宇宙論與人性論關聯起來。

　　關於梨洲對宇宙論的思考，主要承繼蕺山的氣本論觀點，而此觀點主要是對周子《太極圖說》的詮釋，作爲其理論建構的基礎。蕺山、梨洲主要關注的是周子所謂的太極爲何指？太極與無極兩概念之差異何在？太極與陰陽之關係爲何？蕺山以氣的概念來貫穿形上、形下界，氣的根源處屬形上本體義層次，可稱爲元氣，元氣又分化爲形下陰陽二氣。然陰陽二氣的流行變化中可見出元氣的作用〔註 3〕。梨洲言氣幾乎全承其師的觀點，並無其創見提出。關於心性論部分，梨洲的觀點亦是承繼其師的論點，認爲心即氣，即心（情）見性，人心、道心爲一心，氣性、義性爲一性，強調工夫應在意根上作，此些均可明顯見出承繼的痕跡，若就此部分而言，梨洲仍是重述其師的論點。

　　至於相異處在於梨洲已逐漸淡化蕺山濃厚的「天命於穆」的色彩，強調人經由實踐去證成天理，開顯天道，故梨洲不由本體處言存有，而轉向以實踐面，以實踐來彌縫因實體化的主體所導致人與世界的斷裂處，使人與世界流通而無礙。當然一言及實踐必然涉及實踐之場，而此實踐之場即包含了整個生活世界及歷史文化，而不再只限於個人的身心修養，故逐漸由個體性走向社會性、歷史性，人不再僅是道德主體，同時亦是社會主體、歷史主體。人性不僅經由修德可以上遂於天道，亦可經由歷史實踐中去開顯歷史變化之

〔註 3〕　「誠」之工夫。
　　　　關於蕺山對太極圖中太極、無極的詮釋，蕺山言道：「一陰一陽之謂道，即太極也。天地間一氣而已，非有理而後有氣，乃就氣立而理因之而寓也。就形下之中而指其形而上者，不得不推高一層以立至尊之位，故謂之太極。而實本無太極之可言，所謂無極而太極也。使實有是太極之理，爲此氣從出之，母則亦一物而已，又何以生生不息，妙萬物而無窮乎？今曰理本無形故謂之無極，無乃轉落註腳，太極之妙生生不息而已。」關於太極與陰陽，蕺山又言：「生陽生陰，而生水火木金土，而生萬物，皆一氣自然之變化，而合之只是一箇生意，此造化之蘊也。」〔明〕劉宗周：〈語類五・聖學宗要〉，《劉子全書及遺編》，卷 5，頁 93-94。至於道器之關聯，蕺山言道：「盈天地間一氣而已矣，有氣斯有數，有數斯有象，有象斯有名，有名斯有物，有物斯有性，有性斯有道。」又言：「畢竟器在斯道亦在斯，離器而道不可見，故道器可以上下言，不可以先後言。」〔明〕劉宗周：〈學言中〉，《劉子全書及遺編》，卷11，頁 163。

常道及掌握變化趨勢，一方面可以此體驗去經世致用，促進時代的進步；一方面亦可由歷史中去印證人性，使吾性得以擴充長養，此二路數不僅可使吾性得以滋長，同時亦能施用於社群之中，由此可見出梨洲所關切者不只是個人身心修養的問題，更推擴至社群的關懷，形成強烈的經世致用性格，同時亦關切人於歷史發展中之重要性，使人不再只是有限的存有，而能經由歷史實踐中開展出無限的精神生命〔註4〕。因此梨洲將戴由歸顯於密的意向重新轉為外顯的經世致用及歷史創造上，而正視人的歷史存在，此正是梨洲學之特色所在。

　　為了呈顯梨洲學的特色，在本章第二節提出了梨洲學的重要觀點──「實踐」，近世學者對於梨洲之定位或以唯心論者，或以唯氣論者（唯物論）視之，但筆者認為此皆不足以充全呈顯梨洲學之特色，事實上梨洲於心、氣之上又提出一個重要概念──實踐，無論本體層面的心或氣，均須經由實踐的歷程中體證之，脫離實踐並無所謂超越的心與氣，實為本節論述重心所在。

　　第三節則就人存在的歷史性進行反省。此處重在考察梨洲如何對人性進行思考，首先就梨洲如何解釋人存在的根源性，進而思考人如何以心性主體參與歷史創造，即梨洲所謂的歷史實踐，並說明梨洲所言歷史實踐之終極理想。基本上，本節是由梨洲肯定人性是人存在的根本價值，進而點出其可貴處在於可經由人性的實踐去參與歷史創造，此亦梨洲所謂的歷史實踐，而經由生命的實踐人可以開顯天道，使人道與天道相通貫無礙，此便是人之價值所在，可以超越形軀之限，充分完成自己。由此便可見出人經由實踐去完成自己，此實為梨洲思想的重心所在。

第二節　氣本論思想

　　關於梨洲的宇宙論，不少大陸學者認定梨洲為「氣一元論」者，或名為「氣本論」者，並由此「唯氣論」進一步誰斷梨洲為「唯物論」者〔註5〕。但

〔註 4〕梨洲言道：「余以為孔子之道，非一家之學也，非一世之學也，天地賴以常運而不息，人紀賴以接續而不墜。」〔清〕黃宗羲：〈從祀〉，《破邪論》，收入《黃宗羲全集（一）》（浙江：古籍出版社，2004 年），頁 193。梨洲言道：「聖賢之精神常留天地。」〔清〕黃宗羲：〈魂魄〉，《破邪論》，《黃宗羲全集（一）》，頁 197。由此見出梨洲認為人的生命並非只是有限存有，而可經由歷史（文化）實踐而成為無限的存有，此無限性是就精神而言。

〔註 5〕吳氏言道：「在本體論上，確切一點說是在宇宙觀上，黃宗羲建立了明確的一

亦有學者主張梨洲爲「心本論」者〔註6〕，主唯物論者之論點認爲梨洲極強調氣之作用，反對理氣二分及宇宙間有一超越實體存在，並強調「盈天地皆氣也」之命題，以此論定梨洲爲唯氣論者。但此些看法多是不充全的，一方面對梨洲所言的理氣關係無法恰當安頓，一方面無法說明心與氣的關係，故僅

氣一元論。」參見吳光：〈清初啓蒙思想家黃宗羲傳·哲學思想〉，《黃宗羲著作彙考》，附錄二，頁315-316。他在〈太極圖講義〉中非常清楚地指出：「通天地，亙古今，無非一氣而已。」〔清〕黃宗羲：《宋元學案》，收入《黃宗羲全集》第3冊（杭州：浙江古籍出版社，1993年），卷12，頁606。就是說物質的氣是世界萬物的本原，它在時空上是無限的。他在《孟子師說·浩然章》裡也說：「天地間只有一氣充周，生人生物。」〔清〕黃宗羲：《孟子師說》，頁14。都說明黃宗羲的宇宙本體論是「氣」的哲學，不是一「理」的哲學。黃宗羲的氣一元論是運動變化，生生不息的理論。在理氣的關係問題上，黃梨洲是理氣統一論者，他批判了宋明理學家的「理在氣先」、「理氣爲一」、「氣有聚散而理無聚散」等等理氣二元的觀點。他指出理與氣是「一物而兩名，非兩物而一體」這清楚地說明「氣是本體，理是規律，二者不可分離，但又不是兩物一體。」在宏觀的宇宙總體而言，物質之氣是無窮無盡的，依存於氣的「理」也是永遠存在的。但從微觀的事事物物的變化發展而言，則具體的事物（氣）有生有滅，陳謝新代：具體的事物規律（理）也是隨事物的生滅而存否的，這種辯證的理氣關係理論應當說是唯物主義的一元論。對於吳光氏的論點，其認爲梨洲的宇宙本體論順著梨洲的原文而言認爲彼主張氣一元論，但吳氏卻對梨洲所言的理氣關係無法有相應的理解，而認爲理是依附於氣的存有，如此則近於朱子理氣二分之論點，但朱子之架構卻又是梨洲所批判的，如此即產生了矛盾。因此若不能對梨洲所言的理氣關係有適切的理解，是無法點出梨洲主氣系統的重點所在。

〔註6〕 至於主心本論者以侯外廬、劉述先爲代表。侯外廬之看法，參見其所編《宋明理學史》下第三編〈明末清初對理學的總結·《明儒學案》的理學觀點及其在學術史上的地位〉。侯氏認爲：「宗羲的理氣觀有明顯的二重性，一方面就理氣關係而言，他主張氣在理之先爲理之本，認爲『理爲氣之理，無氣則無理。』就是說氣是理賴以存在的根據，有氣才有理，無氣則無理，說明氣較之理更爲根本。另一方面就本體論而言，他既主張『天地之間只有氣更無理。』似乎承認氣爲天地萬物唯一的本原，但又主張『盈天地皆心也』似乎又肯定心爲天地萬物的本原，那麼能否由此斷言，宗羲的本體論是心氣二元論呢？不能，因爲它所說的氣只是溝通物我和心理的中介。……在家義那裡氣不是作爲天地萬物的本原，而是實踐物我一體或心物合一的不可缺少得中間環節。總而言之，宗羲的理氣觀並非徹底的氣本論，在本體論方面，他並不以氣爲萬物的本原，而是用氣來論證萬物本於一心。因此他的本體論歸根到底仍屬王學的心本論。」侯外廬：《宋明理學史》，頁812-815。劉述先言道：「他的思想可以稱之爲一種心學，這樣的心學由陽明轉手，與西方之唯心、唯物的說法完全拉不上關係。在這一條思路的義理規模下，既可以說『盈天地皆心也』也可以說『盈天地間一氣而已矣』兩種說法其實是一體之兩面。」劉述先：《黃宗羲心學的定位》，頁118。

依梨洲的文字便作如是的理解是不周全的。至於主心本論所主見解，其所著眼點落在「盈天地皆心」的命題上，但對於梨洲所言「心」與「氣」的關聯無法精確掌握，因此即使點出梨洲主心，但卻與法深入說明何以梨洲既強調「心」又強調「氣」，其問之關聯性爲何，且梨洲所言的「心」與陽明所言的「本心」之問的關係爲何，均必須精細分析之，如此方能理出梨洲的哲學觀點，不應被梨洲文字的表象所局限住，而應深入析解此些文字背後的後設思維爲何。因此本節論述的方向將分別就梨洲所言的「心」與「氣」之關係詳盡考察，藉此以逼顯出先於此二概念之上的「實踐」概念，以見出梨洲的存有學之特色。

一、氣本論意義下的宇宙論

　　梨洲認爲整個宇宙的生成均是由於氣之作用。此處則引發一些問題：梨洲所言的氣是形上超越義或形下經驗義？或是二者同具？若氣是超越存有，則萬物之形質生命由何構成？若氣是實然的物質之氣，則此氣如何能超越時空之限而具永恆的創生力？若氣既是超越存有又是實然物氣，此存有狀態如何可能？

　　首先就梨洲所認爲的氣進行析解，對於氣之稱謂，梨洲或以「生氣」、「天地之氣」名之，其中由「生」、「天地」之形容詞中，可掌握其所言氣的特質。梨洲言道：

> 蓋一陰一陽之流行往來，必有過不及，寧有可齊之理？然全是一團生氣，其生氣所聚，自然福善禍沒淫，一息如是，終古如是。不然生減息矣。此萬有不齊中一點眞主宰，謂之至善。〔註7〕

> 蓋天地之氣有過有不及，而有愆陽伏陰，豈可遂疑天地之氣有不善乎？夫其一時雖有過不及，而萬古之中氣自如也，此理之不可易者。〔註8〕

梨洲所官的氣是「生氣」或名爲「天地之氣」，由稱謂中可見出「生」具有創生義及根源義，創生義是指氣具有不斷創生萬物的潛能，根源義是指氣因能不斷創生萬物而成爲萬物存在的根源。至於「天地」則指氣有遍在義，即此

〔註7〕〔清〕黃宗羲：〈道性善章〉，《孟子師說》，卷3，頁77。

〔註8〕〔清〕黃宗羲：〈諸儒學案中四・肅敏王俊川先生廷相〉，《明儒學案（下）》，沈善洪主編：《黃宗羲全集》第8冊（杭州：浙江古籍出版社，2004年），卷50，頁487。

氣是充塞整個宇宙空間，萬物均受到氣的作用。因此由「生氣」及「天地之氣」的稱謂中已涵蘊了氣具有絕對性與普遍性，將此二名詞合而觀之，整個宇宙由最初至無窮的未來均是此氣無限的創生作用所維繫。

此天地之氣普遍性的創生如何具體作用及此創生作用的特質為何？梨洲亦作了說明。梨洲言道：

> 通天地，亙古今，無非一氣而已。氣本一也，而有往來闔闢升降之殊，則分之為動靜。有動靜則不得不分之為陰陽，然此陰陽之動靜也，千條萬緒，紛紜膠轕，而卒不克亂，萬古此寒暑也，萬古此收藏也。莫知其所以然而然，是即所謂理也，所謂太極也。以其不紊而言謂之理，以其極至而言則謂之太極。〔註9〕

此段文句表示出氣的幾點特質：其一，氣具有超越性、普遍性的；其二，氣本身具活動性，故能產生變化，遂有動靜、陰陽之分；其四，此陰陽動靜之變化活動是有其終極的條理性；其三，氣的終極條理性只能由形下之氣所呈現條理性來表現。由此可見，梨洲所謂元氣的創生作用是藉著陰陽二氣之變化所實現。關於此梨洲言道：

> 其曰無極者，初非別有一物依於氣而立，附於氣而行，或曰因「易有太極」一言，遂疑陰陽之變易，類有一物主宰乎其間者，是不然矣，故不得不加無極二字。……世之人一往不返，不識有無渾一之常，費隱妙合之體，循象執有，逐物而遷，而無極之真竟不可見矣。聖入以靜之一字，反本歸元，蓋造化人事皆以收斂為主，發散是不得已事，非以收斂為靜，發散為動也。一斂一發自是造化流行不息之氣機。而必有所以樞紐乎是，運旋乎是，是則所謂靜也。

〔註10〕

梨洲認為此終極性條理即在陰陽變化之中，氣本身之變化便蘊涵制約性、條理性，氣本身自為主宰。此終極條理性即所謂元氣，乃氣的寂然狀態，即氣的原始根源，一切變化發用均源於此，亦可稱為萬有的「創生動源」。而此動源之存在狀態是虛明靜寂的狀態，此靜寂之狀態蘊涵無盡動態的創生力，一切變化的條理性亦由此所生出。因此天地之氣的本然存在狀態是隨時處於動靜相涵的狀態，而在寂體動靜相涵的作用中不斷發用而創生萬物。

〔註 9〕 〔清〕黃宗羲：〈太極圖講義〉，《宋元學案》，卷12，頁606。
〔註10〕 〔清〕黃宗羲：〈太極圖講義〉，《宋元學案》，頁606。

我們可斷定梨洲所言的氣有不同層次：一是形上本體義的元氣，是陰陽相攝、動靜相涵的超越存有，此為物質之氣的原始根源，此根源是虛靈的，具有無限的創生力，在創生過程中展現終極條理性，因此亦可名為太虛、太極，即天地之氣陰陽相渾，動靜相涵的寂然未發狀態（此未發乃相對於氣之活動狀態而言）。梨洲言道：「太虛之中，昆侖旁薄，四時不忒，萬物發生，無非實理，此天道之誠也。」〔註11〕一是形而下的陰陽之氣。就發用義而言，在陰陽二氣的流行變化中，元氣作用其間。氣在發用時，元氣在其間行主宰作用，展現其條理性，因此在陰陽交相變化之際會有過不及的可能，而遂有「萬有不齊」的現象產生，此現象是被允許的，以其為天地之氣本身的條理性之故。梨洲言道：

> 蓋天地之氣有過有不及，而有愆陽伏陰，且可遂疑天地之氣有不善乎？夫其一時雖有過不及，而萬古之中氣自如也，此理之不可易者。〔註12〕

> 蓋此氣雖有條理，市其往來屈伸，不能無過不及。聖賢得其中氣，常人所受或得其過，或得其不及。以至萬有不齊。〔註13〕

梨洲除了強調元氣的作用，亦正視物氣本身的現實性，且不將此視為負面意義，而仍予以接納，並解釋此些過不及狀況皆是暫時的，而就整體歷程而言仍是條理性的發展，如此觀點說明了梨洲同時兼重氣本身的現實性及超越性（根源性），而能涵蓋宇宙的整體現象。

對於理氣關係，梨洲並不承認有一超越實體獨立於天地之氣之上，而認為天地間只有一氣的存在，故對於傳統理氣二分的格局是極力反對的。梨洲言道：

> 惟是朱子謂無極即是無形，太極只是有理，在無物之前，而未嘗不立於有物之後，在陰陽之外，而未嘗不行於陰陽之中，此朱子自以理先氣後之說解周子，亦未得周子之意也。羅整菴〈困知記〉謂：「『無極之眞，二五之精，妙合而凝』三語不能無疑。凡物必兩而後可以言合。太極、陰陽果二物乎？其為物也果二，則方其未合之先，各

〔註11〕〔清〕黃宗羲：〈居下位章〉，《孟子師說》，卷4，頁94。

〔註12〕〔清〕黃宗羲：〈諸儒學案中四・肅敏王浚川先生廷相〉，《明儒學案（下）》，卷50，頁487。

〔註13〕〔清〕黃宗羲：〈南中王門二・太常唐凝菴先生鶴徵〉，《明儒學案（上）》，卷26，頁700。

安在邪？朱子終身認理氣爲二物，其源蓋出於此。」不知此三語正
明理氣不可相離，故加妙合以形容之，猶《中庸》言體物而不可遺
也，非二五之精，則亦無所謂無極之眞矣。朱子言無形有理，即是
尋無極之眞，于二五之精之外，雖曰無形而實爲有物，亦直無極之
意乎？故以爲歧理氣出自周子者，非也。〔註14〕

梨洲認爲朱子理氣二分的架構，將理氣視爲二物，提出理先氣後之說，如此
則認爲理可以獨立於氣而存在，而使人易於氣外另尋一超越之理。但梨洲認
爲理與氣是同體的，理即在氣中，無須外求。梨洲言道：

先生之辨雖爲明晰。然詳以理馭氣，仍爲二之。氣必待馭於理，則
氣爲死物，抑知理氣之名，由人而造，自其俘沉升降者而言，則謂
之氣；自其浮沉升降不失其則者而言，則謂之理，蓋一物兩名，非
兩物而一體也。〔註15〕

此段乃對於曹氏辨朱子「理之乘氣」提出之批評，可表示梨洲對朱子以理氣
二分的論點極爲不滿，若依朱子之見，則氣屬從屬地位，缺乏自主性，無法
充分表現其自由的活動性。因此提出理氣是同一的，是此存有的不同特質展
現。氣是強調活動性，而理是強調條理性，梨洲是強調理氣不二的，理即是
氣之條理性，並非外氣而超越存在，因此梨洲對於理氣二分或理氣合一之說
均予反對。

我們可肯定的是，梨洲認爲宇宙中只有一氣，而氣有形上本體層面的元
氣，能不斷的創生，又具有制約的法則性，使一切創生的均能依法則而行。
除此，亦有形下的物質之氣，此物質之氣由元氣化生而來，具有形質特性能
形成萬物。故梨洲言道：「夫天氣之謂乾，地質之謂坤，氣不得不凝爲質，質
不得不散爲氣，兩者同一物也。」〔註16〕此處質散爲氣意味著萬物最終仍回
歸於氣之根源，此表現出梨洲肯定物氣是有限的，會生滅成毀的，而元氣則
是循環生生的。

依梨洲所建構的氣本論義下的宇宙論，與過去主理及主心的宇宙論相
較，相同處在於均表現了宇宙根源處無限的創生力，不同的是氣不再只是附

〔註14〕〔清〕黃宗羲：〈濂溪學案（下）·附朱太極圖說辯〉，《宋元學案》，卷12，頁
616-617。

〔註15〕〔清〕黃宗羲：〈諸儒學案上二·學正曹月川先生端〉，《明儒學案（下）》，卷
44，頁355-356。

〔註16〕〔清〕黃宗羲：〈蕺山學案〉，《明儒學案（下）》，卷62，頁885。

屬存有（成為理主宰之工具）甚至負面的價值義（往往成為理作用之限制所在），而是將氣亦提升至本體層次，實存之氣由元氣生化產生，不再於物氣之外另尋一超越實體，直接以元氣作為一切物氣原初及終極的歸屬，使得整個創生過程是一直接而連貫的過程。若依重理、心的傳統，其將理、心與氣視為不同層次的相對存有，認為理、心之超越活動仍須藉由物氣之實存作用，但物氣相對於理、心而言因其本身的活動性會有負面價值產生的可能，使得生化過程會有不合於理的情況產生，故須針對物氣之弊加以對治。但在梨洲重氣的系統，將氣提升至本體層次，氣本身能自作主宰，無須依附，使得整個生化過程同時具有創造性又具有條理性，就梨洲的理解，整個世界是一個合理的場境，宇宙本身的生成變化約在其條理性的制約之中，因此無須任何人為作用，只要順著氣的活動性，在其變化的歷程中便可見出其運行的規律性，而此歷程性與規律性的平衡便是梨洲氣本論的宇宙論之特色所在。

二、氣本論意義下的心性論

對於梨洲所言的心，劉述先認為：「脫離了心，天地萬物即不成其為天地萬物。」〔註17〕又言：「氣之凝聚為物，物之本體為理，這一切都得透過心而形著。」〔註18〕此處劉氏的理解意味著萬物存在的意義須建立在心的認識上（非認知義），萬物為心認識的對象，而人認識萬物之目的在於認識萬物背後的存在之理，此存在之理若無人的認識作用，便無法彰顯，故心具有對萬物存有之理的「形著」作用。

此「形著」的說法雖能解釋梨洲所言的眾理不外吾心及梨洲所言的氣，並對心與氣的關係作了說明，但似乎仍有不明處。若依此解釋，則梨洲學完全是陽明的心學。若就梨洲文獻考察，似乎又非如此，其中重要關鍵在於梨洲較陽明強調「氣」的重要性，一言及「氣」便涉及氣本身變化的問題，如此萬物便有其本身存在的個殊性，即萬物本身有材質上的不同，並非吾人以心便能全部涵蓋的，因此可見出梨洲與陽明不同處在於梨洲肯定了萬有本身有其客觀價值存在，而此部分在陽明思想中是較少論及的，陽明只就理的部

〔註17〕劉氏言道：「在梨洲這樣的思想規模之下，他乃可以說：「盈天地皆心也」，因為脫離了心，天地萬物即不成其為天地萬物。以這一點來說，它是陽明心學的繼承者。」劉述先：《黃宗羲心學的定位》，頁118。

〔註18〕劉述先言道：「氣之凝聚為物，物之本體為理，這一切都得透過心而形著。則盈天地皆心與盈天地皆物，這是一體兩面，根本沒有唯心、唯物兩極對蹠的問題。」劉述先：《黃宗羲心學的定位》，頁118。

分強調，對於萬物的材質生命較略去。關於人的存在思考亦然，陽明強調本體層面的作用，而梨洲則於本體層面外更加入了對現實生命的思考，而不只強調心在理想狀態下應該如何作用，而是重視心如何於現實生命中實際適切地表現，即重視人的材質及所處情境等現實的限制性。因此梨洲對於心本身的特性及心的認識作用與陽明已有出入，於細微差異處應仔細釐析出，否則容易為表面的文字所迷惑，忽略其背後思維的根本差異，故筆者認為對於梨洲所言的心及心與氣（物）之關係有進一步深入反省之必要。

關於梨洲所言人的心性與宇宙間理氣之關係為何，梨洲言道：

> 夫在天為氣者，在人為心；在天為理者，在人為性。理氣如是，心性亦如是。決無異也。人受天之氣以生，祇有一心而已，而一動一靜，喜怒哀樂，循環無已。當惻隱處自惻隱，當羞惡處自羞惡，當恭敬處自恭敬，當是非處自是非，千頭萬緒，感應紛紜，歷然不能昧者，是即所謂性也，初非別有一物，立於心之先，附於心之中。先生以為天性正於受生之初，明覺發於既生之後，明覺是心而非性。信如斯言，則性體也，此用也；性是人生以上，靜也；心是感物而動，動也；性是天地萬物之理，公也；心是一己所有，私也。明明先立一性以為此心之主，與理能生氣之說無異，於先生理氣之論無乃大悖乎？豈理氣是理氣，心住是心性，二者分，天人卻不可相通乎？〔註19〕

關於此段文字，梨洲將主體之心性與人所存在的宇宙之理氣關聯起來，並認為若將理氣與心性概念區隔，則使天人存在關係破裂，由此可明顯見出梨洲是想展現天人一體不二之理念。就筆者前面對梨洲理氣論的分析，認為其是主氣本論，此氣是指本體層面的元氣，其本身便具法則性，能不斷依此法則行創造作用。至於理則是氣的創生過程中所展現的條理性，故可以理稱之，並非於氣的實體外另有一理之實體存在。若將梨洲所言的氣與心對照來看，心亦是由氣之根源所創生，故心同樣具有創生力，即「一動一靜」、「喜怒哀樂」的心理活動，所謂的一動一靜，動是指心體的活動性，包涵理性知覺、感性情緒之發用。靜則是指心體寂然虛靈的狀態，即境識俱泯的狀態〔註20〕，此時心體處於動靜相涵的潛能狀態，並非死寂狀態，而是在寂靜狀

〔註19〕〔清〕黃宗羲：〈文莊羅整菴先生欽順〉，《明儒學案（下）》，卷47，頁408-409。
〔註20〕梨洲云：「夫心體本空，而其中有主宰乎是者，乃天之降衷，有無虛實，通為一物者也，渣滓盡化，復其空體，其為主宰者，即此空體也。」〔清〕黃宗羲：

態中仍涵蘊一股不容已的創生的動力，準備隨時發用，此狀態亦可以「創生力的潛隱」形容之。心體除了創生力外，亦具有法則性，即當「惻隱處自能惻隱」，羞惡、恭敬、是非亦然。梨洲所謂的惻隱、羞惡、恭敬、是非梨洲理解爲心體之活動，而以情名之〔註21〕，但其所使用情之概念與傳統經驗義的感性活動不同，而是就心體之創生力具體發用而言，因心體本身有法則作用，故對於心體本身的活動自能受法則之制約。至於性之定位則與理相同，是就心體創生過程中所展現的法則性而言，因此「當惻隱處惻隱」所表現的法則義「必然」性，若將此必然性與心體活動性抽離出來，亦可另以「仁」之價值概念詞稱之，此即所謂的「性」，但因此特質是由心體之活動中抽離出來，因此其存在意義仍是在心體作用之中，故仍須放入心體的整體活動觀之。因此性之特質即在心體作用中，其只是心體作用中法則性特質的展現，並非心體外另有一實體存在。

　　既明梨洲所言的心即是根源之氣聚於吾身；則其所謂「盈天地皆氣也」及「盈天地皆心也」二命題之關聯性爲何？意即心與氣之概念在梨洲宇宙論系統中各自的定位如何？

　　關於此問題可由梨洲如何思考人的存在問題著眼，梨洲對人的存在提出的說明是整個人的生命現象全由根源之氣所造，故人的生理及心理現象與根源之氣的創生活動是連貫的流行，因此人的存在本身便是根源之氣意義的全幅朗現。梨洲言道：「人自有生以後，一呼一吸尚與天通，只爲私欲隔礙，全不成天地之氣耳。」〔註22〕但因人的形軀生命（即梨洲所言耳目口體之質及視聽言動之氣）有生理欲求，容易爲外物所誘引，故有其限制性，使得人所稟之氣駁雜不醇而與純粹清明的天地之氣不同，因此人所稟的生理之氣須經由後天的修養方能恢復其原有的清明。人藉形軀生命以維持生命現象，但此形軀生命是會壞滅的，如此如何突顯人的存在價值而成爲萬物之靈呢？且如何使恢復人稟具之氣的清明成爲可能呢？此則須涉及人的超越性，故必標舉心的存在意義。梨洲言道：「天地間只有一氣充周，生人生物，人稟是氣以生，

　　　〈泰州學案五・明經方本菴先生學漸〉，《明儒學案（下）》，卷35，頁94。

〔註21〕梨洲云：「自來儒者以未發爲性，已發爲情，其實性情二字，無處可容分析。性之於情，猶理之於氣，非情亦何從見性，故喜怒哀樂，情也；中和，性也。於未發言喜怒哀樂，是明明言未發有情矣，奈何分析性情？」〔清〕黃宗羲：〈江右王門四・主事黃洛村先生弘綱〉，《明儒學案（上）》，卷19，頁518。

〔註22〕〔清〕黃宗羲：《明儒學案（上）》，卷19，頁518。

心即氣之靈處，所謂知氣在上也。」〔註 23〕心是根源之氣創生過程中所賦予人的靈明本性，亦即根源之氣在人形軀小宇宙的縮影，因此心與根源之氣均是虛寂存有，同時具有無限的創生力及法則性。梨洲言道：

> 其變者，喜怒哀樂，已發未發，一動一靜，循環無端者，心也；
> 其不變者，惻隱羞惡，辭讓是非，牿之反覆，萌蘗發見者，性也。
> 〔註 24〕

創生力是就人的各種心理活動及具體行為的產生，法則性是心體本身能自我立法，作為心體活動之主宰，同時亦成為形軀感官之主宰，使心體及形軀之活動能依法則而行，表現其條理性。正因人具有心體之存在可表現人的超越性，可與宇宙的根源之氣相交感，形成一有秩序的生機流行之場，而與根源之氣共同完成神聖的創化作用，而此正突顯人存在的價值所在。而人所以自覺恢復所稟之氣的清明，亦源於心體之自覺，而此自覺即因其本身所具的創生力及法則性之作用，自然產生人應朝合理性發展的要求，有一股自不容已的動力產生，使人自覺擯除私欲之雜，以呈現本然清明之氣。

接著進一步探討人何以在宇宙創生過程中扮演重要角色，其與其他存有物之共通處為何？及其所以優越處為何？以彰顯出人在宇宙中的存在地位。梨洲言道：

> 天以氣化流行而生物，純是一團和氣。人物稟之即為知覺，知覺之
> 精者靈明而為人，知覺之麤者昏濁而為物。人之靈明，惻隱羞惡辭
> 讓是非，合下具足，不囿於形氣之內；禽獸之昏濁，所知所覺，不
> 出飲食牝牡之間，為形氣所錮，原是截然分別。〔註 25〕

根源之氣以生意流行變化創生萬物，使人物同具「知覺」，所謂的知覺是指感知能力，禽獸的感知能力所及的對象僅止於食色之欲，而人的感知能力卻可在道德行為上展現道德性。因此人的感知能力與禽獸所具相較，則人所稟者較精較靈明，乃因天地之氣流行變化過程中產生萬有不齊之現象，故人與禽獸所稟受的感知能力及形質便有差異，禽獸所具的感知能力較粗濁，無法突破形軀生命的限制；而人所具的感知能力較精而靈，因此易突破形軀之限呈現天地之氣所賦予的超越性。人與禽獸同稟天地之氣以生，就根源義而言所

〔註 23〕〔清〕黃宗羲：〈浩然章〉，《孟子師說》，卷 2，頁 60。
〔註 24〕〔清〕黃宗羲：〈崇仁學案二・文敬胡敬齋先生居仁〉，《明儒學案（上）》，卷 2，頁 22。
〔註 25〕〔清〕黃宗羲：〈人之所以異章〉，《孟子師說》，卷 4，頁 111。

具的氣與氣所具的條理性是同一的，不同處只在於所稟受感知能力的優劣，
而此感知能力便是所謂的心體所具的能力，因此「心」便是人物之別的關鍵
所在。既然人物所稟受的知覺不同，則由感知能力所展現的法則性是否亦有
所不同？此則涉及傳統以來所論及人物在性理上的異同問題。梨洲言道：

> 蓋天之生物，萬有不齊，其質既異，其性亦異。犬牛之知覺自異乎
> 人之知覺；浸假而草木則有生意無知覺矣；浸假而瓦石則有形質需無
> 生意矣。若一概以儱侗之性言之，未有不同人道於犬牛也。〔註26〕

梨洲認為萬物所稟的形質不同，所表現的存在之性亦有不同。就生命現象有
無而言可區分為生物（動植物）與無生物（瓦石），而生物又可區分為有感知
能力與無感知能力者，而感知能力又可進一步畫分為精靈與粗濁的性質。此
些不同層次之區別主要取決於形質之構成特性及心靈之超越作用。以近代生
物學觀點類比之，即有無細胞之存在，細胞決定了生命現象，瓦石等無生物
因無細胞作用，故無法呈現生命現象。至於人與動物同具細胞的生命作用，
雖然構造上會有所差異，但在感官能力即視聽言動的能力上及感官的欲求上
有自然本能的滿足需求是相同的，主要差異處在於最高層的心理活動（即思
維活動上）。因此萬物不同的形質構成，便有不同的存在特性，而真正決定人
存在的關鍵則是所謂心的存在，但若就存在意義的根源而言人物是相同的，
同是出於根源之氣的創化作用。

至於「性即理」、「性善」等價值詞在人與物的運用上是否有不同意義？梨
洲對於朱子「人物氣猶近，理絕不同」之說法，提出不同見解。梨洲言道：

> 程子「性即理也」之言截得清楚，然極須理會，單為人性言之則可，
> 欲以該萬物之性則不可。即孟子之言性善，亦是據人性言之，不以
> 此通之於物，若言人物皆稟天地之理以為性，人得其全，物得其偏，
> 便不是。夫所謂理者，仁義禮智是也，禽獸何嘗有是？如虎狼之殘
> 忍。牛犬之頑鈍，皆不可不謂之性。具此知覺即具此性，晦翁言「人
> 物氣猶相近，而理絕不同」不知物之知覺，絕非人之知覺，其不同
> 先在乎氣也。理者純粹至善者也，安得有偏全？人雖桀紂之窮凶極
> 惡，未嘗不知此事是惡，是陷溺之中，其理亦全，物之此心已絕，
> 豈可謂偏者猶在乎？若論其同體，天以其氣之精者生人，麤者生物，
> 雖一氣而有精麤之判。故氣質之性但可言物不可言人，在人雖有清

〔註26〕　〔清〕黃宗羲：〈生之謂性章〉，《孟子師說》，卷6，頁133。

明厚薄之異，總之是有理之氣，禽獸所稟者，是無理之氣，非無理
也，其不得與人同者，正是天之理也。〔註27〕

梨洲認為「性即理」、「性善」之價值詞只能運用在人上，不能用來言禽獸。
若就存在根源而言，人與禽獸均由根源之氣所創生，因此在根源上可言人物
亦同時稟賦根源之氣所具的法則性（即梨洲所謂的性理）。但梨洲對於性之概
念並不由根源義說明，而是強調藉由心體活動中所展現的法則性、條理性言，
因此梨洲認為由心體惻隱、羞惡、辭讓、是非之作用所朗現的仁義禮智之理
是人所獨具的，是人與禽獸的差異關鍵，禽獸雖與人一般同具感知能力，但
因人有心體之感知作用，故能呈現天之理，突破感性生命欲求之桎梏，而禽
獸卻受限於生理欲求，只落於自然本能之表現上。而禽獸自然本能發用中所
呈現的現象如殘忍、頑鈍之特質，梨洲認為此不可不稱為性，此處所謂的性
是禽獸的感知作用所呈顯的存在之理，但禽獸的感知能力與人不同，因此所
呈現的存在之理亦不相同，人有人之理，物有物之理，因此禽獸只有所謂的
氣質之性，但此氣質之性中亦含有禽獸本身的存在之理，但人之特殊處在於
人之心體能呈現天理之價值，突破氣質本能之限制。故梨洲對於朱子氣同理
異之說不以為然，認為人與禽獸之感知能力不同，如何說成人物氣相近，且
人具此心，而物則否，若無心體之作用，禽獸如何呈現天理？因此就呈現天
理而言，並無朱子所謂人得其全，物得其偏之說，而是只有人才能呈顯天理
的超越性。

　　既然梨洲肯定人異於其他存有而於宇宙間具有開顯天理之能力，而由此
說明人獨特的存在價值，認為只有人方能體現天理，只要藉著盡心的工夫，
便可證知天道。梨洲言道：

人與天雖有形色之隔，而氣未嘗不相通，知性知天同一理也。《易》
言：「窮理盡性，以至於命」，窮理者盡其心也，心既理也，故知性
知天隨之矣，窮理則性命隨之矣，孟子之言即《易》之言也。〔註28〕

人心與天地之氣是一氣流行的，故人心之理亦即天地之理，人只要能擴充心
體之能自然能體現天所賦予人的道德性，更可以此體證天道的生生之理及法
則性。而窮理亦只是就吾心去窮究即可，因吾心之理具足，無須外求，若能
窮吾心之理便是所謂盡吾人稟於天的道德性，如此亦即知天所賦予吾人的命

〔註27〕〔清〕黃宗羲：〈食色性也章〉，《孟子師說》，卷6，頁135。
〔註28〕〔清〕黃宗羲：〈盡其心者章〉，《孟子師說》，卷7，頁148。

限所在。因此只有在心體徹底作工夫，便是恢復吾人本具的清明之體，使人與天地之氣互相流通，共同創化萬物。

對於梨洲所言的心與氣之關係，經由前面仔細析解後，可清楚瞭解梨洲將人安放在宇宙中一個極特殊之地位，人是由根源之氣所創化最精靈的一個群類，因爲人被賦予了心（性），使得人能超脫有限的形質，而能表現天理的可貴價值。雖然人之形質會毀壞而回歸於天地，但人的心靈卻是永恆的延續，不斷地朗現道德天理，正因人能在人的存在中彰顯天理，而此與整個宇宙根源之氣的創生是一體流行，使得人類的小宇宙與整個大宇宙交互渾融。因此「盈天地皆心也」與「盈天地皆氣也」之命題，所指涉的對象是一體的，只不過言氣是就整個宇宙而言根源之氣的作用，言心是落在人的主體上言，在梨洲系統中並無主客對列的格局，而是主客渾融不分的架構，故無論言心言氣均是指本體層面言。

至於劉述先將氣定義在物氣層次且須經由心體的彰著過程〔註29〕。事實上劉氏對梨洲之理氣論理解爲「極端的內在一元」觀點，取消了理的超越本體義，將理由超越地位拉下與氣渾融一體，認爲此見解雖可避免空守虛妄實體，但易產生只重實然氣化，缺乏對天命的體認。所以產生此理解，主要是將氣理解爲物氣流行的層次，而以氣來彰著理之超越性。若依此理解便只能解釋實存義，而缺乏對氣根源義之疏解，如此則必有氣如何產生的疑問及理與氣之關係到底爲何？是否眞能達至一體之境地？筆者認爲若能將氣提升至本體層次便可化解劉氏所謂實然之氣化的滑轉，對天命之體亦有眞切的把握，使理氣能全然通貫，眞正的是理氣一體。至於根源之氣，因其本身不斷的創生活動會創造出無數的物質之氣，而由物質之氣凝結爲萬物的形質，在物氣凝聚的同時，根源之氣亦在其間作用，若此梨洲所言的氣便同時具有精神層面及物質層面的特性，本身能自由發用，自我主宰，無須經由曲折的形著過程，而更能突顯實體的自主性，對於實體的根源義亦能精確的掌握。

〔註29〕 劉氏言道：「由本體論到工夫論，我們看到，梨洲依蕺山對於陽明心學有所簡擇，由陽明所開啓的思路，推至一極端的內在一元的思想型態，故言『工夫所至，即其本體。』這樣的思想的好處在避免懸空只說一個本體，而明白指出，若不肯踏實做工夫，便不免流於禪佛。但也有他的嚴重限制所在，蓋超越之義減煞，過分強調氣（器）外無理（道），表面上似明道一本論，實則已脫略了開去，對於天命流行之體之體證已不眞切。容易滑轉成一實然之氣化過程，而缺乏了必要的分疏。」劉述先：《黃宗羲心學的定位》，頁118。

至於大陸學者對梨洲學有所謂唯心、唯物之矛盾，事實上是出於他們自身理論的矛盾，在梨洲系統中並無此衝突，對此劉述先氏對此已有詳細的批判〔註30〕。若能捨棄唯心論、唯物論之理論框架，仔細對梨洲所言心、氣概念進一步瞭解其眞正意涵，便可化解此問題矣。

三、小 結

梨洲基本上是以人的存在爲思考核心，而進一步建構宇宙論的內容，故可謂梨洲所關切的哲學問題是人的存有問題，而非思考世界如何存在的問題，一論及人的存有便不得不關聯著人與生活世界的依存及互動關係，因此就人的存有而言，梨洲標舉出「心」的概念，而就世界的存在而言，其標舉出「氣」的概念，至於人與世界的互動則以「實踐」作爲連結。何以梨洲會以實踐作爲人與生活世界之聯繫？因梨洲所言的心並非實體義的心，故其言道：「心無本體，工夫所至即其本體。」〔註31〕同時，人天生所稟具的善端並不足以開物成務，必須經由實踐的過程去擴充此天賦，方能擔任此開顯天理之責，因此可見出梨洲對於陽明心學是有所改造的，其並不直接就人存有根源處（理想面）肯定主體的能力，而是認爲人的確先天具有此能力，但此能力必須經由具體實踐方能維持及增強，此意味著梨洲正視人的實存生命之限制，而認爲只要人自覺的去眞知眞行，必能成就人性之價值，此將陽明學點出人性的可貴，進一步正視如何實踐的問題，當然並非意指陽明學不重實踐，而是此實踐的部分漸因王門後學強調良知的根源義而使良知有實體化的傾向，而梨洲便是針對此重新強調實踐之重要，因此對於梨洲所言「盈天地皆心也」、「盈天地皆氣也」的命題，均是就存有的根源處說，但其眞正強調的是人與世界如何互動的問題，故「實踐」正是梨洲於言心言氣的背後更關鍵的重點所在，吾人面對梨洲的哲學思考應由表象中進一步深入思考其眞正用意，否則無法見出其精髓所在。

第三節 論人的歷史主體與歷史實踐

上節已論及梨洲氣本論思想，本節將進一步探討人的歷史創造的問題。

〔註30〕劉氏認爲梨洲所言的心物是一體的兩面，並非對立的概念。劉述先：《黃宗羲心學的定位》，頁105、118。
〔註31〕〔清〕黃宗羲：〈自序〉，《明儒學案（上）》，頁3。

梨洲思想直承陽明、蕺山而來，故其間有承繼及開展之關係，蕺山鑑陽明良知學發展至後期，因四句教提出而導致之歧見，使良知學不明，甚至將良知本體孤懸超離，而流於玩弄光景之弊〔註32〕，為救正此弊，遂強調將良知本體落實之重要，正視人實存層面之生命，另標舉出氣的概念，認為人心道心一體不分，氣性義性合一不離〔註33〕，此理氣不離之觀點〔註34〕，使人更真切地面對現實形軀生命，為人們提供一條具實可行之修養路數。至於梨洲承襲其師重要概念之理解，如理氣心性之概念意義及彼此關係，因此若就哲學義理而言，梨洲之觀點是承繼其師而來，但其開創處在於將其師關切點由個人修身拓展為更寬廣的生活世界，深刻思考人與生活情境間之互動關係，探討人於人文世界中所扮演的角色，及人與自然界之依存關係，由此而衍伸出人的歷史性層面之思考，不只落在陽明、蕺山所著眼的道德性層面，此間轉變關鍵在於梨洲本身自覺的歷史意識，及時代變革之刺激，更加上儒學本身內聖學至蕺山已發展到極限，不得不向外開展，否則已無發展生機，因此在內在及外在條件之需求，走向梨洲的路數是必然的時代趨勢。

　　本節所要探討的便是梨洲如何依據蕺山的義理概念由道德層面逐漸向歷史文化層面開展，瞭解其如何思考人存在之根源，及人的歷史主體之功能及作用，進一步思考歷史主體如何進行歷史文化之創造，最後關懷人之思史性其終極的理想，希望藉此對梨洲思想中所展現之人的歷史性哲學有更深切的認識。

一、人稟天地元氣而生

　　關於人所以存在的問題，梨洲認為人之存在是宇宙中氣之作用，元氣藉著其本身不斷的活動進行創生變化。就整個自然界（包含人事界而言），各種情境之更迭均由於氣本身相對的兩股勢力消長而產生的結果，而此消長之勢

〔註32〕〔清〕黃宗羲：〈師說‧王龍溪畿〉，《明儒學案（上）》，頁17。

〔註33〕關於蕺山人心即道心，氣性即義性之觀點，蕺山言道：「性只是氣質之性，而義理者，氣之本然，乃所以為性也。心只是人心，而道者，人之所當然，乃所以為心也。人心、道心只是一心；氣質、義理只是一性，識得心一、性一，工夫亦一。」〔明〕劉宗周：〈語類‧讀書說〉，《劉子全書及遺編》，卷8，頁123。

〔註34〕關於蕺山理氣不離之觀點，可引蕺山一段文字見之。蕺山言道：「人生而有此形骸，便有此氣質。就中一點真性命，是行而上者，雖形上不離形下。」〔明〕劉宗周：〈氣質說〉，《劉子全書及遺編》，卷8，頁127。蕺山所謂的氣並非是實然之氣，而是包含氣所以為氣的存有之理，此即氣存有之根源，而根源又不離流行，故根源之理即在流行之中，故言理氣不離。

力本身有其平衡之動力，使所有變化均能在一定的的軌約下進行，而此主宰性之平衡動力其生發處便是元氣的作用。此元氣既是所有物質之氣的存有根基，故此元氣不在物氣之外，亦不在物氣之先，有此元氣即有物氣之存在，不可截然為二。因此梨洲由此斷言天地間只有所謂的氣的流行充塞其間，並無一超絕的存有孤懸於大氣之上，而作為氣或萬物的絕對主宰，其欲破除過去對孔、孟、《易傳》中天、性理、太極理解為超絕於萬有之外的存有，而為一切現象之普遍而絕對的主宰的雙重存有的區分觀念，而重新面對真實的生活世界，瞭解萬有原是理想面、現實面渾融不分的。梨洲言道：

> 氣本一也，而一動一靜，一往一來，一闔一闢，一升一降，循環無已。積微而著，由著復微，為四時之溫涼寒暑，為萬物之生長收藏，為斯民之日用彝倫，為人事之成敗得失，千條萬緒，紛紜輵轕，而卒不克亂。莫知其所以然而然，是即所謂理也。初非別有一物，依于氣而立，附于氣以行。〔註35〕

由此可見出梨洲打破過去由理、道的超越概念來解釋存有，而代以氣的概念來論述，將自然界中各種現象視為氣之作用，至於過去所強調的超越本體，梨洲理解為此亦氣本身之自為主宰〔註36〕，並將過去所言的理生氣，理先氣後的觀念修正，不再將理視為實體義，而只理解為是氣活動時所呈塊的條理性、法則性，不再是外於氣的超越存有，理已為本體層面的元氣所取代，如此便取消過去理氣二分，或理氣合一的問題。如此氣之定位不只是實存之氣，而是關聯著其根源之氣，同時具有本體層面的元氣及實存層面的物質之氣。因此梨洲所言的氣統體言之是包含無限性與有限性，若細分之，其無限性是就根源處言，此無限性可藉由氣流行過程中見出，即所謂的條理性、主宰性，及無限的創生作用；其有限性則就氣本身已經元氣生成作用後的氣，有所謂的生滅變化。

　　梨洲對於存有問題之思考是建立在「理一分殊」之架構上，此思考架構之目的在於強調窮理之實踐，但又不流於外心求理，如此可免只固守本心而

〔註35〕〔清〕黃宗羲：〈諸儒學案中一・文莊羅整菴先生欽順〉，《明儒學案（下）》，卷47，頁418。

〔註36〕梨洲言道：「氣若不能自主宰，何以春而必夏、必秋、必冬哉？草木之榮枯，寒暑之運行，地理之剛柔，象緯之順逆，人物之生化，夫孰使之哉？皆氣之自為主宰也，以其能主宰，故名之曰理。」〔清〕黃宗羲：〈崇仁學案三・恭簡魏莊渠先生校〉，《明儒學案（上）》，卷3，頁42。

不窮理之弊，同時亦可以吾心充分作主去體證萬有之理。而此即心窮理之工夫，其理論基礎便在於強調天地萬物雖各有其個殊存在理，但就萬物存在之根源而言則是同一的，同出於天理之創生。既然就根源處而言是同一的，吾人無須一一窮究萬有之理，只是掌握萬有所以存在之根源之理即可，但此根源之理並非外於萬有而存在，而即是於萬有存在的現象中呈現的，而其間之關鍵便是吾心之作用，因吾心之理與萬有根源之理是通貫的，人經向心之作用便可掌握萬有之理，且又不致迷失於紛雜之萬象中。故梨洲言道：

> 自其分者而觀之，天地萬物各一理也，何其博也；自其合者而觀之，天地萬物一理也，理亦無理，何其約也。泛窮天地萬物之理，則反之約也甚難，散殊者無非一本，吾心是也。仰觀俯察，無非使吾心體之流行，所謂「反説約」也，若以吾心陪奉於事物，便是玩物喪志矣。〔註37〕

此處梨洲認為若只由分殊現象觀察會發現天地萬物之理如此紛雜，但若能體悟天地萬物之理同出一根源，則能由博雜中領略至約之理。但梨洲亦不贊成不經由萬殊之觀察中便直徑認識至約之理，如此所認識者不過是抽離於事物的虛妄之理，故仍需藉助仰觀俯察的落實工夫。由此可得知：梨洲對於存有問題之思考，其認為萬物同出於大氣的流行變化，其存在同源於元氣，故存在之理是同一的，但此存在之理是抽象的，須經由吾心於萬象中觀察體證，以吾心去開顯萬象本具之理，如此亦是開顯吾心本具之理，而見出萬物及吾人存在之理。然此認識之過程非認知義，亦非主客對立的思考，而是以吾人實際置身於整個生活情境中去參與，因此此體驗過程便是一種實踐，將個體與整個世界關聯在一起反省，而瞭解萬物與我同是大氣一體流行，故梨洲此種觀點的提出基本上是透過實踐的過程體悟此真實的存有。

由此可得出，梨洲認為人存在是出於根源之氣的創生，此認知是經由真實的生命體證而來，且此體證是深切地面對實存之生命，並非抽離一絕對實體而觀想，而將人所以為人之關鍵鎖定在心上，以此作為形軀之樞紐，及流通人與萬物，甚至人與天地之關鍵。

二、人的歷史主體

關於梨洲對於心的理解，其不將心視為一實體義的心，而視為流行義的

〔註37〕〔清〕黃宗羲：〈博學章〉，《孟子師説》，卷4，頁110。

心，即使其以心體稱之，但體字仍非實體義，而是有處所之義，然此處所是虛存的，明確的說可理解為體段或體貌之體，即就流行之用而說的體〔註38〕，因此梨洲言心體只是為暫時權說方便，其真正理解的心應是流行義，梨洲言道：

> 人稟是氣以生，心即氣之靈處，所謂知氣在上也。心體流行，其流行而有條理者，即性也。……性不可見，見之於心，心即氣也，……人身雖一氣流行，流行之中必有主宰，即流行之有條理者，自其變者而觀之謂之流行，自其不變者而觀之謂之主宰。〔註39〕

梨洲所理解的心是稟靈明之氣而生，能不斷變化流行，且流行中能展現條理性，此條理性之產生，其背後似有無形之主宰力，而此條理性及此條理性背後所蘊藏的主宰力似與心之流行變化有所不同。就心而言，其呈現的是變動性，而此條理性似為另一種相制衡的力量。為作區分，梨洲姑以性之概念命名，但並不表示性是異於心的另一種存有，而仍是心本身自為主宰之作用，只不過為指點方便，故如此定義之。因此性既非實存之物，故梨洲言性不可見，見之於心，故性其實即是心之活動時所呈現的合理性，亦即於心之發用中所呈現的惻隱、羞惡等善的價值，並未有獨立於心外的性存在，故流行與主宰均是就心之作用而言。

對於心，梨洲明白指出心即是氣，此氣是靈明之氣，若心只是氣，則人存在之理為何？人是否會喪失人所以為人之尊貴？對此問題，梨洲提出解釋，其言道：

> 天以氣化流行而生物，純是一團和氣，人物稟之即為知覺，知覺之精者靈明而為人，知覺之麤者昏濁而為物。人之靈明，惻隱羞惡辭讓是非，合下具足，不囿於形氣之內；禽獸之昏濁，所知所覺，不出於飲食牝牡之間，為形氣所錮，原是截然分別，……其相去雖遠，然一點靈明，所謂「道心惟微」也。天地之大，不在崑崙旁薄，而

〔註38〕 梨洲言道：「夫心體本空，而其中有主宰乎是者，乃天之降衷，有無虛實，通為一物者也。渣滓盡化，復其空體，其為主宰者，即此空體也。」〔清〕黃宗羲：〈泰州四・明經方本菴先生學漸〉，《明儒學案（下）》，卷35，頁94。因此所謂的體仍是指空體、虛體，並非實體之意，只是為說解方便，暫時以處所之概念指點，使人容易掌握，但仍強調此處所是虛存的，故以空體稱之。關於體段、體貌的說法則採自林安梧：〈論劉蕺山哲學中「善之意向性」〉，《國立編譯館館刊》第19卷第1期（1990年6月），頁107-115。

〔註39〕 〔清〕黃宗羲：〈浩然章〉，《孟子師說》，卷2，頁60-61。

在葭灰之微陽；人道之大，不在經綸參贊，而在空隙之處明，其爲
幾希者，此也。〔註40〕

梨洲認爲人所以異於禽獸者在於人所稟之氣爲較清明靈覺之氣，禽獸所稟較
粗濁，因此人之氣能不受限於形軀，而禽獸之氣則局限於形軀欲求，無法突
破，因此氣之清明與否影響知覺之能力，雖然人與禽獸同具知覺，但其知覺
之能力，人仍是高出於動物。而此靈明之氣正是人存在之尊貴所在，因此人
若不能常保此氣清明，則人亦會流於動物性，失去人之存在價值。因此梨洲
認爲天地之偉大不在氣象的滂薄雄偉，而在於其變化中所呈現的生機，所呈
現的條理性，在人亦然，人道所以可與天道地道並立，其可貴處不僅在於人
可以參贊萬物之創化，更在於人所稟的清明虛靈之氣，此與天地所具的生機
及條理性正是維繫一切變化之基礎，若無此，則便無法無盡地進行創化，因
此天地所以滂薄，人所以能參贊化育，均是在此幾希的基點上開展的，故梨
洲強調於至變之中須掌握其不變者，此正是至變所以爲至變之根本。

　　梨洲所理解的心是流行義的氣心，而此流行中有其能自爲主宰之調節機
制，即所謂貞一之理〔註41〕，使流行性與條理性形成一平衡之張力，使心之
活動過程具有不斷創造性，此不斷的創造性便是歷史，故「生」是歷史構成
之重要成分〔註42〕，此不斷的生便隱含了時間意識，創生之過程便是在時間
範疇中完成。但在不斷地生的歷程中，又含有變化的條理性可尋，此條理性
無形地主宰流行過程，使流行不致成爲無意義的漫延歷程。但因心本身的創
生流行中本身有其活動之動勢存在，而此與心本身條理性的主宰之力，往往
互相牽動，若主宰之力強則發展歷程呈現規律性，若流行力本身動勢較強，
則其便成爲代替主宰之動力。由此可見出梨洲對於歷史主體之創造過程並不
認爲有其必然的發展規律，而是突發性之狀態亦參雜其間，但梨洲認爲突發
性的狀態在整個歷史發展之流中只是暫時現象，說整體而言歷史發展是有其
規律可尋的，此處須強調的是梨洲所謂的條理性仍是落在流行義中的條理

〔註40〕〔清〕黃宗羲：〈人之所以異章〉，《孟子師說》，卷4，頁111。

〔註41〕此名詞由梨洲「氣自流行變化，而變化之中，有貞一而不變者，是則所謂理
也、性也。」轉化而來，並參考林安梧《王船山人性史哲學研究》之用法。

〔註42〕吳光明言道：「我們一定有那開始存在的繼往，我們一定有歷史，我們知道我
們有歷史，因爲我們就是歷史，是從無到有的歷史歷程，每時每刻的新生存，
我們就是生生不息，而這持續不斷的生就是歷史，歷史就是生，是從無『興』
起的『生』。」吳光明：《歷史與思考》（臺北：聯經出版社，1991年），頁105。

性，此條理性會隨著流行中時勢動力之帶動而有不同的條理性呈現，因條理性之作用，除了使流行能以規律性的方式表現外，對於氣本身流行必然會有過不及的情況，便產生一股平衡之動力，使過不及之狀況有所改變，此即梨洲所謂：「物盛而衰，衰久而復，天道之常，人事之卜。」〔註43〕而此平衡之力是出於氣之根源處，其必須作用於氣之流行中，故條理性無論就其於自然狀態下之呈現，或於氣有偏失予以適當平衡，其作用均在氣之流行中完成，即在氣之勢變中呈顯，如此方使歷史之創生得以不斷延續。因此梨洲所理解的歷史是在流行過程中，理與勢互相作用的結果，因此所謂的常道亦須於變化的動勢中取得其發用之機，故歷史之變是出於心性主體在創生過程中，氣流行各種現象之變化，而變化中氣本身之動勢作用其間；而歷史之常是出於心性主體之根源「道」，其作用表現在對氣變化之主宰上，但此主宰是氣本身自為主宰，此是一種平衡之作用，在發展歷程中便由此二力量之牽動，使歷史呈現具條理性的變動發展。對於歷史之條理性兩種不同作用，梨洲進一步言道：

> 理為氣之理，無氣則無理。……蓋以大德敦化者言之，氣無窮盡，理無窮盡，不特理無聚散，氣亦無聚散也；以小德川流者言之，日新不已，不以已往之氣為方來之氣，亦不以已往之理為方來之理，不特氣有聚散，理亦有聚散也。〔註44〕

就歷史發展之整體觀之，其所呈現的是無限的創生過程，就此而言歷史所表現的變化性、條理性均是無窮盡的，正因其無窮盡故無所謂聚散，因有聚散生滅其存在便有窮盡。若就歷史發展之特定時空觀之，歷史之流行是不斷更迭，不斷生生，因此不同時間氣之流行已產生變化，意即歷史發展無時無刻

〔註43〕〔清〕黃宗羲：〈卓母錢孺人墓誌銘〉，《南雷文定三集》，收入《南雷文定四種》（臺北：世界書局，2011年），卷2，頁37。此處梨洲承襲了《易經》「往復」之觀念，認為往而必反復。梨洲又言道：「氣之流行不能無過必及，而往而必返其中體未嘗不在。如天之亢陽過矣，然而必返於陰；天之恆雨不及矣，然而必返於晴，向若一往不返，咸何造化乎？」〔清〕黃宗羲：〈中南王門三‧中丞楊幼殷先生豫孫〉，《明儒學案（上）》，卷27，頁720。此往復之作用是氣本身流行中陰陽不同性質之變化，如陽盛或陰盛或陰陽平衡，此處須強調的是梨洲所言的陰陽並非言有二氣之意，而是氣中兩種不同特質之區分，此兩種特質之氣各具動勢，會產生交感、消長之變化，此即所謂的往復，而此往復之作用便是使氣之變化趨於條理性之動力。

〔註44〕〔清〕黃宗羲：〈河東學案上‧文清薛敬菴先生瑄〉，《明儒學案（上）》，卷7，頁121。

不在變動新生，已過之事不會再重複，就此而言，歷史是許多事件生生滅滅變化的組合。由此可見出，梨洲由其所認識的歷史現象中歸結出歷史整體發展是無窮盡的，與天地同是無限的存在，此論點已由過去歷史經驗的實然之認知，跨越到應然之預設，並由應然的預設從實然經驗中得到印證，因此此論點不僅是理論上的必然，亦是經驗層的必然，若將歷史發展之整體截開，則此部分所呈現的是充滿極大的變動性，隨時均有新生之變化產生。因此將歷史發展之整體與部分對比來看，便是常與變的對顯，此常與變之狀態均由於歷史具創生性，常便是就歷史發展無限地創生而言，此可展現歷史存在之無限性；變便是就歷史發展之創生過程中所呈現的生滅現象，此便是歷史存在之有限性，因此歷史本身同時兼具有限性與無限性之特質，而此均是關聯著歷史的「生」而言，而此生之源便可歸結於人之歷史主體──心之作用。

　　既明歷史主體之特性，進一步以梨洲〈明儒學案序〉之文字，深刻析解梨洲對歷史主體之界定。

　　（一）盈天地皆心也，變化不測，不能不萬殊。

　　（二）心無本體，工夫所至，即其本體。

　　（三）窮理者，窮此心之萬殊，非求萬物之萬殊也。

　　就第一句而言，「盈天地皆心」，此處言心是就人之立場而言，心本身具有知覺力，能知覺萬象之至變及其不變之理，若就自然界之立場而言則為盈天地皆氣，因萬象之構成皆由於大氣之流行作用，因此言心言氣是就不同的角度論述之故。就自然界大氣之作用而言，因氣本身不斷的變化，故有所謂聚散，氣聚則凝為質，質散則化為氣，在聚散消長之際，便形成萬象之生滅變化，因此一本必創化萬殊，萬殊皆根於一本。

　　至於「心無本體，工夫所至即其本體」，「心無本體」是前面所指出梨洲認為心即氣，故心以流行的狀態存在，而非一實存的本體。而工夫所至即其本體，梨洲所言的工夫並非有任何確定的工夫歷程可作，而是去掉任何出於人欲、人偽足以隙蔽心氣清明之物，使心氣澄現清虛靈明之狀態，自然地表現其本具的條理性、主宰性，而此即是心之本體，此處所言的本體應是指心之真實樣態，此仍非實體義之本體。對於「工夫所至即其本體」之觀點，可引梨洲的一段文字說明，梨洲言道：

　　　性是空虛無可想像，心之在人，惻隱羞惡辭讓是非，可以認取，將

> 此可以認取者推致其極，則空虛之中，脈絡分明，見性而不見心矣。
> 如孺子入井而有惻隱之心，不盡則石火電光，盡之則滿腔惻隱，無
> 非性體也。〔註45〕

梨洲認爲孟子所言的四端之心，雖然其本身是至善的，但因其只是善的一點端倪，容易受因心氣流行本身所產生的習染之勢所牽動，不易恆存，因此須有擴充存養之功，使此善端的動力逐漸加強，使此良善之心氣充滿全身，如此便不易爲習染之勢所障蔽，而此由善端擴充所形成之善性，梨洲認爲此即孟子所謂的仁義禮智之性，此性理是心氣本身所展現的條理性，此方是心氣之作用充盡發用，亦即所謂的眞知，而眞知必能產生眞切地實踐力。因此雖然心氣不斷流行的過程中，其本身的條理性無時不在，往往乘機而透顯，即所謂的善端，但卻無法保持恆定，唯有不斷自覺此善端之存在，使其逐漸擴充，否則善端只是隨心氣流行載沉載浮，無法充分於形軀中作主。對於此存養擴充之工夫，梨洲言道：

> 不爲不欲，良知也；無爲無欲，致良知也。本是直捷，無加勉強，
> 人卻爲聞見多了，依傍非禮之禮，非義之義，無地非我出路，所不
> 爲者似乎可爲，所不欲者似乎可欲，以至初心漸漸失卻。學者但當
> 於自心欺瞞不得處提醒作主，便是聖賢路上人。〔註46〕

此處梨洲對陽明所言的良知本體理解爲不爲不欲，是指良知本身只是靈明，只是知覺，並無所謂的特定向度的爲與欲，其本身是超越善惡價值存有，並無相對義下的爲與欲。至於致良知，只是順著本然良知而發，並無任何人僞欲求參雜其間，只是順良知之自然，故言無爲無欲。由此可見出，梨洲認爲良知本來具足，但人卻未能守住良知本然而求諸於外，而使原本清明之心受到外物（凡非心之本來者皆是外物）之障蔽，因此梨洲承其師慎獨之觀點，認爲人之工夫只須使自覺其心，使其充分作主即可，無須添加任何有爲工夫。此自覺作主之工夫只是順心之本然善性，因此梨洲稱此「說是無工夫，未嘗無工夫；說是無戒懼，未嘗無戒懼。」〔註47〕即是無工夫的工夫，所謂的無是自然無執的無，此工夫須落在心上作，不可落於外求。故梨洲所謂工夫所至即其本體，便是說人能時常讓心之善性作主，使善性常存，常充塞於一身，

〔註45〕〔清〕黃宗羲：〈盡其心者章〉，《孟子師說》，卷7，頁148。
〔註46〕〔清〕黃宗羲：〈無爲其所不爲章〉，《孟子師說》，卷7，頁153。
〔註47〕〔清〕黃宗羲：〈行之而不著章〉，《孟子師說》，卷7，頁150。

此便能體察心體了，此處所謂的體字並非實體之體，因梨洲所言的心是就流行義言，因此體字之義是指「具體存在狀態」，因梨洲認為若只就人有善端說明此即心之善性是不足的，因為只是瑞倪，容易消散，故未經工夫鍛鍊，使心之善性分量增強，使其充塞吾身，並保持恆常性，此方是心存在之確定，由隱微變成具體而恆常之存在狀態。對於梨洲言工夫所至即本體之論點，劉述先氏認為梨洲重工夫是承其師蕺山徹底的內在體證而來，此說法之好處在避免懸空說本體，若不肯踏實作工夫，便不免流於禪佛〔註48〕，此評斷走諦當的，此正可補救當儒學漸趨於境界型態之弊病。

至於窮理者窮此心之萬殊，非窮萬物之萬殊，梨洲承襲陽明認為心即是理，心具眾理之觀點，反對朱子將心理判分為二，而朱子後學以心去窮究外在眾理，而生支離之弊，因此認為所窮之理即在吾人之心，不在心外，只須就吾心所具之理去體認即可。但此處所謂窮萬殊並非窮萬殊之現象，而是要窮究現象中所表現的條理性──貞一之理，梨洲言道：「窮理者，窮此一也；所謂萬殊者，直達之而已矣。」〔註49〕萬殊之存在皆出同一根源之理，此為萬殊皆為此一本所變化，因此窮理便是窮萬殊背後最終根源之理。而此根源之理如何可得？梨洲認為此根源之理不外吾心，而即在吾心之中，只須去體認心之存在的各種動靜變化，便能體會萬物之存在之理。但此觀點是否是主觀唯心論之說法？答案是否定的，因梨洲並非將人與生活世界以主客對立之模式思考，而是將人之存在與整個生活世界一體關聯，因此人的價值是落實在生活世界中實踐的，而生活世界中的各種現象亦須透過人心去開顯萬象存在之理，在梨洲的觀點其認為人與生活世界之溝通便是藉著氣之流行，人以心與萬物所具的氣互相感通，使人與世界呈顯動態的關係，但動態中又有超越相對動靜相的規律性存在，使彼此在變化中達到充分和諧。因此梨洲在思考人與生活世界之間的關聯，基本上是落在存在根源的思考點上，其認為氣是萬有共同的存在根源，一切現象之產生均出於氣之創化過程，既然人

〔註48〕 劉述先言道：「蕺山、梨洲繼承了陽明的思想，卻不意陽明之學三傳至陶石梁，竟雜於禪，而謂『識得本體，不用工夫』，蕺山乃曰：『工夫愈精密，則本體愈昭熒。』此即梨洲『工夫所至，即是本體』之所本。蕺山一系的工夫論是徹底的內在體證，這是他們簡擇陽明以後的結果。」劉述先：《黃宗羲心學的定位》，頁110、118。至於此說法之好處一段，參見劉述先：《黃宗羲心學的定位》，頁118。

〔註49〕 〔清〕黃宗羲：〈豫章學案〉，《宋元學案》，卷39，頁735。

與萬物存在根源是相同的，自然吾心所具之理亦是天理之全，無須捨離本心去外求眾理。梨洲並非認為只需空守吾心，而不需探求知識或萬物的存在之理，而是反對離心而外求，其認為應以吾心為窮理之本，任何窮理之過程均須隨時歸反吾心，即一切知識學問均須關聯到吾人之生命，成為生命的學問，其反對無益於生命之純粹知性探索，故在吾人面對生活世界中各種對象時，知識的探求是必須的，但此知識須收攝於吾心，成為生命之學（此可涵蓋經世層面），因此梨洲對於窮理之觀點，有其獨到之見的：其一，窮理須歸本吾心；其二，窮理不得離開萬殊，即人須以全盤的生命投入生活世界中，於生活日用中真實的體會道體之流行，故強調窮理不得離開萬殊，因萬殊皆具天理，須於其間去體認，使我與對象能取消形體之限，使道體流行其間。

既然人與生活世界是關聯的，且心須經由日用工夫的粹鍊，此便意味著心與事不可離，故梨洲言「心不可見，見之於事」〔註 50〕心理活動必須由抽象的意識表現於具體事為中，方可謂活動之完成，且心面對不同事為情境必有所因應。因此就不同情境而言，在道德修養的層面，心即成了道德主體；在知識層面，心即成為知性主體；在政治層面，心即成了政治主體；在歷史文化層面，心即成了歷史主體，心在不同情境中之作用並非截然區隔，此可以理一分殊之觀點理解，心在不同條件需求下在某些特質方面之加強，但在分殊中其根源處是互相通貫的，此論點所以成立之理由便在於：梨洲強調的心是氣之流行，並非特定之實體，因此可成就許多種可能，氣本身之變化，加上氣與外在之氣的相通感，因此其產生之互動亦是多元的，心具有一活潑潑的創造根源，可以隨時因應各種情境變化。故梨洲言道：「夫道一而已，修於身則為道德，形於言則為藝文，見於用則為事功名節。」〔註 51〕正因梨洲所理解的心是流行義，故能順應不同情境，不會顧此失彼。此流行義的心雖可化分為分殊之相，但統言之可以歷史主體名之，此處的歷史主體是廣義的，與前所指在歷史文化層面的歷史主體是略有不同，在歷史文化中的主體是只就人心於人文世界中的實踐，人以心作為歷史主體參與歷史文化之創造。至於統論之歷史主體則是就心不只為實現人的歷史，亦可呈現整個道的歷史，故以實踐之範圍區分廣狹。

〔註 50〕〔清〕黃宗羲：〈浩然章〉，《孟子師說》，卷 2，頁 62。
〔註 51〕〔清〕黃宗羲：〈餘姚縣重修儒學記〉，《南雷文定》，卷 1，頁 16。

三、人對歷史文化之創造

梨洲除了認為人具有歷史性外，亦認為人的歷史性須放入整個歷史文化脈絡中長養，因其認為人的歷史主體須整個生活世界相關聯，於生活世界中進行創造，而生活世界並非只就當下存在而言，因其是個連續性的存在，是關聯著過去經驗，同時亦接續著未來的理想，因此人除了具有承繼歷史文化之責任，同時亦肩負當世及未來理想之開創之重任。正因梨洲肯定任何人均具歷史性，且共同生存於歷史性的生活世界中，自然人人約具歷史承繼與開創之責，因此在歷史文化之創造上，梨洲並不認為唯有英雄式人物方能創造歷史，而是同儒家肯定人皆可以為堯舜一般，認為任何人皆具有歷史主體，均可以參與歷史文化之創造，而此觀點即明顯表現出梨洲以史家之立場為市井小民特殊之行為表現作歷史記錄上，而其亦明白揭示其並不以社會地位作為歷史記載之選定標準，梨洲言道：

> 余多敘事之文，嘗讀姚牧菴、元明善集，宋元之興廢，有史書所未詳者，於此可考見。然牧菴、明善皆在廊廟，所載多戰功，余草野窮氏，不得名公鉅卿之事以述之，所載多亡國之大夫，地位不同耳，其有俾於史氏之闕文，一也。〔註52〕

梨洲對於人人皆具歷史主體之肯定，不再只承襲傳統史學中認定唯特殊階層之人方創造歷史之觀點，肯定了人人皆是歷史發展之參與者，彰顯了人之存在具有普遍的歷史性，就此而言人於歷史發展過程中所扮演的角色是平等的，此是繼宋明理學肯定人人皆具道德本體後，對人的價值之另一個向度的思考。

既然梨洲肯定人同具普遍之歷史性，此觀點又涵攝了何種深刻意義？筆者認為此意味梨洲認為歷史是人類全體之創造成果，應將歷史作全面而深刻之評斷，吾人不應輕易論斷各代之優劣得失，其認為即使如春秋之際標榜忠信之道，但未嘗無姦宄之人；而戰國時標榜功利思想，但未嘗無賢德之人〔註53〕。如此可深切見出梨洲對於歷史發展之反省並不將焦點落在一二人物身上，而是認為各發展階段皆有其存在之價值及限制，故應對各階段不同層面之發展予以深刻地檢討，各種制度皆可能影響整個發展，不可只就史實的

〔註52〕　〔清〕黃宗羲：〈凡例四則〉，《南雷文定》，頁1。
〔註53〕　〔清〕黃宗羲：《吾悔集・腳氣詩十首》，《黃梨洲學案》，收入《南雷文定四種》（臺北：世界書局，1911年），頁121-122。

表象論斷之。

人普遍具有歷史性，但此仍須經由人之自覺而開顯之，因此梨洲認為人參與歷史創造並非使歷史發展從無至有，而是開顯的作用，故歷史常道不因任何人之參與與否而增損，而是因人之參與而使常道於渾沌之歷程中被開顯〔註54〕，而此開顯須經由人之生命於歷史發展中具體實踐而來。因此歷史創造是人經由歷史實踐而使歷史常道彰著，此實踐過程並非只是人去開顯一客觀之歷史發展，而是人開顯本身的歷史主體，而此主體與整個歷史發展是一體渾融的，因人之存在與整個歷史文化發展是不可割裂的，即其根源是相通的，故人不僅開顯了個人之歷史主體，亦開顯了此主體所根源的歷史文化。

四、人的歷史實踐

既然梨洲認為人皆有歷史主體，可共同參與歷史之創造，但此創造之終極理想為何？梨洲認為人的歷史性實踐，其終極理想便是經由人之實踐使人之歷史性與道的歷史性相通貫，即所謂人道與天道相結合。但此結合並非出於刻意人為而完成，而是經由實踐除去後天人為所造成的隔礙，而使人的歷史性自然彰顯，故梨洲言道：

> 大虛之中，昆侖旁薄，四時不忒，萬物發生，無非實理，此天道之誠也。人稟是氣以生，原具此實理，有所虧欠，便是不誠，而乾坤毀矣。學問思辨行，鍊石以補天。善即誠也，明善所以明其誠者耳。吾之喜怒哀樂，即天之風雨雷露也，……苟虧欠是理，則與天地不相似。〔註55〕

此處可見出梨洲認為天道所表現的條理性即人道所具之條理性，因人之存在由於大氣之創生，因此人與天地同是一氣通貫，所以隔礙是由於人未能自覺

〔註54〕梨洲言道：「道在天地間，人人同具，於穆不已，不以一人之存亡為增損。故象山云：『且道天地間有箇朱元晦、陸子靜，便添得些子，無了後便減得些子。』然無添減而卻有明晦。貞元之會，必有出而主張斯道者以大明於天下，積久而後氣聚，五百歲不為遠也。堯舜以來其期不爽，至孟子而後又一變局，五百歲之期，杳不可問。」〔清〕黃宗羲：〈由堯舜至於湯章〉，《孟子師說》，卷7，頁165。此外在〈職方司郎中大垣靳公傳〉，《南雷文定・後集》，卷4，頁64中亦有此含意，梨洲言道：「今夫一代之立法，不能無過不及，所藉奉法者，為之裁量其間，使聖賢之精微，常流行於事物，故足以開物成務。」此處所謂奉法者裁量其間，開物成務便是開顯歷史盡展中潛隱之常道。

〔註55〕〔清〕黃宗羲：〈居下位章〉，《孟子師說》，卷4，頁94。

使歷史主體充分作主，而不自覺爲習氣所乘，造成障蔽。因此須經由具體的歷史實踐過程除去習氣之雜，恢復歷史主體之清明，如此便可使人的歷史性與道的歷史性相通貫。梨洲認爲：「若一毫私意於其間，舍義趨生，……汨沒於流行之中，不知主宰爲何物，便是自絕於天。」〔註 56〕因此人若能自覺使歷史主體於歷史發展歷程中充分作主，便可使人與道之歷史流行相流通，亦使歷史常道充分彰顯。

　　梨洲所謂的歷史實踐須經過工夫修養，而使歷史主體充盡作主，此思考是將實踐問題落在根源上思考，以恢復歷史主體之清明爲目的。然此根源思考不可脫離歷史發展歷程，因根源處與整個創化歷程是一體連續的，故此根源性思考自然得關聯歷史變化本身所具的動勢，而使歷史之條理性於無外在習染之干擾下，於流行之勢中充分作用，如此便能與道的歷史性相渾融通貫，因此由人的歷史性充分發用，以體現、開顯道的歷史性，而使天道、人道通貫無礙，便是人的歷史性的終極理想。

〔註56〕〔清〕黃宗羲：〈人有言章〉，《孟子師說》，卷5，頁 124。

第三章　歷史性的儒學之建立與省察

第一節　前　言

　　梨洲由心學開出史學傳統，關鍵在於時勢所趨。所謂的時勢是指當時強調實事實行的時代趨勢，一方面是亡國的刺激，另方面亦是儒學至蕺山已發展至人性內在隱微處，因此由個人修身轉向對家國生計的關切。一言及經世致用，最相關的學問便是史學，因其間蘊涵了歷代治國經世之大法，可供後人資具。對此章學誠言道：「浙東之學雖源流不異，而所遇不同。」〔註1〕

　　至於心學傳統與梨洲史學的承繼關係，可由陽明對「史」的論析見出。陽明云：「以事言謂之史，以道言謂之經，事即道，道即事，春秋亦經，五經亦史。」〔註2〕又言：「五經亦只是史，史以明善惡，示訓戒。善可為訓者，特存其跡以示法；惡可為戒者，存其戒而削其事以杜奸。」〔註3〕藉著史事彰顯其中所蘊涵的常道常則，此經史一體的傳統，明顯為梨洲所承繼。

　　除了陽明經史一體的歷史意識影響梨洲史學外，陽明重視事功亦有所影響。陽明心學雖然強調知行合一，但因道德實踐除了主觀自覺外，尚須客觀條件之配合，若無適當條件，事功是無法具體實踐的，在此背景下，就連陽

〔註1〕　章學誠言道：「浙東之學雖源流不異，而所遇不同，故其見於世者，陽明得之為事功，蕺山得之為節義，梨洲得之為隱逸，萬氏兄弟得之為經術史裁，授受雖出於一，面面目迥殊，以其個有事事故也。」〔清〕章學誠：〈浙東學術〉，《文史通義》（北京：中華書局，1985年），頁158。

〔註2〕　〔明〕王陽明：〈答徐愛問〉，《傳習錄》，頁25。

〔註3〕　〔明〕王陽明：〈答徐愛問〉，《傳習錄》，頁25。

明，其一生功業除了平宸濠，征思田外，並無其他事功可論，至於其弟子有
不少是無功名的，除了聶雙江曾任御史及知府之官職外，其餘即使有功名其
官位多居中央位階不甚高之官職，而較多為地方小官，因此在事功上並無具
體建樹，多轉向獨善其身的修養路數；但王學到末期卻漸走向情識而肆、玄
虛而蕩〔註4〕之境地，良知本體由具體行事中抽離孤懸，使王學原初強調實踐
性的用意已被抹煞，因此梨洲重新向陽明宗旨回歸，標舉知行本體，強調良
知本體須於具體實踐中落實，而此呼聲自然形成對具體人事的掌握，由陽明
標榜良知之優位性，轉向良知須由具體事件中見出，如此便使良知得以落
實，使得過去過於強調人存在的理想面、超越性外，亦能真實的面對人存在
於具體生活世界中所可能面對的種種限制性，而由人存在於紛雜的現實情境
中見出良知本體如何產生作用，如此更能真正的面對整個人存在於生活世界
的各種事實及人與世界的互動關係，由過去道德意識的自覺，轉向歷史意識
的覺醒。

　　梨洲由陽明心學而治史，心學對梨洲最直接的影響應是提供彼對人世觀
察的一個向度，見出萬象背後的存在根源——心，心學不僅提供人成聖希賢
的修養之路，亦提供建立事功的基礎，同時也提供人們一條永恆的價值標準。
梨洲言道：

> 元末明初，經生學人習熟先儒之成說，不異童子之述朱，書家之臨
> 帖，天下汩沒於支離章句之中。吳康齋、陳白沙稍見端倪，而未臻
> 美聖神之域，學脈幾乎絕矣。……貞元之運，融結於姚江學校，於
> 是陽明先生者出，以心學教天下，示之作聖之路，馬醫夏畦皆可反
> 身認取，步趨唯諾，無非大和真覺，聖人去人不遠。……至謂千五
> 百年之間，天地亦是架漏過時，人心亦是牽補度日，是人皆不可為
> 堯舜矣，非陽明亦孰雪此冤哉？〔註5〕

由此可見出梨洲認為陽明心學之起接續了孔孟聖學，提供人一條可自由成聖
之路，將人心由昏昧中啓蒙，不再只靠外求支離無用之學，而能反求自家心
性，如此無異解脫外在加諸於人身上之束縛，人的生命重新趨向自由自主，
對外的生活世界有較深切的感應，同時專制體制的制約亦因人的自覺，使人

〔註 4〕　關於王學流於情識而肆、虛玄而蕩的根本原因，業師林安梧有番精闢分析，
　　　　參見林安梧：《台灣——中國邁向世界史》，頁 62。此外，亦請參看本書第一
　　　　章第四節註 3 的內容。
〔註 5〕　〔清〕黃宗羲：〈餘姚縣重修儒學記〉，《南雷文定三集》，卷 1，頁 15。

逐漸掙脫其限制（此掙脫限制是就內在主體而言），因此梨洲認為王學之起為
人世開啓了自由的路數，重新建立新的價值體系。此亦意味了王學並非如一
般遺民所謂王學導致了明的覆亡〔註6〕，在梨洲看來，明雖覆亡，但全國君臣
百姓所表現的凜然氣節是受王學無形的啓迪所致，否則依明代多數君王之殘
暴、昏矇，其所採行嚴厲的專制控制，百姓厭之唯恐不及，何來殉國之念頭？
因此全國上下所表現的氣節正義，歸究其產生之因，應是有形無形中受王學
的啓發，梨洲於歷史記錄時對此道理有深刻體悟，梨洲言道：

> 故孟子之言得陽明而益信，今之學脈不絕，衣被天下者，皆吾姚江
> 學校之功也。是以三百來來，凡國家大節目，必姚江學校之人，出
> 而措定。宋無逸纂修元史，黃墀、陳子方之自沉殉國。哀濠之變，
> 死之者孫忠烈，平之者王文成；劉瑾竊政，謝文正內主彈章；魏奄
> 問鼎，先忠端身殉社稷；北都之亡，施公愍執綏龍馭；南都之亡，
> 孫熊伏劍海島。其知效一官，德合一君者，不可勝數。故姚江學校
> 之盛衰，關係天下之盛衰也。〔註7〕

梨洲認為王學對於開啓了知識分子對存在意義之思考及其對社群應負起的責
任，此些自覺均非出於外在教條之強制，而是個人道德意識之覺醒，能於危
急存亡之關鍵，作出合於天理道義之行徑，充分表現出人存在的可貴價值。
梨洲經由具體事件中見出王學之影響力，亦見出人性光芒之彰顯，但梨洲強
調「陽明非姚江所得私也，天下皆學陽明之學，皆志陽明之志」〔註8〕即陽明
學與孔孟學一般，均不只是一家一世之學，而是此些聖賢將人天生本具的
寶貴資產指點出，因此此些聖賢所扮演的便是啓發者的角色，真正去體會者
仍是每個存在個體。由此亦可見出，梨洲認為治國之道不在於任何複雜的政
策措施，只在為政者亦能端正其自身之心術，負起教化照顧百姓之責即可，
而不以自身利益為優先考量，如此自能使百姓安居，臨危難之際，百姓亦
能為保社稷而盡心，如此方是根本的治國之道。因此梨洲由明亡的事實中得

〔註6〕 顧炎武言道：「故王門高弟為泰州、龍溪二人，泰州之學一傳而為顏山農，再
　　　　傳而為羅近溪、趙大洲；龍溪之學一傳而為何心隱，再傳而為李卓吾、陶石
　　　　簣，昔范午子論王弼、何晏二人之罪，深於桀紂，以為一世之思輕，歷代之
　　　　害重；自喪之惡小，迷眾之罪大。」〔清〕顧炎武：〈朱子晚年定論條〉，《日
　　　　知錄》，卷18，頁438。
〔註7〕 〔清〕黃宗羲：《南雷文定三集》，卷1，頁15。
〔註8〕 〔清〕黃宗羲：《南雷文定三集》，卷1，頁15。

出教化之重要，而此亦是其強力地保存王學之用心所在，以王學所承繼的儒學傳統作爲維繫政統及文化道統之根基，而此亦是其積極維護歷史的用心所在。

本章第二節是探討以人性史爲基礎的歷史性的儒學，本節所要探討的是梨洲眾多著作中展現了人性史概念，故於梨洲著作中擷出此概念，並進一步於梨洲文獻中進行印證，並見出梨洲如何思考「人——歷史」間的關聯。

第三節則順著上節人性史觀點，進一步開掘梨洲史學經世之理想，先由梨洲史學之特色反省其所代表的意義，並進一步思索「史學——經世」問的關聯性，而此必然又回到「人——歷史」的關聯，本節一方面由上節開出，一方面又與上節觀點作個前後呼應，以呈現梨洲歷史性儒學之特色及精神所。

第二節　以人性史爲基礎的歷史性的儒學

梨洲面對王學末流的空疏之弊的現象有深刻地反省理，提出以史學救正的觀點；同時過去經史一體，理事爲二的思想經過宋明理學之發展，漸有經史判分，理事爲二的趨勢，面對此些現象，梨洲認爲：「學必原本於經術而後不爲蹈虛，必證明於史籍而後足以應務。」〔註 9〕將理學帶向史學的途徑，重新將理學史學鎔冶爲一，使理事不再區隔爲二。因此梨洲所建立的時代性儒學基本上是以史學的面貌呈現，此處所謂的史學並非現代專業分科後的史學，而是指將儒學放入歷史文化脈絡中整體思考，故名之爲「歷史性的儒學」。

一、歷史即是文化史

梨洲的歷史性儒學基本上認爲「歷史即是文化史」，所謂的文化是指：人的自覺心，通過形軀以實現價值——融鑄實然始成爲文化；蓋文化即是一最高之自由主體在實然界中展塊一理之表現〔註 10〕。但此處的文化並非「自然時間」（Nature Time）中的文化，而是經由歷史解釋而存在於「人文時間」

〔註 9〕　〔清〕全祖望：〈甬上證人書院記〉，《鮚埼亭集》（臺北：華世出版社，1977年），卷 16，頁 880。
〔註10〕　勞思光：〈牟著《歷史哲學》〉，《書簡與雜記——思光少作集（七）》（臺北：時報出版社，1987 年），頁 127。

（Human Time）中的文化，因此整個歷史便是經過歷代史家對歷史現象詮釋後的記錄，涵蓋了政治史（包含制度史）、學術史（思想史、文學史），而梨洲所建構的歷史性儒學便是涵蓋此兩大範圍，例如梨洲的《弘光實錄鈔》、《行朝錄》屬政治史范圍，至於學術史則有《明儒學案》、《宋元學案》及《明文案》、《明文海》等著作，而其他著作亦多環繞著保存史料的目的而產生，因此吾人可以如此涵蓋梨洲的學術——明代文化史之綜合，當然此處所謂的明代並非只是單就有明一代而論，而是關聯著傳統而論的明代，與傳統有所謂的承繼關係，即長養於歷史脈絡中的明代文化。此全面性保存當代文化的作法在過去是少有的，此亦可見出梨洲有強烈的歷史意識，自覺將自己放入整個歷史脈絡中對傳統與現在的關聯性作解釋，使明代由自然時間進入人文時間而邁入歷史的永恆。使後人得由歷史記錄中認識明代的文化活動，進而接續此歷史命脈，此是中國傳統以來一貫的重視修史——實錄及修慕前代史的傳統，甚至自金元便有「國可滅，史不可滅」的見解，可見中國歷來便有重史的傳統，而梨洲便是承繼重視歷史傳統。本節將針對梨洲如何理解歷史，如何思考傳統與現代的關聯，最後逼顯出梨洲如何將儒學放入歷史脈絡中思考，意即梨洲如何於實踐存有學之基礎上開出歷史性儒學，此便是本節關切之焦點所在。

二、歷史即是人性史

　　基本上梨洲對於歷史變遷的認識是植基於其理氣觀上，彼認為人世與自然界一般皆是大氣的充塞流行，但氣之流轉中除了呈限無窮的變化性外，亦表現出變化之條理性，此即所謂的氣之本然體段，亦可稱其為理，對此梨洲言道：

> 天地之氣，寒往暑來，寒必於冬，暑必於夏。其本然也。有時冬而暑，夏而寒，是為愆陽伏陰，失其本然之理也。失其本然便不可名之為理也，然天地不能無愆陽伏陰之寒暑，而萬古此冬寒夏暑之常道，則一定之理也。〔註11〕

因此所謂的理並非獨立於氣化流行之外，而是由氣化流行中呈現，離開流行無所謂的理。當然因氣化本身有所謂運行之勢，此勢本身有其力量，可以暫

〔註11〕〔清〕黃宗羲：〈北方王門·侍郎楊晉菴先生東明〉，《明儒學案（上）》，卷29，頁755-756。

時脫離此變化之條理，而產生偏差的現象，但此偏差就整個無限的（超越時空概念）自然界而言只是暫時現象，其最終仍會歸於此終極條理。由此可見出：梨洲認爲自然界中有所謂的終極之理，但此理是由萬象流轉中顯豁的，故自然界的現象便是此終極之理與變化之勢兩種力量的交相形成的拉力所造成，變化之勢會影響終極之理的呈現與否。

此理亦可用於解釋人事現象，人世間亦是一氣流行，因變化之勢會影響終極之理的呈現與否，因此人事便有所謂的興衰、明晦之狀態，故梨洲言道：「治亂盈虛，消息盛衰，循環而無已。」〔註12〕又言：「物盛而衰，衰久而復，天道之常，人世之卜。」〔註13〕所謂的衰亂晦暗均是流行之氣逞其變化之勢而有過不及的現象產生，使終極之理不顯，但梨洲認爲當變化之勢得其中和之正，終極之理便能彰著。對於政治上的現象亦如此，梨洲言道：

> 天地之生萬物，似也；帝王之養萬民，仁也。宇宙一團生氣聚於一人，故天下歸之，此是常理。自三代以後，往往有以不仁得天下者，乃是氣化運行，當其過不及處，如日蝕地震，而不仁者應之，久之而天運復常，不仁者自遭隕滅。〔註14〕

梨洲認爲仁者得天下是順天應人之常理，但歷史上往往有不仁者得天下之事例，對此梨洲解釋此是人世之氣暫時乘權作勢所致，一旦此氣運勢得其正，不仁者自然爲仁者所取代。此處亦可見出對於人事之價值之認定，梨洲仍是具有濃厚的儒家道德意識，但彼進一步藉由「氣化流行」對儒家此套論點提出一套解釋。

對於所謂的終極之理，放入歷史脈絡中亦可稱爲歷史之道，在梨洲認爲此即儒家所提出的仁義之道，梨洲言道：

> 天地以生物爲心，仁也；其流行次序萬變而不紊者，義也。仁是乾元，義是坤元，乾坤毀則無以爲天地矣。故國之所以治，天下之所以平，舍仁義更無他道。三代以下至於春秋，其間非無亂臣賊子，然其行事議論，大抵以仁義爲骨子，而吉凶亦昭然不爽。〔註15〕

梨洲認爲仁義之道範圍自然界、人事界，意即整個世界運行之常道常則。梨

〔註12〕〔清〕黃宗羲：〈人有言章〉，《孟子師說》，卷5，頁124。
〔註13〕〔清〕黃宗羲：〈卓母錢孺人墓誌銘〉，《南雷文定三集》，卷2，頁148。
〔註14〕〔清〕黃宗羲：〈三代之得天下章〉，《孟子師說》，卷4，頁90。
〔註15〕〔清〕黃宗羲：〈孟子見梁惠王章〉，《孟子師說》，卷1，頁49。

洲亦明確點出所謂的仁義之道並非只是儒家一家之學，彼言道：「余以爲孔子之道，非一家之學也，非一世之學也。」〔註16〕此處所謂孔子之道是就孔子經由實踐歷程中所開顯的仁義之道，此仁義之道並非孔子發明，而是由其親身體證而指點出。梨洲又言道：「俗無跡象可言，孟子於無跡象中指出跡象，人人可以認取，如『仁義禮智根於心』，『惻隱之心仁之端也』云云。」〔註17〕由此可明確見出：梨洲認爲道本自然無跡，不過經孔孟指點出使人於經驗中得以識取，使人能於此自覺作主，故道不過是經孔孟而開顯，而非不只限於孔孟一身一家之學，而是內具於人人自家心性中。因此究竟地說：仁義之道即是所謂的「人性」，落到更根源而言便是「天道」。

　　梨洲更進一步說明，歷史常道並非只停留在三代及孔子所處時代，而是經由歷代不斷去開顯道的不同面相，故梨洲認爲漢之諸葛亮，唐之陸贄，宋之韓琦、范仲淹、李綱、文天祥，明之方孝孺，「此七公者，至公血誠，任天下之重，屹然砥柱於疾風狂濤之中，世界以之爲輕重有無，此能行孔子之道者也。」〔註18〕故梨洲認爲：「道在天地之間，人人同具，於穆不已，不以一人之存亡而增損。」「然無添減而卻有明晦」〔註19〕道本身便是無限的存有，故無法以一毫人僞添減，但因道必須經由人的開顯方能具現，故人能開顯則道明，人爲私欲蔽而無法顯道則道晦。由此更可清楚見出，梨洲認爲道並非只停留在古代治世，而後世之道卻乏善可陳，故對於許多儒者認爲三代以後之制不足觀的論斷頗不爲然，強調道是不斷被開顯的，其保證在於「肯定人性」，只要人能自覺人性之作用，不斷以實踐來成就自身價值，便是在人身上見出道的存在。故梨洲對於歷史之解釋便是落在具有人性的人，經由歷史實踐的歷程，不斷地開啓道之價值，此歷程便是所謂的歷史。因此梨洲所理解的歷史便是「人性史」。

　　既明梨洲歷史即是人性史之觀點，此與前所言歷史即是文化史，人性史是就歷史之根源而言，文化史是就人性落實於具體實踐中的各種事功的表現（立德、立功、立言），故文化史即根源於人性而創造的。梨洲標舉出歷史即是人性史，人性不僅是梨洲解釋歷史的一個向度，同時亦是梨洲批判歷史的利器。所謂的以人性進行歷史批判，一方面是此梨洲以此批判歷史現象是否

〔註16〕　〔清〕黃宗羲：《破邪論・從祀》，《黃宗羲全集》第1冊，頁193。
〔註17〕　〔清〕黃宗羲：〈仁人心也章〉，《孟子師說》，卷6，頁141。
〔註18〕　〔清〕黃宗羲：《破邪論・從祀》，《黃宗羲全集》第1冊，頁193。
〔註19〕　〔清〕黃宗羲：〈由堯舜至於湯章〉，《孟子師說》，卷7，頁165。

合理，一方面以此作爲批判歷史著作的價值，此則屬歷史哲學的範圍（但因梨洲是不自覺此用意，故與自覺的歷史哲學反省仍有不同）。就歷史現象的反省而言，此可由梨洲《明夷待訪錄》中以人性之私點出專制體制之弊〔註20〕，而梨洲在選擇其歷史素材時亦明顯以人性作爲擇取標率〔註21〕，同時在其史著中常於文末冠以「史臣曰」（《行朝錄》）、「臣按」（《弘光實錄鈔》）等按語，可見出其評斷立場。在評斷歷代學術時，對於詩文及哲學思想時亦強調是否反應了人的「眞性情」或包含「致用」的精神〔註22〕，此些評斷標準約是以「人性」作爲依準，對歷史現象進行分判。至於對前人歷史著作進行批判，梨洲不僅強調在選取素材上應以人性作爲根本考量，同時對於作史者之動機亦極重視，強調應本於史家的良知。梨洲言道：「予讀震川文之爲女婦者，一往情深，每以一二細事見之，使人欲涕。蓋古來事無鉅細，唯此可歌可泣之精神常留天壤。」〔註23〕又言：「桑海之交，紀事之書雜出，或傳聞之誤，或愛憎之口，多非事實。」〔註24〕正因梨洲以「人性」作爲歷史解釋與批判的依據，可見出梨洲以此視爲歷史思維〔註25〕的唯一標準，試圖將其普遍化，而其根據便在於訴諸強而有力的普遍人性作爲基礎。當然梨洲可能自覺或不自覺其本身採取觀性的歷史思維，但此的確是梨洲歷史性儒學之核心論點所在。

由此吾人可進一步反省梨洲所認爲的「國可滅，史不可滅」的觀點〔註26〕

〔註20〕 〔清〕黃宗羲：〈原法〉，《明夷待訪錄》，《黃宗羲全集》第1冊（臺北：里仁書局，1987年），頁6-7。
〔註21〕 梨洲言道：「可不謂天地綱常之寄反在草野乎？」〔清〕黃宗羲：〈萬里尋兄記〉，《南雷文定前集》，卷2，頁24。
〔註22〕 梨洲言道：「凡情之至者，其文未有不至。」〔清〕黃宗羲：〈《明文案》序上〉，《南雷文定前集》，卷1，頁2。梨洲又言：「夫文章者，天地之元氣。」〔清〕黃宗羲：〈謝皐羽年譜遊錄注序〉，《南雷續文案》，卷1，頁145。
〔註23〕 〔清〕黃宗羲：〈張節母葉孺人墓誌銘〉，《黃梨洲文集》（北京：中華書局，2009年），頁274。
〔註24〕 〔清〕黃宗羲：〈桐城方烈婦墓誌銘〉，《南雷文定三集》，卷2，頁32。
〔註25〕 歷史思維一詞採用柯林烏（R. G. Kollingwood）《歷史哲學論文集》中論〈歷史哲學的性質與目的〉柯林烏言道：「人們思可客觀世界時，所採取許多態度中的一種態度。」〔英〕柯林烏著、張文傑等編譯：《現代西方歷史哲學譯文集》（臺北：谷風出版社，1987年）。
〔註26〕 「國可滅，史不可滅」的觀點，參見〔清〕黃宗羲：〈董次公先生墓誌銘〉，《南雷文定前集》，卷6，頁100-101；〈莊表節孝馮母太安人墓誌銘〉，《黃梨洲文集》，頁269。

是在何種立場提出的，對此杜維運先生認爲梨洲積極保存明史料是基於民族氣節的表現〔註27〕，但筆者認爲梨洲之用心不只於此，其中更有濃厚的歷史意識在，此可就本節前面所述梨洲對變化之勢及終極之理的說明來論此，所謂的國滅，在梨洲看來在亡國當下此愁苦是難免的，此可見於梨洲於《海外慟哭記》中所描述的：「甫所遇之時，所歷之境，未有諸臣萬分之一。」而其著作中亦常流露此哀戚之情，尤其《留書》中充滿著夷夏之防的觀念，但隨著局世的綏靖，此起伏的心亦逐漸平靜，雖然如此，但其畢生仍是堅守遺民氣節不仕新朝。向此可見出民族大義對梨洲積極著史是一大動機，但其根本動機應是重視歷史生命的維繫，彼深怕明代珍貴的史料將隨時代變局湮沒，因鑑於宋亡後，許多史料因元入主而流散，故有此危機意識，因此竭盡所能保存史料，希望明代的生機不因政權結束而中斷，而能永恆地存留其歷史生命，使道在明代的開顯能因文獻的保存而承繼前代的歷程而被延續。對此梨洲言道：

> 嘗讀《宋史》所載二王之事，何其略也？夫其立國亦且三年，文陸陳謝之外，豈遂無人物？顧聞陸君實有日記，鄧中甫有《填海錄》，吳立夫有《桑海遺錄》，當時與文陸陳謝同事之人，必有見其中者，今亦不聞存於人間矣。國可滅，史不可滅，後之君子能無憾耶？乙酉丙戌，江東草創，孫公嘉績熊公汝霖，錢公肅樂，沈公宸荃，皆聞文陸陳謝之風而興起者，一時周事之人殊多賢者，其事亦多卓犖可書，二十年以來，風霜銷鑠，日就蕪沒，此吾序董公之事而爲之泫然流涕也。〔註28〕

正因梨洲深感宋代史料保存的不充全，而使許多值得記錄的事績爲之湮沒不顯，故積極擔當保存明代史料之重任。對於重視歷史命脈之延續，重視道及人性的永恆價值，可由梨洲於明亡後以史官自期希望以野史替代國史，將彼於亡國之際所見人性之眞摯流露予忠實記載，梨洲言道：

> 年來幽憂多疾，舊聞日落，十年三徙，聚書復闕，後死之貴，誰任之乎？先取一代排比而纂之，證以故所聞見，十日得書四卷，名之曰《弘光實錄鈔》。爲說者曰：「實錄，國史也，今子無所受命，冒

〔註27〕杜維運：〈國可滅，史不可滅〉，《聽濤集》（臺北：弘文館出版社，1985年），頁77。

〔註28〕〔清〕黃宗羲：〈董次公墓誌銘〉，《南雷文定前集》，卷6，頁100-101。

　　然稱之，不已僭乎？」臣曰：「國史既亡，則野史即國史也。陳壽之
　　《蜀志》、元好問之《南冠錄》，亦誰命之？而不謂之國史可乎？」
〔註29〕

梨洲藉著史事的保存將自然時間中的人性化爲歷史中人文時間中的永恆，讓
事蹟隨著史書的流傳而不朽，此精神是過去自《春秋》及太史公所開啓的歷
史傳統，但因官史的修纂逐漸以時代大事或朝廷重臣爲歷史記載之經緯，故
許多值得記錄的事蹟亦受限於取材而刪略。而梨洲正因其承繼宋明理學，尤
其是陽明的心學傳統，對於人性便有所體悟，加上對於於昏亂世局中人性仍
能充實發揮，更顯出人性的可貴，而此亦是以明代昏亂的政權竟可使如此多
志士爲了救國（東林）、復國（南明諸臣及百姓）而表現了激揚悲壯的氣節，
此與過去所強調暴政必遭百姓唾棄之現象，是截然不同的，此似乎意味著人
性是可以不受現實因素制約的，而能順著其本身的道德法則充盡發揮，鑑於
此梨洲更充分地肯定人性的價值。因此梨洲將陽明所標榜的性理良知與過去
的史學傳統相結合，一方面使性命之學因理事的融合不再掛空，一方面爲中
國史學尋出根本的價值──人性，以承繼太史公究天人之際的理想，同時將
歷史素材之取擇由過去以事件之影響爲導向轉向價值取向，此些作法無疑是
將宋明的性理之學與史學作了融合，逐漸向原初經史一體的精神回歸，對此
章學誠亦指出：「浙東之學言性命必究於史。」此與三代學術「知有史而不知
有經，切人事也。」〔註30〕此說法意味著浙東學重史是強調合於人事與三代
重史是一致的，在章氏看來三代並與後世所謂的「經術」一類，而是以即事
言理的史學面貌呈現，此處所謂的史學亦非類科區分，而是「史即事」的意
含，既然史即事，而理又不離事，故章氏認爲三代之學與梨洲所開啓的浙東
學均是即事言理的史學。

〔註29〕〔清〕黃宗羲：〈《弘光實錄鈔》序〉，《黃宗羲全集（二）》（臺北：里仁書局，
　　　　1987 年），頁 1。

〔註30〕章學誠言道：「史學所以經世，固非空言著述也。且如六經同出孔子，先儒以
　　　　爲其功莫大於春秋，正以切合當時人事耳。後之言著述者，舍今而求古，舍
　　　　人事而言性天，則吾不得而知之矣，學者不知斯義，不足言史學也。」〔清〕
　　　　章學誠：〈浙東學術〉，《文史通義》，頁 158-159。所謂經史一體，經是就常道
　　　　而言，史是指人事，經史一體便是就天理不離人事，天理在人事中顯之義，
　　　　而人事其背後之根源是源於天，一個史家應能切合人事，而於事件見出其背
　　　　後之根源，因此梨洲所開創之浙東史學是強調性天不離人事的經史一般的史
　　　　學觀點。

此處將進一步見出梨洲是以何種觀點看待歷史之發展，基本上在梨洲的系統中，歷史事件並非循著一超越的法則前進，因彼認為歷史變化的條理性並非外事而獨存的，而是即在具體事件中顯，實非有一超越的形式之理作為主導，使事件朝向一並趨勢前進，就此而言梨洲實非主歷史進化論者，當然亦非主退化論者。至於梨洲是否主循環論者，關於運數說在梨洲文獻中可見出，梨洲言道：

> 余嘗疑孟子一治一亂之言，何三代而下有亂無治也？乃觀胡翰所謂
> 十二運者，起周敬王甲子以至於今，皆在一亂之運，向後二十年交
> 入大壯，始得一治，則三代之盛猶未絕望也。〔註31〕

梨洲又於《破邪論》〈題辭〉中言道：「余嘗為待訪錄思復三代之治，……今作此時已三十餘年矣，秦曉山十二運之言，無乃欺人？」就梨洲此兩段文字考察，若就文字表面論之，似乎梨洲採信孟子一治一亂循環論及胡翰十二運之說，但就深入析辨可發現梨洲對於孟子一治一亂之說由信而疑，進而採信胡翰十二運之說，但由梨洲等後三十餘年仍未等到盛世可以施行三代之治，故對此說亦產生懷疑，若就此而論焉可謂梨洲相信循環論？對於此二說法的懷疑，可清楚見於《易學象數論・衡運》，梨洲言道：

> 仲子曰：「時未臻乎革，仲尼不能有為。仲尼沒，今二千年猶未臻乎
> 革也。」革在十二運之終，十二運告終始復其常。前為四運，後為
> 八運，參差多寡，無迺懸絕？以仲子之言為是耶？孟子所謂一治一
> 亂者正相反，以仲子之言為非耶？前之兩千年者既如斯，後之四千
> 八百年寧可必乎？倘若以漢唐宋之小治衡之，三代而上是為褻天，
> 此又某之所不敢也。〔註32〕

由此可見出梨洲對於孟子及胡翰之運數說充滿極大的懷疑，但似乎又希望尋出歷史變化之規律，然此二說法又不足以說明其所考察的歷史現象，其間的矛盾性可於文字中充分展現。對於梨洲希望能尋出一歷史規律的心境，筆者認為此是梨洲強烈渴望治世的到來，一方面可使百姓免於苦難，一方面希望其經世理想有實現的可能，故言道：「吾雖老矣，如箕子之訪，或庶幾焉。豈因『夷之初旦，明而未融』遂秘其言也。」〔註33〕此與顧亭林待治於後

〔註31〕〔清〕黃宗羲：〈題辭〉，《明夷待訪錄》，頁1。
〔註32〕〔清〕黃宗羲：《易學象數論》，《黃宗羲全集》第9冊（杭州：浙江古籍出版社，1993年），頁270。
〔註33〕〔清〕黃宗羲：〈題辭〉，《明夷待訪錄》，頁1。

王的期望是相同的，正因懷有一絲未來用世的希望，故採納胡翰十二運之說，此應是期望上的相信，但一旦得不到事實的印證便使其質疑此說法，而此質疑中是帶著希望落空的無奈。就以上的考察可發現梨洲並非主歷史循環論者。

基本上梨洲對於歷史發展並不重視其延續性，意即不重視事件與事件的連結性，因此既不主進化論，亦非退化論，同時亦非主歷史循環論者，彼所重視者，任何歷史事件在梨洲看來均是常道之呈顯，即使因變化之勢中乘權作勢使常道無法彰著，但此亦可形成常道作用之對照，畢竟變化中有明有晦是自然現象，但梨洲所堅信者，所有過不及的不合理現象雖然其間的變化律則（運數）無法確認，但就歷史的恆常來看最終必定回歸歷史常道。由此可歸納出梨洲史學之特色是環繞著道（人性）而開啟的史學，即所謂的人性史史學，以此來融攝理學與史學，而回歸儒學「經史一體」的原始面目。

第三節　論歷史性的儒學之致用精神

上節梨洲歷史即是人性史的歷史思維，認爲歷史便是環繞著道（人性）而開顯的，整個歷史便是由人性自覺於實存世界中的實踐延續歷程，因此歷史即是人性史，歷史即是文化史。本節將順著此脈絡進一步探討梨洲提出此套人性史史學之用意何在及其理論根據，希望能扣緊此二方向探討梨洲如何思考歷史對於現實生活中的人有何意義，藉此希望對梨洲的歷史性儒學——人性史儒學有更深切完整的認識與省察，以掌握其根本精神。

一、徵實精神及褒貶傳統之承繼

中國傳統史學首重徵實，但自宋明因強調性命義理之重要，往往因重書法而忽略史實，例如歐陽修的《新五代史》、及朱熹的《資治通鑑網目》均是以義理爲主，於考證方面不甚謹嚴〔註34〕，故梨洲鑑於此，遂回歸傳統史

〔註34〕 李宗侗言道：「因此有的對於史書的事實，考證時不必須一定詳實，而對於書法則不厭求其精密，這種論調到了宋朝尤惟人所重視，這大約是因爲宋朝人研究《春秋》一書，極重其書法，……比如歐陽修的修纂《新五代史》，它所重視的尤在書法一端，而對於事實的考證並不太詳細；又如朱熹修《資治通鑑綱目》也是認爲司馬溫公的修《資治通鑑》書法不甚能夠詳細，所以他作的〈凡例〉一卷，其中所論者，皆以書法爲限。」李宗侗：《史學概要》（臺北：正中書局，1992年），頁4。

學之徵實精神，強調一切歷史精神之識取皆以可信的史實爲基礎，故言必有所本。爲求史事之可信，一方面藉由實物考察，一方面經由文獻之考證，前者則親自作實地考察及人物訪談，梨洲爲成《四明山志》一書，親訪四明山〔註35〕，對於史證之採集亦極嚴謹，梨洲言道：「余嘗至西皐拜公之墓，登其堂，觀明威告身龍鳳，十年高皇帝中書省手押，及三忠四節像實錄，乃謂高皇不奉龍鳳，豈足信哉！」〔註36〕以此證明太祖曾奉韓林兒一事。對於親身經歷之事，即使親聞但仍詳細思考事件始末，梨洲言道：「向在海外，得交諸君子，頗欲有所論著，旋念始末未備，以俟他日搜尋零落，爲輯其成。」〔註37〕後者則就既有文獻詳盡比照、考核，例如對於周的制度，梨洲即提出以《孟子》正《周禮》之失〔註38〕，對於《明夷待訪錄》中所提各項制度，亦對其源流詳盡考證。

　　對於史料嚴謹地考察以求實是梨洲史學所表現的徵實的精神，此徵實精神的重視意味著，梨洲已由宋明過度標榜書法義理而忽略史料的眞確信的方式轉向，而重視史料本身客觀性的問題，使歷史事實與歷史資料能經由史家的考察分判而逐漸結合，以退近歷史之眞象，因此須盡其所能的避免因主觀疏失而致使歷史實際無呈現。而史家經由考證而得到史料，此考證工夫已蘊涵了批判的色彩在其間，以此判斷那些史料有助於幫助彼認識眞象，方可使史料經由分判而成爲有效史料，當然此則須靠史家本身所具備的史德與史識，不以個人私念攙入其間，儘量作到公正性，對此梨洲言道：「蓋前言往行，皆聖賢心所融結，吾不得於心則皆糟粕也。」〔註39〕經由史家史心之判斷，便可加以取擇，當然其中包含史家自身之鍛鍊。吾人可以瞭解欲呈現歷史眞象的全貌實非易事，一方面受限於史料的充全與否，一方面任何事件的發生與其他事件均有複雜的糾葛，只能憑藉史家的識見經由有限的史料與個人的分析判斷中去逼近事件眞象。正因梨洲有此探究歷史眞象之動機，加上彼體認歷史現象之多元性、複雜性，必須其他知識能力之配合，故本身對於

〔註35〕 梨洲言道：「余往來山中，嘗有詩云：『二百八十峰，峰峰有屐痕。』因以足之所歷與傳記文集相勘，每牴牾失實。」〔清〕黃宗羲：《四明山志·自序》，《黃宗羲全集（二）》（臺北：里仁書局，1987 年），頁 283。
〔註36〕 〔清〕黃宗羲：〈瑞巖萬公神道碑〉，《南雷文定前集》，卷 5，頁 68。
〔註37〕 〔清〕黃宗羲：《行朝錄·序》，《黃宗羲全集（二）》（臺北：里仁書局，1987 年），頁 111。
〔註38〕 〔清〕黃宗羲：〈周室班爵錄章〉，《孟子師說》，卷 5，頁 129。
〔註39〕 〔清〕黃宗羲：〈非禮之禮章〉，《孟子師說》，卷 4，頁 106。

各種特殊知識之涵養極深，例如天文、曆算、經制等素養頗深，皆有助於彼歷史研究。

除了徵實精神外，梨洲亦承繼史學傳統中的褒貶精神，梨洲所謂的褒貶精神是植基於可靠的史料上而進行價值論斷，而價值標準便是以儒家所點出的「仁義之道」即所謂的「人性」作爲分判，以進行歷史懲善勸惡的褒貶作用，因此梨洲認爲「爲史而使亂臣賊子得志於天下，其不如無史之爲愈也。」〔註40〕此乃承繼《春秋》使亂臣賊子有所警惕之書法，在梨洲看來此作用帶有宗教性的賞善罰惡觀點，使不仁不義之人經由史家之筆伐便足以遺臭萬世，此足以使奸惡之徒有所戒惕。梨洲言道：

> 然則大奸大惡將何所懲創乎？曰：苟其人之行事，載之於史，傳之於後，使千載而下，人人欲加刃其頸，賤之爲禽獸，是亦足矣。孟氏所謂「亂臣賊子懼」，不須於地獄蛇足於其後也。〔註41〕

雖然歷史是爲使不肖之徒有所規法，但其更積極之用意在於指出價值標準所在，而以「教化」作爲歷史之根本目的，因此對於歷史之教化功用梨洲是頗重視的，對於各種歷史體裁，梨洲均強調應嚴守此態度，甚至連銘類，雖不強調褒貶，但梨洲仍是於傳錄中隱涵此褒貶精神——當書則書，強調尊重具體事實，以適切地文字恰當反應，此秉筆直書亦屬褒貶精神之呈現。梨洲言道：

> 夫銘者，史之類也。史有褒貶，銘則應其子孫之請，不主褒貶，而其人行應銘法則銘，其人行不應銘法則不銘，是亦褒貶寓於其間。後世不能概拒所請，銘法既亡，猶幸一二大人先生一掌以煙江河之下，言有裁量，毀譽不淆。……以爲不若是則其人之生平不得見也。其人之生平不見，則吾之所銘者，亦不知誰何氏也。〔註42〕

此處梨洲認爲雖然銘不主褒貶，然卻是無法中有法，所謂的「銘法」即梨洲所指出：「言有裁量，毀譽不淆」，但當世多諛墓之辭而喪失銘法之分際，使被銘之人的眞實經歷無法呈現，而厚誣先人，故梨洲於傳銘之時往往嚴守此分寸，彼嘗言道：「君之子祺，求余表墓，余美無溢辭，亦『史法』也。」〔註43〕

〔註40〕〔清〕黃宗羲：《留書·史》，《黃宗羲全集（十一）》（杭州：浙江古籍出版社，2004年），頁13。
〔註41〕〔清〕黃宗羲：〈地獄〉，《破邪論》，《黃宗羲全集（一）》，頁198-199。
〔註42〕〔清〕黃宗羲：〈與李皋堂陳介眉書〉，《黃梨洲文集》，頁461。
〔註43〕〔清〕黃宗羲：〈談孺木墓表〉，《南雷文定前集》，卷7，頁116。

　　梨洲的褒貶亦明顯表現於彼史著之中，《弘光實錄鈔》的「臣按」，《行朝錄》的「史臣曰」，一方面吾人可經由記錄中見出梨洲的褒貶用意，一方面可經由此些按語中明顯見出梨洲對史事所下的論斷，以事件所反應出的價值意義。由此可見出：梨洲作史是明顯包含著褒貶的意圖，而非無意義的史料堆積，藉著褒貶史法以彰顯人性之可貴，因此亦可如此說梨洲的褒貶書法基本上是環繞著人性而開展的，於具體事件中見出人性之作用。

　　經由梨洲史學所反應的徵實精神與褒貶傳統，可見出梨洲重視史料的可信度，儘可能地逼近歷史真象，而於彼所見歷史真象的一個面向中見出其背後所隱涵的價值，而於此以人性為準的進行歷史判斷，當然此判斷是將人性放入具體情境中實際考察的。因此吾人可發現，梨洲史學是具有歷史的客觀性與主觀性的融合，客觀性表現在徵實態度上，而主觀性則表現在梨洲的歷史思維上，以人性作為其思考之向度，此主觀性是任何史家在作歷史解釋時所不可能避免的。而梨洲一方面重視史料本身的客觀性，一方面又以主觀性歷史思維對歷史材料進行簡擇反省，此看似有所謂主觀、客觀對立的現象，其實不然。此方式基本上是將主體與客體渾融為一，而其間的關鍵便是人性，何以言之？在梨洲認為歷史即是人性史，此人性是具有普遍性的，而人去認識歷史、解釋歷史時亦以人性作為開啟之鑰，此思維是出於主觀之取擇，因為此向度並非唯一的取譯，畢竟對事件的看法可以有許多向度，且均可見出真理。然而當人以人性為媒介去理解由過去以人性創造的歷史，是可以超越時空的限制而相感應的，因為人性是普遍的。正因人性是普遍的，所以現實界的人可以人性與歷史中的人物相對話，如此主客間的對立性根本是不存在的。而梨洲便是以人性來作為「人──歷史」互動之觸媒，故在梨洲史學中並與所謂主客對立的現象產生，而是即主即客，渾融不二的。

二、藉歷史鑑誡以安身、經世之致用理想

　　梨洲作史之原始動機及終極目的主要是為了「致用」，將史學視為致用之學，梨洲將史學與經世劃上等號，認為：「夫二十一史所載，凡經世之業無不備矣。」〔註 44〕對於梨洲何以將「史學──經世」相關聯，此處將引一段文字便可見出梨洲如何思考此問題，梨洲言道：

〔註44〕〔清〕黃宗羲：〈《補歷代史表》序〉，《黃宗羲全集》第 10 冊（杭州：浙江古籍出版社），頁 77。

古之君子著書，不惟其言之，惟其行之也。僕生塵冥之中，治亂之
故，觀之也熟；農瑣餘隙，條其大者，爲書八篇。仰瞻宇宙，抱策
焉往？則亦留之空言而已。自有宇宙以來，著書者何限？或以私意
攪入其間，其留亦爲無用。吾之言非一人之私言也，後之人苟有因
吾言而行之者，又何異乎吾之自行其言乎？是故其言不可不留也。
〔註45〕

由此段文字可見出梨洲著書之用心，基本上是以「致用」之心來立說。但彼
亦明確指出古之人言行一致，往往將理論作爲行動之準則，然欲將理想行於當
世，難免有所謂「時位」之限制〔註46〕，而梨洲之處境正是面臨時位之限無
法施展，故只能將理想寄託於文字之中。但彼亦認爲在學術瀚海中自忖其著作
並非出於名利之心，故非一人之私言，而是具有普遍性的，可爲後人所用，
而此寄於後世人採用的想法，與其理想被當世採用在梨洲看來是相同的。

由此段文字可見出幾項訊息：其一，梨洲著書是爲了致用；其二，此致
用理想並非只限於當世，而是可以納入永恆的歷史之流中爲後人所取法，將
致用理想由現實時空移轉至歷史時空中，即由現實立功實踐轉向歷史立言實
踐。當然梨洲並非不希望有生之年能見到其理想付諸實現，此可由上節梨洲
對運數說的期待中見出，然梨洲對於歷史時勢有深切地體會，認爲其理想不
可能於現世中實現，故將希望寄託於未來。此想法亦可見於其弟子萬斯同的
論點中：「他日用則爲帝王師，不用則著書名山爲後世法。」〔註47〕由此得出：
梨洲認爲其經世理想不僅可施用於當世，亦可通用於後世，故彼並不急切致
仕於當世，而是考量所處之時機，希望於適切地情境中施用其經世理想，此
亦是梨洲何以不致仕於清代，而堅守遺民氣節之故。

至於梨洲何以堅信其說可通於後世？基本上梨洲認爲其理論是訴諸於人
性，因人性是普遍性的，故無時空之限制；況且現世的不圓滿，在梨洲看來
也是暫時的現象，其最終必趨向於合理，在合理的情境中其所開顯的常道必
爲此環境中人所體察而採行其說。對此梨洲言道：「千聖相傳者心也」〔註48〕

〔註45〕 〔清〕黃宗羲：《留書・序》，《黃宗羲全集》第 11 冊，頁 1。

〔註46〕 梨洲言道：「使舉一世之人，舍其時位，而皆汲疾皇皇以治平爲事，又何異於
中風狂走？」〔清〕黃宗羲：〈與友人論學書〉，《黃梨洲文集》，卷 3，頁 438。

〔註47〕 〔清〕萬斯同：《石園文集・與子貞一書》，《續修四庫全書》1415 冊（上海：
上海古籍出版社，1995 年），頁 512-513。

〔註48〕 〔清〕黃宗羲：〈禹惡旨酒章〉，《孟子師說》，卷 4，頁 113。

「性之為故，亦萬古不變，此心此理同也。」〔註49〕梨洲進一步提出了一套「即心窮理」的歷史詮釋法，讀者藉著心可以超越時空之隔與古人相感通，梨洲言道：

> 古人所留者，唯有《詩》、《書》可見，頌《詩》讀《書》正是「知其人」、「論其世」，乃頌讀之法，古人《詩》、《書》不是空言，觀其盛衰以為哀樂，向使其性情不關於世變，俘沉蝣暑，便不可謂之善士矣。〔註50〕

梨洲認為讀者應透過文字見出其背後所反應之精神，即孟子所謂「知人論世」，即將己心真實投射於歷史人物所處情境及具體性情之表現中關聯起來思考，使讀者與歷史人物間形成互動關係，而於其中開顯所謂的歷史常道，意即開顯自身的人性。人經由人性進入歷史時間中，以感同身受的體驗方式，與歷史人物產生交感，經由此「重現」歷程〔註51〕使人性得以滋長。然而每個人的氣質、背景均有差異，故對於重現歷史的方式與體會自然會有不同，但梨洲點出「各人用得著的方是學問」〔註52〕的方向，完全以詮釋者之需求為主，強調人的自主性。在梨洲的觀點背後透露著梨洲肯定人具有歷史意識，能夠自主地經由「歷史實踐」於歷史文化資產中尋得寶貴經驗，人可以開創歷史，並非由歷史來決定人，否則人既為歷史所決定，則何須認識歷史？至於人何以會自主地希望瞭解歷史，主要是人對於未來的不可知感到盲然，因人對於未來有所企望，同時亦希望對現實情境能提出解釋，並希望二者能結合〔註53〕，此即所謂的「明天人之際」，梨洲言道：

> 行內極之限，災變尚輕；行外極之限，災變始重。……三代亡，秦始立也入萃上；漢之亡入復上，唐之亡入謙上，宋之亡入姤上，皆

〔註49〕〔清〕黃宗羲：〈天下之言性章〉，《孟子師說》，卷4，頁117。

〔註50〕〔清〕黃宗羲：〈一鄉之善士章〉，《孟子師說》，卷5，頁131。

〔註51〕此處「重現」的概念是轉用柯林烏（R. G. Collingwood）《歷史的理念》所論：「歷史家必須在他自己的心中將過去重演。」意即將過去事件重新經過史家的理性主體重新思考。〔英〕柯林烏著、陳明福譯：《歷史的理念》（臺北：桂冠圖書公司，1992年），頁287。

〔註52〕〔清〕黃宗羲：〈陳叔大四書述序〉，《吾悔集》，《黃梨洲文集》，頁316。

〔註53〕胡昌知言道：「當人們經歷外在的變化，而且必識到那些變化的時候，一方面會產生意念及希望，希望如何措其手足，如何行為舉止；另一方面也傾向於把經歷到的外在的變遷以及自己的變遷，自覺地加以解釋，……把那些變遷地解釋得能配合他們的目的及企望。」胡昌智：《歷史知識與社會變遷》（臺北：聯經出版社，1992年），頁22。

為外極之限，其有然不然者，將以不然者廢其然與？則曰：「何可廢
也，留其不然以觀人事，留其然以觀天運，此天人之際也。」〔註54〕
梨洲認為由歷史變遷中可見出其變遷之理及變遷之勢，所謂「外極之限」是
指災變之重，衰亡至也，梨洲認為國勢興衰有其理可尋，彼所指出的莘復謙
姤四卦即可顯此理，當然其間亦有不合此理者，梨洲認為合此理即屬天運，
不合此理即屬人事，天運恆常，人事無常，此即所謂天人之際。因此梨洲認
為由歷代興替中可見出歷史之常道及勢變，由此可對現實中不可知的未來稍
能掌握，不至因盲然而有慮患，故梨洲又言道：

> 人世富貴貧賤，生死禍福，多有不召而自至者，同是聖人也，有得
> 位不得位，堯舜何以至壽，顏子何以至夭？皆無以致之者，此則氣
> 化不齊，運數之自為醇駁，人生其中，不能不受制不無可奈何。所
> 謂命者，以流行言也，流行者雖是不齊，而主宰一定，死忠死孝，
> 當死而死。不失天則之自然便是正命。〔註55〕

此處梨洲指出人若能具有歷史意識，便自然知人性為恆常之理，名利壽夭為
變動之數，若能清楚體認，便可知根本價值之所在。

　　由此段文字可明確見出：梨洲肯定人性之永恆價值，對於現實的功利價
值則視為非人力所能掌握者，只有人性方能彰顯人的自主性，故人須持守本
心，認識自己所處的時位，如此便可安身立命，順天應人。如此人經由歷史
詮釋可以逐漸豐富生活經驗，同時人性也逐漸被引動而開啟，對於道的體驗
亦逐漸深刻，許多前人的經驗已指引吾人前進之方向，可免去無謂之摸索及
經歷，而更能於前人之努力中進一步開啟新的可能。而歷史所以不斷進步，
正是因人對於歷史之道的認識更為深刻，而能於前人發展之基礎上向前向前
推進。梨洲言道：

> 古今之事後起盛於前者多矣，故烹飪起於熱食，玉輅基於椎輪；即
> 如畫家有人物，有山水，漢唐以來，梵天地釋聖主名臣之像，皆以
> 繪畫，其後稍稍通之，而為塑土範金搏換。……以此知雕塑之出於
> 畫也。〔註56〕

由此見出人類的文明是不斷前進的，基於前代制作加以改造創新，就此而言

〔註54〕〔清〕黃宗羲：《易學象數論·衡運》，《黃宗羲全集（九）》，頁268-269。
〔註55〕〔清〕黃宗羲：〈人之有言章〉，《孟子師說》，卷5，頁124。
〔註56〕〔清〕黃宗羲：〈張南垣傳〉，《南雷文定前集》，卷10，頁162。

歷史是不斷進化的；在精神層面亦然，亦須於前人對「道」深刻之體悟中，不斷提撕，使人性逐漸擴充滋長，因此無論此物質層面、精神層面人均須於歷史中擷取養分以豐富現實生活。而此正是所謂：歷史提供人性長養的場境，使人性得以更顯豁，而道亦經由人性的顯豁而更加彰明，文化亦可經由歷史的滋潤而更形豐富多樣。

　　在梨洲看來，歷史與人的關係，人是主動開啟者，人經由個體所具的人性，開啟「歷史實踐」進入歷史發展之脈絡中經由「重現」的歷程，將蘊藏於曲折紛雜的歷史事件背後的歷史精神，即所謂的普遍人性開掘出來，使吾性與歷史的大生命充盡融合。如此使「道——歷史——人」形成整體之關聯，就歷史而言，因人的實踐，使歷史不只是無意義的靜態死物，而是因我的開顯而具有生機，因彼對於現世而言仍是有其價值，經由人的肯定與效法，歷史之意義便因此彰顯；而更重要的是因對歷史的體認，進而參與歷史創造之重責，如此亦使歷史注入了新的生命力。對於人而言，因經由歷史實踐而對人性有更深刻地體認，使人性得因此而滋長提升，同時更清楚認識存在之意義，促使自己更積極地成就自己。對道與人的關係而言，道藉著歷史而存在，因人的歷史實踐而開顯，而人性也因此而長養擴充，使人性更能充盡發用，當人性於具體生活世界中充盡表現之時，便是道在人身上的開顯。道並非超絕存在，而是存在於歷史之中，存在於生活世界中的任何事物上，只要人以心去感通，去顯豁，而超越形軀之隔，見出無處非道的流行，意即人經由實踐而體道，而因此體驗人存在之理及意義所在；道經由人的實踐而開顯，因人自覺地彰顯人道，而使人道與天道通體流行，而不為人的私欲造作所障隔〔註57〕，使道能自如其如的作用。如此「道——歷史——人」形成一體循環，而主要關鍵便在於人性的自覺而產生的實踐，人因為實踐造就了歷史，開顯了道；而歷史又提供人長養之場，使人性得以不斷提升開展，此關係的形成便是人自覺參與歷史創造與道的開顯，而使道與歷史與人形成緊密的聯結。

　　綜觀前所述，梨洲所謂的史學經世是有其豐富意涵的，所謂的經世並不僅著眼於當世的治平經世，而是具有強烈的歷史意識，認為人的生命不僅存

〔註57〕梨洲言道：「後世之法藏天下於筐篋者也。」〔清〕黃宗羲：〈原法〉，《明夷待訪錄》，頁5。批判專制體制中見出，因專制君王逞一人一家之私欲，剝削生靈之生存權力，且障蔽禁錮天下人之心，以嚴密的體制限制百姓之自由意志，使人性無法充分發用，故嚴厲批判專制體制的私利本質。

於當世，同時亦存在於歷史的大生命中，如此便能超越時空之限，認識人的有限性（富貴死生壽夭）及無限性（人性），對於有限性的部分則清楚認識自己所處之時位，而無限性的部分則充分發揮，一方面於現實生活進行道德實踐，一方面於歷史文化中體驗前賢之生命歷程而以吾心之理相印證，如此方能使吾心清明虛靈，不受私欲外物之蔽，而能於現實情境中充盡發用，成就自我，或立德、或立功，或立言，藉此參與歷史創造之大業，如此方能長於斯，成於斯，使人不僅因認清人存在限制及現實變化之規律而於現世生命得到基本安頓；更能進一步藉著梨洲所提出「歷史實踐」的理想——參與歷史創造（道的開啟），將現實生命與歷史大生命充盡融合，於現實中充盡發揮人的根本價值——人性，於適切的分位上成就自己生命，如此便是積極參與歷史之創造，而使道得以藉此而彰顯，此便是所謂的歷史實踐，亦是梨洲史學經世之終極理想。

第四章 對陽明思想及王學各派的理解與批判

第一節 前 言

　　關於梨洲對王門各系之批判論點，引起牟宗三的嚴重質疑，甚至認為梨洲根本不懂王學〔註1〕，當然牟氏的質疑亦有其根據，亦非不瞭解梨洲所採取的批判角度，蓋其鑑於許多人對梨洲之理論基礎並未深刻理解便輕易採取其論斷作為說明，而未針對各家義理本身深刻理解，就此而言，牟氏之批判是可以理解的。但若就梨洲的用意本身卻不可只以彼所論者皆外部問題便輕易帶過，而是應予以同情理解梨洲的立場，否則不過是另一套系統的建構，而以另一套系統對梨洲的系統進行批判，如此並不能針對梨洲的限制提出對治。

　　因此，筆者認為若就傅偉勳所提出「創造的詮釋學模型」中的五個辯證層次：實謂、意謂、蘊謂、當謂、創謂〔註2〕，梨洲對王學諸系的詮釋應已發

〔註 1〕 關於此批評最力者應屬牟宗三，他認為梨洲於文獻上及學術史上貢獻很大，
　　　　 但此些了解都是表面的，並未深入，雖然其對王學無微辭，但對王學並無真
　　　　 正了解，對龍溪、近溪、雙江、念菴亦不了解。其於學案前的綜述中所作的
　　　　 判斷多半不對，例如以江右為王學嫡傳，以龍溪為禪，對泰州亦將近溪等人
　　　　 視為禪，他只想保住王學的地位，不讓陽明弟子把王學變成禪學，但此些均
　　　　 是依外部不相干的立場來決定理解。牟宗三：〈宋明儒學概述〉，《中國哲學十
　　　　 九講》（臺北：臺灣學生書局，1991 年），頁 411。
〔註 2〕 傅偉勳提出「創造的詮釋學模型」，參見傅偉勳：〈現代儒學的詮釋學暨思維
　　　　 方法論建立課題——從當代德法詮釋學爭論談起〉，《第二屆「當代新儒學國

展到創謂的層次，創謂一詞據傅氏之定義：「創造的詮釋者必須發問：『爲了教活原有思想，或爲了突破性的理路創新，我必須踐行什麼，創造地表達什麼？』」梨洲對於王門的反省並不限於只是就原作者的思想進行解釋或批判〔註3〕，而是進一步進行創造詮釋的工作，所以言其爲詮釋，因梨洲是站在詮釋的基礎上表現其思想，所以言創造是因梨洲不局限於原典本身表層及深層意涵及指涉，甚至作者的創作動機，而能於原作的基礎上進行個人義理的創造，一方面將王學實體化主體性的良知加以改造，轉向氣本論觀點，一方面將王學末流重知輕行的趨勢轉向積極實踐，因此對王門末流而言，梨洲是進行了某些創造性詮釋，雖然所運用的文字並無明顯不同，但在實際意涵上已有所轉化，例如梨洲對意的理解與王學已有不同，因此筆者認爲梨洲對於王學的詮釋在某些方面已越過了原典所包含的意涵，而進一步超越創革。故依筆者之淺見，對梨洲詮釋王學此事實不應只落在梨洲對王學是否有相應的理解，而應由認識梨洲對王學繼承了什麼，進一步開掘梨洲創造了什麼，即所謂當謂的層次進升創謂的層次思考，而當謂與創謂其差異在於傅氏所云：「當謂強調『講活』原典思想，屬批判地繼承階段；而創謂則強調『救活』原典思想，批判地超克原思想家的教義局限性或內在難題，而進一步解決原思想家遺留的思想課題。」〔註4〕若吾人對梨洲的反省只限於當謂層次而認定其未能眞正講活王門諸系之哲學觀點而執於外緣問題的思考，面對此批判則梨洲確實有此限制，但梨洲所關切的並非僅停留於此階段只是就原典解釋、批判，而是進一步進行創造，故吾人若只就當謂層次反省梨洲是無法見出梨洲詮釋之特色，因此本文便是基於當謂的層次見出梨洲對王學「批判的繼承」，進一步提至創謂層次對梨洲學進行解釋與批判，而將梨洲之意涵、指涉、創作用意予以釐清，以見出其對王學創造的詮釋。

或許有人質疑梨洲眞的對王學有所謂創造詮釋嗎？筆者所以認爲梨洲對王學能有所創造，並非只就哲學本身而論，而是梨洲由思想史角度，以影

〔註3〕 關於「解釋」的界定，解釋是將原典中的符號系統點出其意涵、指涉爲何，而「批判」則是將原作者潛在不自覺的創作意識點出。因此解釋是就原典的表層意涵而言，而批判則關聯原典背後的隱微創作動機而言。此說法參見沈清松：〈解釋、理解、批判──詮釋方法的原理及其應用〉，《當代西方哲學與方法論》，頁 19-42。

〔註4〕 此段文字參見傅偉勳：〈現代儒學的詮釋學暨思維方法論建立課題──從當代德法詮釋學爭論談起〉，頁 135。

響層面調頭反省王學本身理論之限制，此作法的確可以發現理論提出者所忽略的某些面相。畢竟梨洲所見的是此理論經由實際推行後所產生的影響來考察，是將理論與實務結合反省的，由此可檢證出理論的可行性程度。梨洲所採取的考察方式對王學之反省是有效的，因王學各派並非只是作純粹的哲學思考，其最終目的是作為教法，既然是教法就必須與實際實踐結果關聯起來反省，故梨洲的思維進路是有效的。當然或許如牟先生所提出的王學諸系所產生的限制是人弊不是法弊〔註5〕，關於此，人弊的確是重要因素，但也不可忽略作為教法若不能對社會大多數人產生正面的影響，反而有許多負面弊端，此理論本身著實也該檢討，考慮此論點是否有施行上的困難，而非只是理論本身立論的精彩。因此梨洲對王門諸系之批判便走由影響處向理論進行反省，見出實踐過程中，理論可能會遇到的誤解與實踐上的困難，而於此配合現實需求，使理論與現實得以充分結合，梨洲的創造處便由此處表現。

　　在此詮釋的基礎下，據筆者就梨洲整部《明儒學案》的考察，認為梨洲是有其問題意識作為思考主軸，亦以此主軸對整個王學發展進行理解批判，此基源問題即是──儒釋之辨的問題，梨洲是站在歷史文化的角度思考此問題，梨洲所以標出此基源問題，是站在整個明代理學所面對的時代問題上提出的，此是延續宋代理學一直想要解決的文化問題。除了此時代意識外，對梨洲而言其所須進一步解決的問題是王學與禪學之差異何在，陽明言心，禪學亦言心，其間的差異性如何判分，若淤理論核心處無法釐清，則難逃王學即禪學之批判，而此亦連帶關聯若王學即禪學，則王學何以能作為明代學術之代表，此些文化問題均是梨洲所須思考的課題，因此將王門諸系回歸陽明學，並對王學各系進行判教，便是在此基礎下開展的重要工作。

　　關於儒釋之辨的分際，對此梨洲本身有極深刻地體驗過程，並非只就理論上去分判，其言道：「余於釋氏之教，疑而信，信而疑，久之知其于儒者愈深而愈不相似。」〔註6〕梨洲認為儒釋之異根本處不在實踐層面，而在實踐的終極目標上，故其言儒釋之異在上達不在下學，此與當時許多儒者對此問題認為

〔註5〕　牟氏言道：「順王龍溪之風格可誤引至『虛玄而蕩』，順羅近溪之風格（嚴格言之，當說順泰州派之風格），可誤引至『情識而肆』，然這是人病，並非法病。」牟宗三：《從陸象山到劉蕺山》（臺北：臺灣學生書局，1990年），頁297、298。

〔註6〕　〔清〕黃宗羲：〈前鄉進士澤望黃君壙志〉，《黃梨洲文集》，頁134。

儒釋皆本心，但在工夫上有所不同〔註7〕。對於其間之差異，梨洲言道：

> 先生會通儒釋，主於向上一著，謂兩家異處在下學，同處在上達，
> 從來儒者皆為此說。弟究心有年，頗覺其同處在下學，異處在上達。
> 同處在下學者，收斂精神，動心忍性是也；異處在上達者，到得貫
> 通時節，儒者步步是實，釋氏步步是虛，釋氏必須求悟，儒者篤實，
> 光輝而已。近之深於禪者莫如近溪，天地間色色平鋪，原無一事，
> 不假造作，下學之至，儒釋皆能達此，無有異也。要之釋氏拈他不
> 上，亦不欲拈之，以累虛文面目；儒者動容周旋，正在此處，色色
> 皆當身之矩矱，不可謂不異也。〔註8〕

梨洲認為蕺山強調佛氏所言的無，儒者亦體會得，因此認為儒釋之異並不在
上達，而是在於工夫實踐的差異；但梨洲卻認為儒釋之根本差異不在工夫上，
儒家心學所強調的工夫與釋氏並無明顯差異，主要均為對治心體之弊，但二
家所言的心其實是同名異實的，釋氏所言的心只是虛寂空靈的心，其主要的
功能亦是所謂的覺，而儒家所言的心亦非實體義的心，而是虛靈明覺之心，
所不同者，吾儒之心是本諸天命，因此其亦具覺的功能，而其所覺者便是其
所本具之天理，即體證吾心於變動中所呈現的條理性，而由此瞭解天道的作
用，進而經由實踐，使吾心充分作主而開顯天道；而釋氏之心所覺者不過是
證悟吾心是空，吾身及一切萬象皆空，並非真實存在，與吾儒所體驗者是吾
人及萬物存有之理，相對於釋氏所言之理，儒家所言的是實理，而釋氏所言
的是虛理，即是所謂的空無，二家的存有觀點有極大殊異在，因此雖然同樣
有實踐工夫，然其最終之目的是有不同的。

〔註7〕 關於蕺山對儒釋之辨的論點，蕺山言道：「釋氏之學本心，吾儒之學亦本心，
但吾儒自心而推之意與知，其工夫實地卻在格物，所以心與天通。釋氏言心
便言覺，合下遺卻意，無意則無知，無知則無物，其所謂覺亦只是虛空圓寂
之覺，與吾儒盡物之心不同。」〔明〕劉宗周：〈學言上〉，《劉子全書及遺編》，
卷10，頁148。又言：「吾儒之言心，皆其出乎天之自然，而釋氏動出於人也，
道至此歧矣。」〔明〕劉宗周：〈論釋氏〉，《劉子全書及遺編》，卷23，頁481。
由此見出蕺山認為儒釋同樣言心，然其所言的心不同，吾儒之心言意言知，
本諸於天；而釋氏之心只言虛空之覺，因其強調萬象皆因緣生，無存有之理，
因此所覺不過是覺萬有皆空之理。因此蕺山批判儒學之心本天，人之存有源
於天所命；而釋氏之心無所源，故言其只出於人，只就人之心言其空，心之
覺便是覺空理。既因彼此對本體之認識不同，因此在工夫亦不同，吾儒言格
物，而釋氏只言本覺。

〔註8〕 〔清〕黃宗羲：〈復無錫秦燈巖書〉，《黃梨洲文集》，頁446-447。

此處姑且不論梨洲對儒釋之分判是否公允，只就梨洲是以何立場分判儒釋處考察，由此可見出梨洲的儒釋之辨是以何角度切入，而順此見出梨洲如何去批判王門各系之論點。由梨洲的論點中可明顯見出梨洲的儒釋之辨其關注處有二：一就本體處分判，儒家強調的心與釋氏強調的心其差異不在虛靈明覺，而在道德意識之有無，即梨洲所強調的心的存在之理本源於天，而釋氏只強調心的虛寂明覺。一處則就工夫實踐處分判，梨洲認為儒家強調於具體生活中進行道德實踐，而釋氏因避免世事掛礙虛空之心，故只言體會萬物本空，只持守著虛靈的心，不使染污，而與生活世界保持一層隔絕關係，因此釋氏的工夫往往只留在保持自性的清淨，體會萬有皆空，甚至連心也不得執著而須使其空無，此與儒家於世事中體證道德天理是有所不同的，此兩種工夫一是強調體證本體之虛無義，一是強調體證本體之實有義，此梨洲強調儒家的實有義而言，釋氏主虛無義即所謂的無工夫，故認為釋氏的工夫與儒家是截然不同的。因此梨洲在分判王學時，若在本體論上只強調心的虛靈明覺義而忽略道德義則以近禪目之，而在工夫論上若只強調維持心的虛靈而忽略於生活世界中體證實理，此亦近於釋氏之學。在梨洲認知中真正的儒學應是道德本心於具體生活世界中充分發用，由人的道德實踐而開顯天道，突破形軀之限而回到存有的根源。

此處須注意的是，梨洲並非抽象地標舉道德本心，而是認為經由實踐的過程去呈顯吾心所具的天理，將吾心於具體情境中經由實踐去體驗心所呈現的條理性，而由此肯定人的存在價值，進而肯定經由實踐，人是可以上同天德的，因此梨洲對於人的道德性是經由實踐的肯定而非超越式的肯定。而此即是將陽明直接由根源處指點良知之價值進一步創造為：人人雖然先天本具善性，但若不經實踐的歷程，此善性亦只是偶然價值並非永恆價值，因此由實踐工夫來確保善性的恆定性，而此正是梨洲一方面批判地繼承陽明肯定道德主體的價值，同時又創造地開展實踐的存有學，本章便是就此二路向理出梨洲對王學的批判詮釋及創造性詮釋，而探討其詮釋觀點之特色所在。

第二節　對陽明四句教的理解與批判

一、對四句教由否定至肯定之歷程

梨洲認為陽明思想主要表現在「致良知」，至於四句教卻造成後學產生誤

解，使陽明思想中的良知及致良知的重要觀點不顯，故而對四句教進行批判與修正。在批判方面，梨洲採取兩種態度，第一種態度是認為四句教最大問題處在於「無善無惡心之體」上，此為主要造成爭議之處，故以此認定四句教首句非出於陽明，而是龍溪所造；且四句教的首句梨洲認為應是「至善無惡」，並認為四句教出於緒山而不出於陽明。此對四句教採取質疑態度而否定其出於陽明之論點，主要承其師蕺山而來。蕺山對於「無善無惡」之說，甚至整個四句教之存在均產生懷疑，認為四句教只是陽明未定之見，四句教的出現是由於龍溪〔註9〕。近世不少學者亦認為梨洲對四句教之質疑果承其師而來者〔註10〕，主要是由此角度思考的。至於梨洲的第二種態度，肯定四句教出於陽明，但須對爭議處提出詮釋，使呈現陽明之原旨。梨洲言道：

> 先生所謂「致吾心之良知於事事物物也」四句，本來無病，學者錯會文致。彼以無善無惡言性者，謂無善無惡斯為至善。善一也，有有善之善，有無善之善，無乃斷滅性種乎？彼在發用處求良知，認已發作未發，教人在致知上著力，是指月者不指天上之月，而指地上之光，愈求愈遠矣。得義說而存之，而後知先生之無弊也。〔註11〕

若將兩種不同態度對比來看，似乎形成矛盾對立，基本上對同一對象是不可

〔註 9〕 蕺山言道：「四句教法，考之陽明集中，並不經見，其說乃出於龍溪。則陽明未定之見，平日間嘗有是言，而不敢筆之於書，以滋學者之惑。」〔清〕黃宗羲：〈師說・王龍溪畿〉，《明儒學案（上）》，頁16。梨洲又言：「以四有論之，惟善是心所固有，故意知物之善從中而發，惡從外而來。若心體既無善惡，則意知物之惡固妄也，善亦妄也。工夫既妄，安得謂之復還本體？斯言也，於陽明平日之言無所考見，獨先生言之耳。」〔清〕黃宗羲：〈浙中王門二・郎中王龍溪先生畿〉，《明儒學案》，頁269。梨洲又道：「先生〈青原贈處〉計陽明赴兩廣，王錢二人子各言所學，緒山曰：『至善無惡者心，有善有惡者意，知善知惡是良知，為善去惡是格物。』……蕺山先師嘗疑陽明〈天泉〉之言與平時不同，平時每言『至善是心之本體』，又曰：『至善只是盡乎天理之極，……』又曰：『良知即天理』，錄中言天理二字不一而足，有時說：『無善無惡理之靜』亦未嘗逕說『無善無惡是心體』，今觀先生所計，而四有之論仍是以至善無惡者為心，即四有四句亦是緒山之言，並非陽明立以為教法也。今據〈天泉〉所記以議陽明者，盍亦有考於先生之記乎？」〔清〕黃宗羲：〈江右王門一・文莊鄒東廓先生守益〉，《明儒學案》，頁 381-382。由此數段記載可見出梨洲對四句教之質疑受蕺山影響頗深。

〔註10〕 侯外廬云：「宗羲也懷疑王門四句教法的可靠性，其觀點大體本於劉宗周。」侯外廬：《宋明理學史》（下卷），頁 818。吳光云：「梨洲雖沿襲師說，認為四句教或為晚年未定之見，……。」吳光：《儒道論述》，頁 204。

〔註11〕 〔清〕黃宗羲：〈姚江學案〉，《明儒學案（上）》，卷 10，頁 197-198。

能既反對又贊成的，然此二不同論點卻同時出現在同一部著作《明儒學案》裡，關於此矛盾處該如何理解？據筆者之考察認爲梨洲對於四句教之批判有其思想歷程，即前期受其師蕺山觀點之影響，但後期卻有所轉向，遂產生由否定到肯定的歷程，但其肯定是經過重新詮釋後而產生的肯定，而此重新詮釋的內容正可見出梨洲思維的特色，其思維是透過歷史性觀點對四句教進行詮釋，而此正是本文關切的焦點。但梨洲之重新詮釋並不意味四句教本身之義理有問題，而是就其影響層面反過來對此作澄清，因此除了理解、詮釋之工作外，亦帶有修正之作用，此修正作用是針對王門後學對四句教之誤解而言的。

二、對致良知的理解與新詮

梨洲對四句教的詮釋先針對歷史現象進行的反省，進而提出一套具時代意義的詮釋觀點，而整個詮釋是以思想史角度整體思考的。梨洲對四句教之詮釋，除了就後學的誤解進行析辨，並思考何以會導致誤解及如何才能使四句教展現陽明宗旨，並且能因應解決當時的時代問題。爲符合此些要求，梨洲擇取了陽明思想中的致良知教，因彼認爲此乃陽明思想的核心，以此爲基礎來詮釋四句教。梨洲對致良知教的詮釋不僅批判的繼承陽明道德良知及知行一體的觀點，認爲吾人的道德本性須經由實踐歷程中去擴充完成的，將陽明由根源處肯定良知之價值，稍加轉化成強調實踐。因此梨洲對四句教之詮釋是先針對四句教過去因錯誤的詮釋所造成的弊端進行反思與批判，進而提出新的詮釋，而此詮釋的理論基礎便是將陽明的致良知教放入歷史歷程中來思考，而開啓所謂的「實踐存有學」，以此作爲重新詮釋四句教的哲學依據。

關於梨洲對於致良知教之詮釋，梨洲言道：

> 江右以後專提「致良知」三字，默不假坐，心不待澄，不習不慮，出之自有天則。蓋良知即是未發之中，此知之前更無未發；良知即是中節之和，此知之後更無已發。此知自能收斂，不須更主於收斂；此知自能發散，不須更期於發散。收斂者，感之體，靜而動也；發散者，寂之用，動而靜也。知之眞切篤行處即是行，行之明覺精察處即是知，無有二也。〔註12〕

〔註12〕〔清〕黃宗羲：〈姚江學案〉，《明儒學案（上）》，卷10，頁197。

梨洲認爲陽明所言的致良知並非後天工夫所致，而本體自能充盡發用合於天理法則。因此良知是無間於未發已發，即體即用的，此即熊十力氏體用哲學所言的：「用固不即是體，而不可離用覓體，因爲本體全成爲萬殊的用，即一一用上都具全體。」〔註13〕既然良知本體是即本體而顯全體大用，因此就工夫層面的致良知而言，便無須增添任何人爲工夫，只須使本心充分作主即可，使其順遂發用，無有私欲隔礙。梨洲又進一步言道：

> 先生致之於事物，致字即是行字，以救空空窮理。只在知上討個分曉之非，乃後之學者測度想像；求見本體只在知識上立家儅，以爲良知，則先生何不仍窮理格物之訓，先知後行，而必欲自爲一說耶？〔註14〕

梨洲認爲陽明強調的致良知的「致」即是關聯著本體的實踐，與其後學或只空守本體而不強調即知言致或將致與本體區離，不在本體上言致，而言向外追求主客對列義下的知識，此理解是誤會陽明格致之道的。故梨洲詮釋陽明致良知，認爲致即是就本體上言致，若本體不受染污便能充盡發揮全體大用即是擴致之功。

基本上梨洲對於陽明致良知教的詮釋頗能掌握其核心宗旨，但其中仍有梨洲的創造性的詮釋，此處可引陽明一段文字說明之。陽明言道：

> 知是心之本體，心自然會知，見父自然知孝，見兄自然知弟，見孺子入井自然知惻隱，此便是良知不假外求。若良知之發更無私意障礙，即所謂充其惻隱之心，而仁不可勝用矣。然在常人不能無私意障礙，所以須用致知格物之功，勝私復理，即心之良知更無障礙，得以充塞流行，便是致其知。〔註15〕

陽明認爲就理想層面而言，心體的道德判斷能力是能充盡發用的，因此時無私欲隔礙之故，但一般常人良知之發用時卻因受限於吾人的感性生命，難免有私欲之雜，往往無法充分發用，故須加入格物致知之功克除私欲障蔽，以復心體本然清明狀態，使能充分發用，方能養成眞知眞行。因此須藉著致良知達到知行合一，以漸進的方式達到即知即行的境地。陽明認爲可藉由工夫漸進過程逐步提昇其境界。故即知即行是最高理想，而經由不斷致良知之功

〔註13〕 熊十力：〈功能上〉，《新唯識論》（臺北：里仁出版社，1993年），頁387。
〔註14〕 〔清〕黃宗羲：〈姚江學案〉，《明儒學案（上）》，卷10，頁197。
〔註15〕 〔明〕王陽明：《傳習錄》，卷上，頁16。

可克服氣質之限而使良知充分發用流行。

　　由此可見出，陽明認爲格致之功是就工夫實踐的歷程言，使心時時提醒作主；而梨洲所言的格致是就工夫實踐的完成言，經由實踐心體便無私欲之雜而能充分作主，自能充盡擴致。雖然梨洲對格致的詮釋與陽明原意有些許出入，但對於良知本體均肯定知行本體根源義，以此作爲道德實踐如何可能的說明，此說明是經由實踐歷程中證成的。至於二人對致良知不同的理解，陽明所言的知行境界是有差等的，造成差等之主因在於氣質生命的限制，而使得「知行本體」之作用無法充分發用，而化解此差等之方式，便是藉著致良知之功。因此經由梨洲的詮釋強調人所具的本體是知行一體的，故其詮釋致良知便不就工夫面言，只就工夫所達至的境界處言之，此理解基本上是陽明致良知教的創造詮釋，但其基礎仍是根源於批判繼承陽明所言的良知的本體義及實踐義而開展的，如此使得致良知開啓了新的理解：一是歷程義，致知是恢復心體清明的工夫；一是完成義，知即是致知。

　　此處可引發一問題：何以梨洲會將陽明所言的格致由漸進工夫義轉向由本體處直接肯定？關鍵便在於梨洲將工夫落在誠意（慎獨）之上，此是承繼其師蕺山的觀點，將陽明強調由本體向外推擴的實踐工夫，轉爲內在意向性的實踐，強調正本清源的本源工夫，此觀點的立論基礎在於肯定根本的穩立可確保實踐結果的完善性，而認爲過度強調外在意向的實踐容易爲外在因素所牽引，故重視由內在意向的穩立來保證格致境界的完成。

　　吾人可由梨洲對致良知教的創造詮釋進一步反省梨洲對四句教之詮釋，二者有密切之關聯性。梨洲將四句教由最初的質疑、批判到後來的重新詮釋，此詮釋已包含了梨洲個人的創造觀點在其間，因此可稱爲梨洲對四句教的創造詮釋。由其間可見出梨洲如何理解陽明良知教，亦可見出梨洲如何賦予陽明思想新的時代意涵，故藉由梨洲對四句教的創造詮釋可見出梨洲對陽明的承繼及開創處所在。

　　對於四句教的創造詮釋，梨洲採取的方式是由批判而到重建，而其批判並非純粹就哲學論點進行反省，而是將哲學義理與整個存在情境關聯起來，意即整體檢討四句教對於當時王門及當時學術界產生的影響，而由易產生誤解處進行重建，可稱爲思想史式的思考法，由此可掌握四句教的存在與當時歷史社會之關聯，順此更進一步針對四句教內部義理進行重新詮釋，此屬於哲學反省的工作，如此方能對四句教有更深刻地掌握。

三、對四句教的理解與反思

正因梨洲對四句教的詮釋其採取的方式先是以思想史式的思考，故針對易誤解處提出相應的修正，例如針對所謂的無善無惡及有善有惡的意義重新詮解，而知善知惡的知也作了重新說明，其目的是針對四句教容易為人誤解處進行釐清工作，使人更精確掌握陽明宗旨。梨洲言道：

〈天泉問答〉：「無善無惡者心之體，有善有惡者意之動，知善知惡是良知，為善去惡是格物。」今之解者曰：「心體無善無惡是性，由是而發之為有善有惡之意，由是而有分別其善惡之知，由是不有為善去惡之格物。」層層至內而之外，一切皆是粗機，則良知已落後著，非不慮之本然，⋯⋯其實無善無惡者，無善念惡念耳，非謂性無善惡也。下句意之有善有惡，亦是有善念惡念耳，兩句只完得動靜二字。⋯⋯所謂知善知惡者，非意動於善惡，從而分別之為知，知亦只是誠意中之好惡，好必於善，惡必於惡，孰是孰非而不容已者，虛靈不昧之性體也。為善去惡只是率性而行，自然無善惡之夾雜。〔註16〕

既明梨洲以思想史的方式進行理解後，進一步針對此現象進行深刻地哲學詮釋。首先就無善無惡心之體言，梨洲認為此句所以導致最多爭議，主要是將無善無惡理解為心體無所謂善的價值、惡的價值，即本體無所謂性善、性惡之別，若此則與自孟子傳統的性善說相違背，遂產生爭論，故梨洲反對此種理解，認為性理只能以至善或善形容之。其理由在於理的價值是絕對至善的，不可言其無所謂善無所謂惡，如此一切相對價值將無法依性理而產生。因此梨洲對於無善無惡詮釋成心體在寂然的狀態下是無善的念識或惡的念識產生，如此與陽明所言：「無善無惡理之靜」的論點可相配合。梨洲言道：

陽明言：「無善無惡理之靜，有善有惡氣之動。」蓋言靜為無善無惡，不言理為無善無惡，理即善也。猶程子言：「人生而靜已上不容說」，周子：「太極而加之無極」耳。獨〈天泉證道紀〉有「無善無惡心之體，有善有惡意之動」之語。夫心之體即理也，心體無間於動靜，若心體無善無惡，則理是無善無惡，陽明不當但指其靜時言之矣。釋氏言無善無惡正言無理也，善惡之名從理而立耳。既已有

〔註16〕〔清〕黃宗羲：〈姚江學案〉，《明儒學案（上）》，卷10，頁197-198。

理，惡得言無善無惡乎？〔註17〕

梨洲認為陽明所言的無善無惡並非意指心體既無善的價值亦無惡的價值，如此則與法說明人性之價值。因此認為陽明所謂無善無惡是就心寂然未發的狀態而言，此時是無相對相的超越狀態，但心體無間於動靜，心之動則有所謂善惡之判，如此言無善無惡只強調心體之寂然狀態，是將心區分動靜矣，故梨洲認為陽明所言的無善無惡是就理（心）「寂靜」的狀態而說的，並非指理無善價值及惡價值，而事實上理是絕對至善的，因梨洲認為理是心氣之條理處，此條理是有道德意義的，是絕對至善的，而以此名為性〔註18〕。若此，性既無善的價值，何須於心外另標舉性之名號，直接以心總名之即可。但此處產生另一問題，四句教以無善無惡來說明心體，而陽明所言的無善無惡又是就心（理）寂然的狀態而說，如此無善無惡心之體便是指心體在寂然未發的狀態下是超越相對善惡而呈現絕對價值，但心體本身是動靜無間的，如此不就是將心體只限定在寂然的狀態方論其價值，但心發用時的價值又如何認定？因此梨洲認為既然心即理，理是至善的，因此心必然也是至善的，因理是由心的活動中彰顯的，故不能將無善無惡之心之體理解為心體既非善亦非惡，心體應是絕對至善的。既然無善無惡非價值義，則應當如何相應理解，梨洲言道：

> 陽明每言：「至善是心之本體。」又曰：「至善只是盡乎天理之極，而無一毫人欲之私。」又曰：「良知即天理」其言天理二字，不一而足，乃復以性為無善無不善，自墮其說乎？是故心無善念、無惡念，而不昧善惡之知，未嘗不在此至善也。〔註19〕

〔註17〕〔清〕黃宗羲：〈粵閩王門學案・行人薛中離先生侃〉，《明儒學案（上）》，卷30，頁766。

〔註18〕梨洲言道：「人稟是氣以生，心即氣之靈處。……心體流行，其流行而有條理者即性也。……性不可見，見之於心，心即氣也。」〔清〕黃宗羲：〈浩然章〉，《孟子師說》，卷2，頁60。

〔註19〕梨洲言道：「夫心體流行不息，靜而動，動而靜。未發靜也，已發動也：發上用功固為徇動，未發用功亦為徇靜，皆陷於一偏，而《中庸》以大本歸之未發者，蓋心體即天體也，周天三百六十五度四分度之一，而其中為天樞，天無一息不運，至其樞紐處實萬古常止，要不可不歸之靜。故心之主宰雖不可以動靜言，而惟靜乃能存之。此濂溪以主靜立人極，龜山門下以體夫喜怒哀樂未發前氣象為相傳口訣也。……蓋心體原是流行，而流行不失其則者，則終古如斯，乃所謂靜也、寂也，儒者存養之力歸於此，始不同夫釋氏耳。」〔清〕黃宗羲：〈江右王門二・貞襄轟雙江先生豹〉，《明儒學案（上）》，卷17，頁

梨洲提出無善無惡是念識之形容詞，說明心體寂然虛明，境識俱泯的狀態。其將此境識俱泯的狀態視為一切心之發用的根源處，是靜而動，動而靜的，是超越相對動靜及善惡價值的。因其為一切相對相之樞機，所以超越存有，如此方有無限開展的可能，才能進行無盡的創造。因此一切念識之起均源於此境識俱泯，空虛靜寂的狀態，亦即梨洲所謂「當其（心）藏體於寂之時，獨知湛然而已」〔註20〕，而此靜寂湛然之正是念識興起之根源。

對於梨洲將無善無惡詮釋為境識俱泯的存在狀態，與陽明當初的原意是否有背離？對此將直接就陽明文獻中見出陽明如何使用此概念。陽明認為：「心體是天命之性，原是無善無惡的，但人有留心，意念上見有善惡在。」〔註21〕又言：

> 侃曰：「然則無善無惡乎？」陽明曰：「無善無惡者，理之靜；有善有惡者，氣之動。不動於氣即無善無惡，是謂至善。」曰：「佛氏亦無善無惡，何以異？」曰：「佛氏著在無善無惡上，便一切都不管，不可以治天下。聖人無善無惡，只是無有作好，無有作惡，不動於氣。然遵王之道，會有其極，便自一循天理，便有個裁成輔相。」……曰：「不作好惡，非是全無好惡，卻是無知覺的人。謂之不作者，只是好惡一循於理，不去又著一分意思，如此即是不曾好惡般。」〔註22〕

就陽明之用意而言，善惡應是指價值義而言，所謂的無善無惡應偏向善惡未分的理解，因陽明將心體與意念相對舉言心體是無善無惡的，而意念則有善惡之分，無與有相對舉，但此處所謂的無是有的更上層概念，應是就渾然未分的意義而言。且陽明於第二段文字進一步解釋認為無善無惡是「無有作好，無有作惡，不動於氣」因此無是無執定之義，意即無執定於善惡之別，只是順天理之自然無有執著。陽明所言的無善無惡是強調虛無義非實有義，一言虛無則心只是覺照，是自然流行，任何執著造作均會妨礙心自然發用。

427-428。梨洲言道：「聖人以靜之一字，反本歸原，蓋造化人事皆以收斂為主，發散是不得已事，非以收斂為靜，發故為動也。一斂一發自是造化流行不息之氣機，而必有所以樞紐乎是，運旋乎是，是則所謂靜也。」〔清〕黃宗羲：《宋元學案·太極圖講義》，《黃宗羲全集（三）》，頁606。
〔註20〕〔清〕黃宗羲：《泰州學案五·尚寶周海門先生汝登》，《明儒學案（下）》，卷36，頁113。
〔註21〕〔明〕王陽明：《傳習錄》下，頁257。
〔註22〕〔明〕王陽明：《傳習錄》上，頁76。

　　若就陽明本身對無善無惡的理解，與梨洲所理解的無善無惡有明顯差異，陽明側重虛無義，強調心的無執性，是善惡渾然的狀態此是善惡既分前的存有狀態；而梨洲側重實有義，強調一言善惡必是就善惡既分的狀態而言，故反對以無說明善惡，只能理解爲心體寂然狀態下善惡念識未起的狀態。但若不就無善無惡的概念處思考，轉向對心體的思考，陽明的良知是側重至善義的，此至善是就實有義言，陽明言道：「孟子之是非之心，知也，是非之心人皆有之，即所謂良知也。」〔註23〕所謂的是非之心即是就良知本具道德實理處言，即心的實有義，而此正爲梨洲所強調處，故梨洲在理解心體的價值義時便是承繼此實有義言，而對於以無來理解善惡價值是不以爲然的。因此陽明學本身對於良知有兩種向度的詮釋，一是實有義的理解角度，即將良知理解爲絕對至善義是有善無惡的，一是虛無義的理解角度，以更高一層「無」的境界來解消人對善價值的執定，此是兩種不同層次的存有觀點。而梨洲對於陽明所言的良知是以實有層次來理解，但對於虛無層次則放入對心靜寂的狀態說明其無限性，無執性，意即以實有性來涵蓋心之已發、未發，但虛與義只落在心未發寂然的狀態下言。就此而言雖然在細部與陽明原旨稍有出入，但整體而言是合於陽明宗旨的。

　　至於另一爭議點「有善有惡意之動」，此處之關鍵點在「意」字上，梨洲與陽明對意之界定有所出入，陽明所謂的意是指心體之活動義，因心體本身的虛靈明覺一遇物便有所感應，遂產生所謂的意念。因此陽明認爲意根源於知，而意必有對象，物便爲意之用。陽明言道：

　　　　其虛靈明覺之良知應感而動者謂之意，有知而後有意，無知則無意矣，知非意之體乎？意之所用必有其物，……物非意之用乎？

〔註24〕

因此意之產生，乃心體感應於外物而產生的心理活動，其表現往往會受外物所限制，故意之價值分判可分爲兩方面予以認定：其一，由根源義認定，因意念是心體之作用，心體是至善的，意亦應是至善的，此部分則表現在龍溪「意即是無善無惡之意」，龍溪將意視爲心體的自然流行發用；因其自然所以無執，無執故無善無惡〔註25〕，龍溪是由工夫言本體，因此認爲心是無善無

〔註23〕〔明〕王陽明：〈與陸元靜〉，《王陽明全集》（臺北：河洛圖書出版社，1978年），卷5，頁26。

〔註24〕〔明〕王陽明：〈答顧東橋書〉，《傳習錄》，頁116-117。

〔註25〕龍溪言道：「天命之性粹然至善，神感神應，其機自不容已，無善可名，惡固

惡而意亦是無善無惡的，此由根源處認定是基於工夫上而論的，並非先驗認知義的肯定。其二，由現實發用義言，因意念之產生，往拄受物氣及感應之對象之限制，無法保證心體必能充分發用，因此會有善的傾向與惡的傾向，此部分則是四句教所展現之意義，故四句教就意之發用面言其呈現之現象其價值是有善有惡的。梨洲所言理解的意承蕺山而來，指心體靜寂隱微的部分，與陽明主張意為心之發不同，即所謂「歸顯於密」。何以會由外發的意念轉為內在的善的意向性？主要是鑑於陽明後學不斷向本體外作工夫，而落於支離，故將心之發即在外發的意向內收攝而成為吾心的根源主宰。既然陽明、梨洲所指之意已有外發性、內向性之別，自然理解上便有歧異，因此有善有惡便不再是心之發所產生結果之價值判斷，而成為內在意體之發用，亦可名為心體之發用，因其活動必然會關聯著事物而有所感應，自然有善與不善的念頭產生。由此可見出梨洲對於意的理解雖然將外發性的意念轉向內在善的意向性，但並不將此內在意向性僅限於隱微處，而仍認定其必須發用，而發用必關聯著外在物象，並不採取龍溪的根源義的認定方式，只不過將陽明所言的意（心之發）使其與本體更密切關聯，而提升至本體層次，至於因感應而產生的作用則歸屬於念識。而此處即為蕺山、梨洲對陽明所言的意的創造性詮釋處。

梨洲對於有善有惡意之動若將有善有惡理解為價值義則是以念為意〔註26〕，在其系統中意是本體義，是至善的，而念識方有所謂有善有惡之區分，故梨洲對有善有惡的善急並不就價值義言，而理解為意之發有所謂的善念識與惡念識，是就意的發用狀態而言。

此段文句與上句，依梨洲之詮釋觀點是相關聯的，上句是就心體寂然之狀態言（寂體）此即性體或意體之同義詞，因其正處超越義靜寂狀態，自然無所發用，遂無念識之產生，故梨洲稱無善念惡念耳；至於下句則因意體主宰氣心產生活動，自然有念識出現，而念識本身是有善與惡之可能傾

本無，善亦不可得而有也。是謂無善無惡，若有善有惡，則意動於物非自然流行，著於有矣。自性流行者，動而無動，著於有者，動而動也，意是心之所發，若是有善有惡之意，則知與物一齊皆有心，亦不可謂之無矣。」〔明〕王畿：〈天泉證道紀〉，《王龍溪語錄》（臺北：廣文書局，1968 年），卷 1，頁 1-2。龍溪所言的意是強調心性自然流行，無所執定，故能動而不動也。

〔註26〕梨洲言道：「有善有惡之意，以念為意也。」〔清〕黃宗羲：〈東林學案一·端文顧涇陽先生憲成〉，《明儒學案（下）》，卷 58，頁 733。

向，故梨洲稱有善念惡念耳。此即梨洲所言此二句只完得動靜之意。梨洲
言道：

> 其實無善無惡者，無善念惡念耳。非謂性有善惡也。下句意之有善
> 有惡也，亦是有善念惡念耳，兩句只完得動靜二字。〔註27〕

依梨洲對此段文句之理解可發現梨洲希望將工夫落在最根本的本心上，而不
欲落在支離的吾心發用產生的紛雜念識上〔註28〕。如此方能使工夫集中在
常保主體之清明使其充分作主，以此來克制念識之雜。若能就本體作工夫，
便是最簡易直截，人人可為的修持之道。關於梨洲對此之詮釋，其優點在
於免去理論上的誤解，使人誤認良知之作用便是就心發用所產生的各種意
念進行分判，似乎將意念作為良知分析的對象，如此則將良知只落入能所
對立，即梨洲所批判的「見在知覺」〔註29〕，若將判斷力與道德實踐力截
然區分，即非所謂的「真知」，真知必然是道德判斷力關聯著道德實踐而言
的。另外，在工夫指點上梨洲亦提供一簡易法門，所以簡易乃相對就對治對
象的難易度而言，因其只在意根上作工夫而不考慮人紛雜之欲念，可免支離
之弊。

　　至於「知善知惡是良知」，陽明所言的良知即是本心，良知能自由的行道
德判斷，以此作為決斷行為之依據。此知非知識論上認知義的知，而是倫理
學上的道德判斷力，相當於康德所言「意志之自我立法」。此道德判斷力是人
人天生本有的，是心所以為心的存在之理，在適當情境中便能自然發用，是
不假外求的〔註30〕。在陽明系統中此道德判斷力同時兼具道德實踐力，因此
除了作價值分判外仍具極強之實踐動力，故陽明所言的良知是「知行一體」
的，在行判斷的同時便具備了實踐之動力。陽明言道：

〔註27〕〔清〕黃宗羲：〈姚江學案〉，《明儒學案（上）》，卷10，頁198。

〔註28〕梨洲言道：「陽明以致良知教為宗旨，門人漸失其傳，總以未發之中認作已發
之和，故工夫只在致知上，甚之而輕浮淺露，待其善惡之形而為克治之事，
已不勝其艱難雜揉矣。故雙江、念菴以歸寂救之，自是延平一路上人。」〔清〕
黃宗羲：〈江右王門學案四・郎中陳明水先生九川〉，《明儒學案（上）》，卷19，
頁528。

〔註29〕見在知覺一詞見於〔清〕黃宗羲：〈浙中王門學案一・員外錢緒山先生德洪〉，
《明儒學案（上）》，卷11，頁254。梨洲云：「是兩先生（龍溪、緒山）俱以
見在知覺而言。」

〔註30〕陽明言道：「知是心之本體，心自然會知，見父自然知孝，見兄自然知弟，見
孺子入井自然知惻隱，此便是良知不假外求。」〔明〕王陽明：《傳習錄》上，
頁16。

> 知如何爲溫清之節，知如何爲奉養之宜者，所謂知也，而未可謂之
> 致知；必致其知如何爲溫清之節者之知，而實以之溫清；致其知如
> 何爲奉養之宜者之知，而實以之奉養，然後謂之致知。〔註31〕

梨洲對此句之詮釋，明確區分此知善知惡的知非認知義的知，而是道德上的
判斷能力，其進一步強調此道德刊斷力之作用並非就念識之發只在念識上分
判善惡，因梨洲認爲只由發處認取容易爲紛雜的欲念牽動，因此應將此判斷
力視爲念識未起之前即存在的能力，此能力是歸屬於心（意）虛靈之體的，
是無分與已發未發能隨時作用的。梨洲言道：

> 所謂知善知惡者，非意動於善惡，從而分別之爲知，知亦只是誠意
> 中之好惡，好必於善惡必於惡，孰是孰非而不容已者，處靈不昧之
> 性體也。〔註32〕

> 然陽明點出知善知惡原不從發處言，第明知善知惡爲自然之本體，
> 故又曰：「良知爲未發之中」若向發時認取，則善惡雜揉，終是不能
> 清楚。〔註33〕

正因心（意）具有此道德判斷力，故能作爲感官形軀之主宰，而此亦是心氣
所展現的條理處，故名之爲性。此道德分判力是人人生而本有的，是合於天
理的心理活動，正因合於天理故言性是善的，因此梨洲認爲此正是陽明於知
上加一良字的緣故〔註34〕。梨河亦承繼陽明肯定此知亦具實踐動力，可由爲
善去惡一句展現此義，即知善知惡與爲善去惡的作用是同時產生的。

關於知善知惡是良知，梨洲對此詮釋作了三點強調，一是此知善知惡之
知是良知道德判斷的能力，並非能所對立的認知力；二是此判斷力之作用是
無分已發未發，是隨時作用的，即使念識未起，此道德判斷力仍是存在的，
而非只就念識之起方進行分判，如此則判斷力易爲紛雜之欲念所還；三是此
道德判斷力須加入道德實踐力這個充要條件，否則良知之意義便不充全，因
此良知同時具備道德判斷力、道德實踐力，成爲人行爲之主宰。

〔註31〕 〔明〕王陽明：〈答顧東橋書〉，《傳習錄》上，頁 16。
〔註32〕 〔清〕黃宗羲：〈姚江學案〉，《明儒學案（上）》，卷 10，頁 198。
〔註33〕 〔清〕黃宗羲：〈浙中王門學案四‧尚書顧若溪先生應祥〉，《明儒學案（上）》，
　　　　卷 14，頁 338。
〔註34〕 梨洲言道：「爲知好善惡，天命自然，炯然不昧者，知也，即性也。陽明於此
　　　　加一良字，正言性善也。」〔清〕黃宗羲：〈東林學案一‧端文顧涇陽先生憲
　　　　成〉，《明儒學案（下）》，卷 58，頁 733。

四、小　結

　　梨洲對陽明四句教的態度由原先的質疑，到後來的批判的繼承及進一步的創造的開展，其間有極複雜的思想演變過程，前期的質疑深受其師的影響，蕺山不僅不相信四句教的真實性，甚至竄改文字，然蕺山對四句教的理解只停留於此，而梨洲卻進一步就四句教本身義理進行詮釋，以陽明致良知教作為立論基礎，先對陽明致良知教進行詮釋，一方面繼承了陽明的良知及知行一體的觀點，同時進一步創造詮釋強調於實踐中體證本體的實有創生義，而開展出「實踐存有學」，將陽明由本體處言工夫的思考轉向以工夫體證本體的思考路數，而其貢獻在於使逐漸被虛懸化的王學能重新落實於吾人具體生命及整個生活世界中。

　　基本上四句教因其文字過簡，詮釋的空間極廣，也正因如此造成的爭議極多，若只就此四段文字而不配合陽明致良知教的說法，則不易掌握其中之宗旨所在。梨洲面對此眾說紛紜的學術情境，遂意識重新理解、詮釋四句教的重要，而其詮釋方式並非直接就四句教進行純粹哲學思考，而是先將四句教放入思想史脈絡中進行反省，將容易被誤解處進行檢證，進而深入四句教進行哲學詮釋，以陽明致良知為詮釋基點，加上其本身的哲學思考，而對四句教進行全盤的詮釋。對照緒山對四句教的理解，梨洲無疑於「批判繼承」了部分觀點，但卻也大部分創造詮釋了緒山的觀點。關於繼承的部分主要是延續緒山所肯定的良知的實有性〔註35〕，但創造的部分主要是將意由外向性向內收攝，將良知的知進一步與實踐緊密結合，同時工夫下手處由對治外向意念轉向由根源的心上對治。因此吾人可以如此斷言，經由梨洲的詮釋賦予了由緒山所傳承的四句教新的時代生命，當然任何被詮釋對象都是獨立開放的系統，人人均可經由詮釋與之聯結，使「現在──傳統」有所銜接，甚至「詮釋者──詮釋者」間亦產生「對話」的互動，在此自由開放的空間是容許不同觀點的人參與思考，如此方能使傳統不只是傳統，更可經由詮釋作用注入新的時代生命。而吾人在思考梨洲詮釋的四句教時亦可以此態度視之，

〔註35〕緒山言道：「聖人於紛雜交錯之中，而指其不動之真體，良知是也，是知也，雖萬感紛紜而是非不昧，雖眾欲交錯而清明在躬，至變而無方，至神而無跡者，良知之體也。」〔清〕黃宗羲：〈浙中王門一・員外錢緒山先生德洪〉，〈會語〉，《明儒學案（上）》，卷11，頁257。此處可見出緒山亦強調良知之體的虛無義，但其仍肯定不變的真體，能分辨是非，此即良知的實有義，故緒山於良知的虛寂之體中仍肯定有道德義理的存在，但此存在是無所執定的。

而非只是檢證是否其觀點一一與陽明符應，而可試著發覺其間的承繼及創造性所在，而此是須配合著歷史情境整體思考方能見出此觀點是在各種情境下衝激而得的，並非只是純粹出於學問思考的動機，由此而見出其所代表的深刻意義。

第三節　對龍溪思想的理解與批判——重虛寂本體輕道德實踐的龍溪學

　　龍溪與緒山爲浙中王門之主將，梨洲在《明儒學案》中對二人思想頗不贊同，尤以龍溪爲最〔註36〕，本節將針對梨洲對龍溪之理解及批判進行析解，期能瞭解梨洲以何種觀點作爲評斷標準，並對其標準進行深刻檢證，以判定梨洲之批判是否諦當。牟宗三認爲梨洲對龍溪未能充分理解，而認定龍溪落於禪老，關鍵在於對禪與非禪之界線劃分不清之故〔註37〕。牟氏的批判基本上是站在龍溪的觀點檢證梨洲對龍溪的理解，此詮釋向度之優點在於可直接以龍溪的觀點去檢證各種評斷說法，但其限制在於容易忽略評斷者的批評立場。爲彌補此不足，本文試著針對梨洲的立場進行反省，以見出造成梨洲對龍溪學不相應之關鍵所在，亦可藉此進一步理解龍溪與梨洲對陽明學的詮釋是否有所出入，如此方可針對梨洲對龍溪批判事件的表象中，見出其背後的哲學意涵。

一、以思想史觀點批判龍溪援釋入儒

　　關於梨洲對龍溪之理解與批判，此處將先由思想史的面向切入，以見出

〔註36〕梨洲言道：「龍溪竟入於禪。」又言：「龍溪懸崖撒手非師門宗旨所可繫縛。」〔清〕黃宗羲：〈浙中王門一·員外錢緒山先生德洪〉，《明儒學案（上）》，卷11，頁254。梨洲言道：「陽明先生之學，有泰州、龍溪而風行天下，亦因泰州、龍溪而漸失其傳。泰州、龍溪時時不滿其師說，益啓瞿曇之秘而歸之師，蓋躋陽明而爲禪矣。」〔清〕黃宗羲：〈泰州學案〉，《明儒學案》，卷32，頁820。由梨洲此數段文字見出，其不滿處在於龍溪援釋入儒，使王學雜入禪老，致使宗旨反晦不明矣。

〔註37〕牟宗三云：「黃宗羲於《明儒學案》，卷12論王龍溪處有云：『先生親承陽明末命，其微言往往而在。』又云：『先生疏河導源，于文成之學，固多所發明也。』此亦是實情，但說他的四無『是不得不近于禪』，『于儒者之矩矱未免有出入』，則非是。蓋黃梨洲于禪非禪之關鍵並未弄清楚也。」牟宗三：《從陸象山到劉蕺山》，頁282。

梨洲對龍溪詮譯的初步進路，基本上梨洲對龍溪的理解是將龍溪學放入整個歷史文化發展脈絡中見出其影響，因此梨洲並不將龍溪學單獨抽離進行哲學反省，而是將龍溪放入歷史脈絡中進行思考的。首先藉由牟氏之一段文字可見出問題的幾微線索。牟氏言道：

> 吾觀〈致知議辯〉，見雙方往復論難，龍溪一本于師門而頭頭是道，雙江則記聞雜博，其引語發義皆不本于陽明，縱有所當，亦非陽明之學，故處處睽隔，總覺不通，固不契於龍溪。實亦乖于陽明也。黃宗羲之斷語顯然非是。其如此說，亦或因激矯而然，然要不可因激矯時弊而有背于陽明。〔註38〕

牟氏對梨洲之立場提出一個可能的解釋——急切地想矯正時代弊端，而對龍溪進行批判，卻對於雙江予以肯定。對於江右的認定此處暫且不論，留待下節，此處所要思考的是：牟氏所提出的激矯時弊所蘊涵的意義，順此句話此可導引出梨洲的歷史角度，梨洲對龍溪的批判並不只落在龍溪提出了什麼主張，而是將龍溪與其思想所造成的影響關聯起來，而此影響是放入時間的綿延性中進行總體性思考，而加以衡定其價值。對龍溪所處的時代情境，梨洲點出當時的基源問題走——儒釋之辨，而認為王學的地位便在於保存了儒學義理的純粹性〔註39〕，而此亦象徵了文化傳統（孔孟精神）的維繫。基於此，梨洲對於龍溪混同儒釋之作法不以為然，故梨洲言道：

> 陽明先生之學，有泰州、龍溪而風行天下，亦因泰州、龍溪而漸失其傳。泰州、龍溪時時不滿其師說，益啟瞿曇之秘而歸之師，蓋躋陽明而為禪矣。〔註40〕

由此見出梨洲認為龍溪對陽明學之貢獻在於使陽明學得以推廣，但其負面影響在於使陽明學轉入於禪理，而此正是梨洲對龍溪批評之癥結處。對於此說法，梨洲之依據為何？以下將進一步針對梨洲的論點進行理解。

〔註38〕　牟宗三：《從陸象山到劉蕺山》，頁305。
〔註39〕　梨洲言道：「而或者以釋氏本心之說，頗近於心學，不知儒釋界線只一理字。釋氏於天地萬物之理，一切置之度外，更不復講，而只守此明覺；世儒則不恃此明覺，而求理於天地萬物之間，所為絕異。然其歸理於天地萬物，歸明覺於吾心，則一也。……先生點出心之所以為心，不在明覺而在天理，金鏡已墜而復收，遂使儒釋疆界渺若山河，此有目者所共睹也。」〔清〕黃宗羲：〈姚江學案‧文成王陽明先生守仁〉，《明儒學案（上）》，卷10，頁202。此處梨洲所言儒理、釋理之區隔便是筆者所謂的保持儒學義理的純粹性。
〔註40〕　〔清〕黃宗羲：〈泰州學案一〉，《明儒學案（上）》，卷32，頁820。

二、對龍溪四無教的質疑

梨洲對龍溪學的理解認為龍溪所強調的是正心，而由心的無善無惡論及意的無善無惡，反對四句教由意上立根，因龍溪認為由意立根，意本身有善惡之夾雜，容易干擾心之清明，對此說法，梨洲不以為然。梨洲言道：

> 以正心為先天之學，誠意為後天之學。從心上立根，無善無惡之化即無善無惡之意，是先天統後天；從意上立根，不免有善惡兩端之抉擇。而心亦不能無雜，是後天復先天。此先生論學大節目，傳之海內而學者不能無疑。〔註41〕

因此龍溪強調先天統後天，反對復天復先天，故取消後天對治工夫，只順著無善無惡的心體自然發用。梨洲進一步對龍溪主張的「以先天統後天」及其反對的「以後天復先天」的理論進行反省。梨洲言道：

> 以四有論之，惟善是心所固有，故意知物之善從中而發，惡從外而來。若心體既無善惡，則意知物之惡固妄也，善亦妄也，工夫既妄，安得謂之復還其本體？斯言也，於陽明平日之言無所考見，獨先生言之耳。然先主他日答吳悟齋云：「至善無惡者心之體也，有善有惡者意之動也，知善知惡者良知也，為善去惡者格物也。」此其說已不能歸一矣。〔註42〕

梨洲認為四句教肯定心所本具至善，而惡是外緣非吾心天生本然，因此只須強調心的至善義即可，但龍溪認為心是無善無惡，認為心既不是善的也不是惡的。同時，龍溪更由心的無善無惡進一步說明意知物亦是無善無惡的，既然心意知物均是無善無惡則無須工夫對治，而亦無所謂以工夫復還本體的說法，梨洲認為此說法未見於陽明。且梨洲更引龍溪的一段文字說明龍溪亦肯定四句教之論點，而以此認為龍溪觀點本身有不一致性。由梨洲的評論中可見出：梨洲認為龍溪的四無教並不合於陽明原旨，且本身義理已出現歧異性，梨洲的用意在於說明龍溪思想本身是有疑問的。針對龍溪的正心之學，梨洲

〔註41〕 龍溪言道：「心、意、知、物只是一事，……蓋無心之心則藏密，無意之意則應圓，無知之知則體寂，無物之物則用神。天命之性粹然至善，神感神應，其機自不容已無善可名，惡固本無，善亦不可得而有也，是謂無善無惡。若有善有惡則意動於物，非自然流行，著於有矣。自性流行者，動而無動；著於有者，動而動也。意是心之所發，若是有善有惡之意，則知與物一齊皆有心，亦不可謂之無矣。」〔明〕王畿：〈天泉證道紀〉，《王龍溪語錄》，頁1。

〔註42〕 〔清〕黃宗羲：〈浙中王門二・郎中王龍溪先生畿〉，《明儒學案（上）》，卷12，頁269。

進一步反省：

> 以四無論之，《大學》正心之功從誠意入手，今曰從心上立根，是可
> 以無事乎意矣！而意上立根爲中下人而設，將《大學》有此兩樣工
> 夫歟？抑只爲中下人立教乎？〔註43〕

梨洲提出《大學》之說法以對顯龍溪論點的限制性，彼認爲《大學》先言誠
意再言正心，此表示正心應以誠意爲本，但龍溪卻反對誠意工夫，甚至認爲
此是中下資質之人的工夫，此說法在梨洲看來分明是將《大學》所言的誠意、
正心之功區分爲中下根器及上根之人兩樣不同功法，梨洲認爲此明顯背離《大
學》宗旨。事實上由此說法可明顯見出龍溪與梨洲對誠意、正心工夫的理解
是有歧異的，甚至可歸結爲彼此對心與意概念的界定已有差異所致。因此將
就梨洲對龍溪的批判中簡別其中的問題所在。

　　由梨洲對龍溪四無教及對龍溪批評四句教的觀點來看，可發現兩項問題
關鍵，其一是梨洲與龍溪對「無善無惡」之詮釋，其二梨洲與龍溪對誠意、
正心之詮釋，此又可深入反省龍溪與梨洲對心與意概念之界定爲何。此處將
先針對龍溪與梨洲對此些概念語詞之界定爲何，如此方能進一步在相同的語
言使用基礎上反省彼此哲學觀點的差異。

三、對龍溪無善無惡說之批判

　　首先分別就龍溪與梨洲對「無善無惡」一詞的詮釋進行說明，關於龍溪
所言的：「無心之心則藏密，無意之意則應圓，無知之知則體寂，無物之物則
用神。」的觀點〔註44〕，牟宗三認爲龍溪的無是「工夫作用無執著義」的無，
並非存有義的無，意知物雖是感性層的實有，但卻可經有理性層睿智的心體
本身之超越作用使意知物皆呈現純粹本然相，無所謂善惡之分歧〔註45〕。基
本上牟氏對龍溪的詮釋是建構在康德智的直覺系統中，牟氏以中國儒道釋的
觀點將康德智的直覺能力由上帝處歸屬吾心，認爲人能認識現象即能體悟現
象根源的物自身。此觀點仍是基於主客對列的觀點下思考的，將現象與物自
身統視爲吾心識取的對象，因此若順著此架構進行思考自然將龍溪所言的無

〔註43〕　〔清〕黃宗羲：〈浙中王門二・郎中王龍溪先生畿〉，《明儒學案（上）》，卷12，
　　　　　頁269。
〔註44〕　〔清〕黃宗羲：〈浙中王門二・郎中王龍溪先生畿〉，《明儒學案（上）》，卷12，
　　　　　頁270。
〔註45〕　牟宗三：《從陸象山到劉蕺山》，頁266-274。

理解爲作用義，而不可能爲存有義的無，若是存有義的無即不可能爲吾人所認識。故龍溪所言意知物的無善無惡便自然理解爲意知物本身自如其如的展現其自己，即意知物並非呈現空如相，而是眞實的呈現其自己。當然牟氏詮釋龍溪的說法是可以成立的，但總覺不足，關鍵在於龍溪所言的無足否只是作用義的無，是否亦包含存有義的無，此處將依存有的方面去理解龍溪所言無的涵意。

就龍溪所言的無，據筆者的考察除了牟氏所點出工夫上作用義的無執外，亦涵蓋了存有層面本體的虛與義，但所謂本體的虛無義須透過工夫實踐去證成的，故龍溪所言的「無」須包含此二面相方可謂充全。此處先就龍溪由實踐歷程中所肯認的本體之虛無義進行探討，所謂的虛是強調無限義，無任何特定內容，只是一虛寂之體，正因其無限，故能不斷地創生；所謂的無是指無造作義，順任其本然而作用，無任何造作的思慮於其間主導。龍溪言道：

> 夫乾其靜也，專其動也，直是以大生焉；夫坤其靜也，翕其動也，闢以是廣生焉，便是吾儒說虛的精髓；無思也，無爲也，寂然不動，感而遂通天下之故，便是吾儒說無的精髓。……無思無爲是非不思不爲，念慮酬酢，變化云爲，爲鑑之照物，我無容心焉。是故終日思而未嘗有所思也，終日爲而未嘗有所爲也。無思無爲故其心常寂，常寂故常感，無動無靜，無前無後。……先師提出良知二字範圍三教之宗，即性即命，即寂即感，至虛而實，至無而有，千聖至此逞不得一些精采。〔註46〕

此段文字包含了許多重要觀點：其一，龍溪認爲儒家自《易經》傳統便有所謂虛無的概念，此是存有學之最高境界；其二，龍漢認爲陽明的良知可以涵蓋佛老義理，此爲三教共通之義理。其三，所謂的良知是無思無爲，常寂常感，無動無靜，無前無後的，意即良知是無造作，具有無限創生性。因此龍溪所理解的良知只是虛無之體，虛、無是實、有的更上層存有概念，而所謂的虛與動靜的概念是相關聯的，虛體經由動靜之作用進行無限的創化。對於龍溪所言的虛應是指動靜未分，境識俱泯的渾沌狀態，而所謂的動靜則是只境識俱起的狀態，龍溪嘗言道：「人生而靜是從混沌立根底。」〔註47〕此處所謂的混沌即是就境識俱泯，渾然未分的狀態而言。至於無則與創化關聯，強調此

〔註46〕 〔明〕王畿：〈東遊會語〉，《王龍溪語錄》，卷4，頁6。
〔註47〕 〔明〕王畿：〈水西精舍會語〉，《王龍溪語錄》，卷3，頁6。

創化是無執無為的進行，此創化方式非有一超越實體無形中操控主宰，而是使物自然地成其為自己。由此可見出龍溪對於陽明所言的良知，其理解側重良知本身的虛無面，強調良知並非一超越實體，而是虛寂的存有，能無限且自然無執地創化萬物，而此創化並非人格神意味的創化歷程，只是良知本身動靜變化自然之作用所致，使一切存有物能由虛至實，從無至有的創造。

　　對於所謂的無善無惡，龍溪對此之理解，其認為：善與惡是相對概念，而性本無善惡，無善無惡即是至善〔註48〕。此處所謂的至善，在龍溪系統有特別界定，龍溪言道：「至善者，心之本體也，性有所感，善惡始分。」〔註49〕由此可明確得知，龍溪所言的至善是就虛無層次言善惡未分的混沌狀態，因此至善是善的更根源概念，而善已屬於本體的感通作用後所產生的價值意識，此時已有所謂的價值分判。龍溪強調良知本身雖是境識俱泯，善惡未分的渾沌狀態，但知之能力卻無時不在，故能物來順應，自然起感知作用，而進行善惡價值的分判。故龍溪常以水與鏡比心，龍溪言道：「明鏡照物，鏡體本無黑白，而黑白自辨，乃照之用也。」〔註50〕此說明了心體雖是虛無混沌之狀態，但其本身的覺知能力是潛隱其中的，一觸及事物，便能自然發用，進行分判。由此可確知龍溪所言的無善無惡是指善惡未分，境識俱泯渾然虛無的狀態而言。

　　至於梨洲所詮釋的無善無惡，梨洲認為無善無惡是就無所謂善價值與惡價值而言，因此梨洲在詮釋四句教、四無句之時是將此理解為相對義的善惡概念，故對於「無」是落在與有的相對概念而言，以此認為言無善無惡背離陽明所言的至善義〔註51〕。梨洲所謂的至善即是善的同義詞，其認為心與理皆是有善無惡的，惡從外來，非心與理之本然。梨洲言道：

　　　陽明言：「無善無惡理之靜，有善有惡氣之動。」蓋言靜為無善無惡，

〔註48〕龍溪言道：「先師無善無惡之旨，善與惡對性本無善惡，亦不可得而名，無善無惡是為至善，非應其滯於一偏而混言之也。」〔明〕王畿：〈答中淮吳子論〉，《王龍溪語錄》，卷3，頁12。

〔註49〕〔明〕王畿：〈與陽和張子問答〉，《王龍溪語錄》，卷5，頁16。

〔註50〕〔明〕王畿：〈與存齋徐子問答〉，《王龍溪語錄》，卷6，頁13。

〔註51〕梨洲言道：「陽明每言：『至善是心之本體。』又曰：『至善只是盡乎天理之極，而無一毫人欲之私。』又曰：『良知即天理』其言天理二字，不一而足，乃復以性為無善無不善，自墮其說乎？是故心無善念、無惡念，而不昧善惡之知，未嘗不在此至善也。」〔清〕黃宗羲：〈東林學案·端文顧涇陽先生憲成〉，《明儒學案（下）》，卷58，頁733。

不言理爲無善無惡，理即善也。猶程子言：「人生而靜已上不容說」，周子：「太極而加之無極」耳。獨〈天泉證道紀〉有「無善無惡心之體，有善有惡意之動」之語。夫心之體即理也，心體無間於動靜，若心體無善無惡，則理是無善無惡，陽明不當但指其靜時言之矣。釋氏言無善無惡正言無理也，善惡之名從理而立耳，既已有理，惡得言無善無惡乎？〔註52〕

此處可見出，梨洲認爲理必然是善的，不可能既無善也無惡，因善惡之名是從理中彰顯的特質而命名的，意即無理即無所謂善惡之分。至於無善無惡應是就理或心寂然的狀態而言，指境識俱泯，念識未起的狀態，故梨洲言道：「其實無善無惡者，無善念惡念耳，非謂性無善無惡也。」〔註53〕其將此境識俱泯的狀態視爲一切心之發用的根源處，是靜而動，動而靜的，是超越相對動靜及善惡價值的，因其爲一切相對相之樞機，所以超越存有，如此方有無限開展的可能，才能進行無盡的創造〔註54〕。因此一切念識之起均源於此境識俱泯，空虛靜寂的狀態，亦即梨洲所謂「當其（心）藏體於寂之時，獨知湛然而已」〔註55〕，而此靜寂湛然處正是念識興起之根源。

因此梨洲認爲無善無惡不可作爲形容理或心的價值義，因理或心是必然的善，故無善無惡只能形容理（心）寂然的本體狀態，而無善無惡是作爲念識之形容詞，說明此時是念識未起之狀態。此處可見出梨洲對於無善無惡中

〔註52〕〔清〕黃宗羲：〈粵閩王門學案·行人薛中離先生侃〉，《明儒學案（上）》，卷30，頁766。

〔註53〕〔清〕黃宗羲：〈姚江學案〉，《明儒學案（上）》，卷10，頁198。

〔註54〕梨洲言道：「夫心體流行不息，靜而動，動而靜。未發靜也，已發動也；發上用功固爲徇動，未發用功亦爲徇靜，皆陷於一偏，而《中庸》以大本歸之未發者，蓋心體即天體也，周天三百六十五度四分度之一，而其中爲天樞，天無一息不運，至其樞紐處實萬古常止，要不可不歸之靜。故心之主宰雖不可以動靜言，而惟靜乃能存之。此濂溪以主靜立人極，龜山門下以體夫喜怒哀樂未發前氣象爲相傳口訣也。……蓋心體原是流行，而流行不失其則者，則終古如斯，乃所謂靜也、寂也，儒者存養之力歸於此，始不同夫釋氏耳。」〔清〕黃宗羲：〈江右王門二·貞襄聶雙江先生豹〉，《明儒學案（上）》，卷17，頁427-428。梨洲又言：「聖人以靜之一字，反本歸原，蓋造化人事皆以收斂爲主，發散是不得已事，非以收斂爲靜，發散爲動也。一斂一發自是造化流行不息之氣機，而必有所以樞紐乎是，運旋乎是，是則所謂靜也。」〔清〕黃宗羲：《宋元學案·太極圖講義》，《黃宗羲全集（三）》，頁606。

〔註55〕〔清〕黃宗羲：〈泰州學案五·尚寶周海門先生汝登〉，《明儒學案（下）》，卷36，頁113。

善惡的理解是偏向實有義，是就可以爲吾人識取分判的價值，至於念識未起、善惡未分的狀態應是就本體層面的虛寂狀態而言。故梨洲認爲無善無惡是就本體層的存有狀態而言，若就價值義言則心與理均應是有善無惡的至善義。梨洲對於陽明的無善無惡有番說明，梨洲言道：

> 陽明先生無善無惡心之體，亦猶《中庸》言：「上天之載，無聲無臭。」恐人於形象上求之，非謂并其體而無之也。其曰：「老氏說虛，聖人豈能于虛上加得一毫實？佛氏說無，聖人豈能于無上加得一毫有？」言良知無有積魂可弄，非竟同老氏之虛，佛氏之無也。
> 〔註56〕

此處可見出梨洲認爲陽明所以言無善無惡是恐人執於有象，故以無的概念破之，但並不表示陽明認爲無是闕如不存在之義，即陽明並非言心體既不是善也不是惡，而是認爲良知的善並非實物可供執定，強調善是無形象可執的，但善的價值是實有的並非釋老所言的虛無。故梨洲認爲陽明的無善無惡是就善無形象可言，只是吾心內在的本然價值。

綜觀龍溪與梨洲對無善無惡心之體的詮釋，二人的差異處主要在於對善惡概念的界定的不同，龍溪強調無善無惡是善惡未分的渾然狀態，而梨洲強調善惡應是就價值義言，故梨洲反對以無善無惡言心（理），單就彼對龍溪無善無惡之理解、批判認爲龍溪否定善的價值，此是梨洲誤解了龍溪原意，對龍溪所言的無善無惡並與相應的理解。事實上梨洲批判龍溪而提出的修正，正是龍漢所主張的觀點，而所以造成誤解主要是對「無善無惡」的概念有不同的界定，梨洲對龍溪之批判只因不能同意龍溪以無善無惡來說明心體，且對於龍溪無善無惡所指涉之內容無深刻理解。而梨洲所以會採取此批判觀點主要關鍵在於鑑於「無善無惡」一詞容易造成誤解，且不易掌握，故積極批判此說法。

梨洲對陽明無善無惡的理解，若欲就價值義的善惡理解此段文字，所謂的無是「作用義」的無，並非存有義的無。對於龍溪所言善惡未分，境識俱泯的混沌狀態，梨洲亦是承認的，但梨洲不直接言心即是無善惡相的存在狀態，而是就心未發寂體而論，強調此是就心之靜而言。就龍溪與梨洲對心體虛寂渾然的描述，事實上均是就存有義言，強調心體本身的無限性，無執無爲義，所不同者龍溪只停留於心體的虛寂面，而梨洲進一步論及心的實有面，

〔註56〕〔清〕黃宗羲：〈與友人論學書〉，《黃梨洲文集》，頁 439。

強調心是實有的善，不論已發、未發此善是必然存在的，而龍溪只就心與物接時方強調善惡之起，而由此言實有的善，與梨洲雖言心的虛寂義，但卻強調寂體中具有實存之善是不同的。此差異性導出一問題，陽明所謂良知的至善是虛與義或實有義？即陽明如何思考有與無的問題。以下將引陽明的文獻辨析，以見出其歸趨。陽明言道：

> 儒家說到虛，聖入豈能虛上加得一毫實？佛家說無，聖人豈能無上加得一毫有？但仙家說虛從養生來，佛家說無從出離生死苦海來。卻于本體上加卻這些意思在，便不是他虛無的本色了，便于本體有障礙。聖人只是還他良知的本色，更不曾著些意思在。良知之處便是天之太虛，良知之無便是太虛之無形，日月風雷山川民物，凡有貌象形色，皆在太虛中發用流行，未嘗作得天的障礙，聖人只是順其良知之發用，天地萬物俱在我良知的發用流行中，何嘗又有一物超乎良知之外，能作得障礙？〔註57〕

陽明認為良知本身便是虛無的，因其虛故能容攝萬有，因其無故能不為物蔽，良知本身空無所有，亦無任何存有於良知之上作為超越的主宰，正因良知的虛無性，故能使天地萬物於良知中自然流行，此即良知本身的無限性及無執性，能物各付物，使物成就其自己。由此段文字可見出陽明的良知確有龍溪所詮釋的虛無義。陽明的嚴灘問答亦是陽明的一段重要文字，錢緒山記載道：

> 先生起征思田，德洪與汝中追送嚴灘，汝中指佛家實相、幻相之說，先生曰：「有心俱是實，無心俱是幻；無心俱是實，有心俱是幻。」汝中曰：「有心俱是實，無心俱是幻，是本體上說工夫；無心俱是實，有心俱是幻，是工夫上說本體。」先生然其言。洪于是時尚未了達，數年用功，始信本體工夫合一。〔註58〕

此段文字代表了陽明學兩種走向：其一，強調實有義，「有心俱是實，無心俱是幻」，認為良知本身具有實有創生性，而所謂的無心是幻是就人應自覺於工夫上使此道德實性充盡發用，若無此自覺的實踐即是所謂的幻，故龍溪言此教法是由本體上說工夫，意即由本體的實性肯定，進而強調工夫的完成。其二，強調虛無義，「與心俱是實，有心俱是幻」所謂的無心是指良知本身具無

〔註57〕 〔明〕王陽明：《傳習錄》下，頁231。
〔註58〕 〔明〕王陽明：《傳習錄》下，頁273-274。

限性，無執性，故能涵攝萬有，而有心是就工夫上有所執定而言，既然本體本身是虛無清明的，因此吾人於工夫實踐時只須順吾心之本然流行即可，一有執著念，反障蔽吾心之清明，故言有心是幻，故龍溪言此教法是由工夫說本體，此意味著本心的虛無性並非憑空想像而來，亦非認知得來，而是經由實踐歷程中體會而來，而由實踐中去體證此心的虛寂，而此亦是工夫實踐的自然目的。

對於陽明良知學實有義及虛無義的不同面相，此並非區分為兩種對立功法，而是一車之雙輪，須並行不悖的，故陽明於天泉證道事件中提醒龍溪與緒山認為二人應相資為用，意即良知學的實有層與虛無層須相輔相成，若偏廢一端便有不足。此處由梨洲對陽明良知學的詮釋可見出，梨洲可謂結合了對陽明良知實有義及虛寂義的詮釋，在本體層面，梨洲一方面強調良知本具道德實理，以保證人存在之價值；同時肯定良知本體的虛寂性，以保證良知的無限創生作用，若就存有層次論之，梨洲是能掌握陽明良知學的宗旨與精神的。

四、對龍溪工夫論重正心輕誠意之批判

關於龍溪有無工夫義的問題，梨洲認為龍溪所重在本體之發用，人只要順良知自然發用，無須任何人為執著，一執著工夫便使原本清明的良知本體有所滯礙，因此只須順著良知本體之發用，而發用中自能主宰，無須任何工夫造作，對此梨洲認為龍溪與禪老之學主張無執的觀點是一致不悖的。梨洲言道：

> 夫良知既為知覺之流行，不落方所，不可典要，一著工夫，則未免有礙虛無之體，是不得不近於禪；流行即是主宰，懸崖撒手，以心息相依為權法，是不得不近於老，雖云真性流行，自見天則，而於儒者之矩矱，未免有出入矣。〔註59〕

梨洲對龍溪工夫論的反省是「由本體而言工夫」的，其認為龍溪強調心體的無限無執性，既然心體是虛靈無染的，自然無須任何工夫對治，既然不言工夫只強調心性之自然流行，如此則與禪老不重工夫實踐的看法是一致的。其認為雖然龍溪強調心性流行與釋老相同，然不同出在於於流行中所見之對象

〔註59〕〔清〕黃宗羲：〈浙中王門學案二・郎中王龍溪先生畿〉，《明儒學案（上）》，卷12，頁270。

不同，釋老強調於流行中見空、無之理，但儒家強調於流行中見出天則，因此龍溪言「真性流行，自見天則」與釋老畢竟不同，然梨洲認為龍溪的限制關鍵在於忽略工夫實踐的重要性。

　　牟宗三氏對龍溪工夫論之理解認為龍溪四無教是強調由本體穩立，而無工夫對治，是頓悟教法。對此牟氏言道：

> 若從解說上說，前者（四有）是經驗的方式，後者（四無）是超越的方式。若從工夫上說，前者是從後天入手。對治的標準是先天的，此是漸教；後者是從先天入手，無所對治，此則必須頓悟，蓋無有可以容漸之處。依前者之方式作工夫，則致久純熟，私欲淨盡，亦可至四無之境，此即所謂即工夫便是本體。依後者之方式作工夫，則直悟本體，一悟全悟。良知本體一時頓現，其所感應之事與物亦一時全現，此即所謂圓頓之教，亦即所謂即本體便是工夫，而本體亦無本體相，工夫亦無工夫相，只是一於穆不已純亦不已也。〔註60〕

在牟氏的詮釋中四無只能作為當下直悟的功法，當下即本體即是工夫，全是生機自然流行。若依如此理解，則龍溪的四無只能視為與工夫的工夫，只順任本心自然流行，此方式應屬「化境型態」的即本體即工夫。在此「化境型態」方式的理解下，自然認為此是不足的，因此牟氏認為仍應配合漸教的工夫實踐，藉此頓悟之境界能得到持續保證，雖然吾人可經由頓悟當下完成，但畢竟只走暫時性的，故牟氏認為唯經由漸教歷程使吾人的心時時無物欲之雜，方容易實踐此悟境，故牟氏認為：

> 四句教雖是漸，亦含有頓之可能而可通於頓。因此王龍溪說四無，于陽明學中並非無本，而同時四句教亦可以說是徹上徹下的教法，是實踐之常則，因縱使上根人亦不能無對治，亦不能無世情嗜欲之雜，不過少而易化而已。因此四無乃是實踐對治所至之化境，似不可作一客觀之教法。〔註61〕

此意味著牟氏認為四句教方是根本教法，且四句教本身即可涵蓋四無教頓的可能，因此四無教非獨立教法，只是工夫修養所達至的化境。但此處可提出進一步思考難道四無教只是一種消極義的化境嗎？或許吾人可以異於牟氏由

〔註60〕　牟宗三：《從陸象山到劉蕺山》，頁273。
〔註61〕　牟宗三：《從陸象山到劉蕺山》，頁280。

「本體上說工夫」而順著龍溪本身所言的「工夫上說本體」的路數思考。此
處先引龍溪的一段文字說明，龍溪言道：

> 吾人一切世情嗜欲皆從意生，心本至善，動於意始有不善，若能在
> 先天心體上立根，則意所動自無不善，一切世情嗜欲自無所容，致
> 知工夫自然易簡省力，……顏子有不善未嘗不知，知之未嘗復行，
> 便是先天易簡之學。〔註62〕

龍溪認為吾心是至善的（此至善是就心是善惡未分的渾然狀態，此為善惡之
基），正因必是虛寂而至善的，故其本身無任何存有物可執，但因心一應物便
起感通作用，意便隨之而起，進而有善有惡的可能。對於此現象龍溪認為心
一遇物便有所偏失，主要在於人未能時時自覺使吾心充分作主，而隨意為物
所遷。故龍溪認為工夫應在心上作，若根本處穩立，自然一切發用順遂。龍
溪進一步言道：

> 良知不學不慮，終日學只是復它不學之體，終日慮只是復它不慮之
> 體，無工夫中真工夫，非有所加也。工夫只求日減，不求日增，減
> 得盡便是聖人，後世學術只是添地勾當，所以終日動勞更益其病。
> 果能一念惺惺，泠然自然。窮其用處，了不可得，此便是究竟語。
>
> 〔註63〕

龍溪認為此穩立心體的工夫，並非於吾心之外另有對治工夫，而是直接就心
體上保持其清明本色，除去吾心非本然之私欲摻雜，故龍溪言工夫不求增只
求減，任何人為執著均會障礙心體之虛寂。由此見出龍溪所謂的工夫不過是
平常時時體證吾心之虛靈明覺，去除非本然之物，而使本心能自然應物，發
用自合天則。

　　若就龍溪的說法考察，其並不荒廢對治的工夫，但其對治的對象並非就
意上著手，而是直接就心上對治，去除非心體本然之雜，就此而言龍溪仍是
有工夫可言，只不過龍溪直接就根源處下工夫罷了。正因龍溪見出執著於工
夫實踐的有會產生弊病，故提出「無」的概念，希望能以自然替代人為執定。
事實上在工夫實踐的歷程中，可隨時照察吾心的虛靈俱足，所以造成缺陷是
因吾人氣質私欲所導致，若能於自然的工夫對治中，時時察照吾心，如此便
能使吾心之發用順遂無礙。總結龍溪的觀點，龍溪所言的無既是境界亦是工

〔註62〕　〔明〕王畿：〈三山麗澤錄・與王遵巖之語〉，《王龍溪語錄》，卷1，頁8。
〔註63〕　〔明〕王畿：〈與存齋徐子問答〉，《王龍溪語錄》，頁14。

夫，而所謂的境界是由實踐中體證而來，至於工夫龍溪強調無執的實踐，漸進地去除障蔽心體之雜物，恢復心體清明本色。因此龍溪的四無教仍可稱爲教法，同時亦可視爲工夫修養的境界，四無教之特色便在於即頓即漸，「即本體作工夫，即工夫證本體」的正心之學。

　　既明龍溪四無教之宗旨，則進一步檢證此正心之學與梨洲所強調的誠意慎獨之教其間的異同處，以瞭解梨洲批判龍溪的理論根據所在。梨洲認爲吾心是生於根源之氣，故能不斷流行發用，而流行中具道德實理的呈現，而此實理之呈現便是吾心主宰之作用，因此吾人工夫對治處便是落在心上，使其充分作主發用，如此便是所謂的誠意。梨洲言道：

> 盈天地間皆氣也，其在人心一氣之流行，誠通誠復，自然分喜怒哀樂，仁義禮智之名因此而起者也。不待安排品節，自能不過其則，即中和也，此生而有，人人如是，所以謂之性善。即不無過不及之差，而性體原自周流，不害其爲中和之德，學者但證得此體分明。而以時保之，即是慎矣。慎之工夫只在主宰上，覺有主是曰意，離意根一步，便是妄，便非獨矣。〔註64〕

梨洲認爲人心是氣之所聚，其發用皆一氣之往來變化，而變化中有條理，故名之爲性，而此性理是天生本然，是人人普具的，是絕對至善的。因梨洲認爲心即是氣，而性又是氣之條理處，因此心受限於流通性，容易有過不及產生，而此容易失當處正是工夫下手處，爲使心之發能合理，必須使心充分作主，不爲物氣所遷，如此便是所謂誠意之教。誠意之教並非於心之外另添加工夫，而是就心上去持守之，使其挺立作主，因此誠意之教是即本體即工夫的工夫進路。

　　由此可見出梨洲的誠意慎獨之教與龍溪的正心之學並無明顯差異，均是強調由本體作工夫，使吾心充分作主發用，不同處僅在於龍溪標舉無執地作工夫，梨洲未強調此，大體而言彼此的實踐觀點是相近的。既然彼此觀點無明顯出入，何以梨洲會認爲龍溪無工夫論而以此批判其流於佛老？筆者認爲主要關鍵在於龍溪過度標舉「無」的意義，正因無的意義不易體會，容易理解爲相對於有的概念，此對於強調實有層的梨洲而言，無疑是不相應的。除此，另一項關鍵在於對於重要哲學語詞的界定不同，此處可明顯見出者，對

〔註64〕〔清〕黃宗羲：〈蕺山學案・忠端劉念臺先生宗周〉，《明儒學案（下）》，卷62，頁890-891。

於心與意的界定便有不同，而此正是導致梨洲對龍溪誤解的主因所在。事實上龍溪所言的心是本心義的心，在梨洲系統中已轉為意的概念，以意作為心的根源，梨洲言道：「自心之主宰而言謂之意，心則虛靈而善變，意則定向有中涵。」〔註65〕此承其師「意為心之所存」而來，意即以意作為心更根源的主宰，即所謂的道德實理。而龍溪所言的意是就心之發而言，龍溪言道：「意者本心自然之用。」〔註66〕「意者寂感所乘之機也。」〔註67〕龍溪所指是心本身之全體大用，向境識俱泯轉變為境識俱起的狀態。因此梨洲與龍溪對意的界定是明顯不同的，但梨洲在批評龍溪重正心輕誠意工夫之時，是以其所理解的心與意的概念去理解的。雖然如此，梨洲所論仍能彌補龍溪觀點的不足處，例如：在工夫論上龍溪雖然強調「無」的作用義，此講法雖可對治執於有所造成之弊，但其本身亦有其限制性，若單獨標舉無執的工夫論，容易流於抽象、空泛，不易為人所理解掌握，而梨洲由「實有層」言工夫，即可使工夫實踐較為具體而易為人所識取。經由梨洲對龍溪的反省中，吾人亦可明顯見出龍溪學易遭人誤解為禪學之關鍵所在。

五、小　結

　　關於龍溪與梨洲觀點的歧異性主要在於二人對陽明良知教有不同的詮釋觀點，在本體層面，龍溪對於陽明所言的良知側重其虛無義，而梨洲側重實有義，但二人同樣肯定心是虛寂之體，所不同者在於對善惡價值之認定：龍溪認為心是無善無惡的，境識俱泯，善惡未分的狀態；而梨洲強調心必然是善的，所謂的「無善無惡」──境識未起的狀態是就本體虛寂的狀態言，非就價值義言，一言價值心（理）絕對是善的，而惡是依外境而起，非心之本然。在工夫層面，龍溪所言的四無教法不只是境界型態，而可以是一獨立的教法，因其強調就心上作工夫，但此工夫的特色是無執與去染汙，所以重無執是因在工夫歷程中體證心本來虛無，自然應物，無所執定，任何執著造作均會妨礙心之自然；所以強調去染污是因心本清淨，一切染污皆自後天外起，故須去除以恢復心之本然面目。梨洲所重視的誠意之教亦是強調此心上（意根）作工夫，使其充分作主，並擴充吾心本然之善端，使善性逐漸彰著及恆定。因此在工夫上龍溪與梨洲均強調由心上作工夫，所不同者，因龍溪於實

〔註65〕　〔清〕黃宗羲：《南雷文案·答董無仲論學書》，卷3，頁30-31。

〔註66〕　〔明〕王畿：〈慈湖精舍會語〉，《王龍溪語錄》，卷5，頁8。

〔註67〕　〔明〕王畿：〈與陽和張子問答〉，《王龍溪語錄》，卷5，頁16。

踐上重視無執、去染，以復虛無清淨之體；至於梨洲於實踐上強調本體的充盡作主及擴致之功，以使吾之善性能充盡發揮其主宰作用。

綜合本體與工夫層面，龍溪與梨洲均是由實踐中肯定本體，龍溪的四無是由「工夫上見本體」，而梨洲強調「工夫所至即其本體」，因此二人均可視爲「實踐的存有學」，所不同處在於龍溪強調本體虛無性，梨洲雖亦言虛無，但其言虛寂是爲強調本體的實有創生的意涵。基本上龍溪與梨洲所以言虛無言實有均有其用意，龍溪言虛無主要是以此作爲儒道釋會通之基點；而梨洲言實有創生主要是區分儒釋，二人分別站在不同用意立論，自然其論點有所出入。故在判分龍溪與梨洲之詮釋論點時，除了對其義理進行深刻析解外，亦須關聯其思考之立場去反省。

梨洲批判龍溪使陽明學躋於禪老，主要是就龍溪剝落了良知的道德實理，強調虛無義，以此範圍三教，而認定龍溪是棄守陽明良知宗旨，而混同釋老之義理，此此批判其對師門未盡承繼之責，此爲梨洲思考之角度；就龍溪而言彼所側重的是以釋老義理來豐富儒學，希望以良知作爲會通儒道釋三教義理的上層概念來融攝三教。因此梨洲強調的是儒理本身燦然大備無須釋老義理來充實，故強調儒釋（老）之辨；而龍溪認爲三教義理雖在教相上有歧異，但就根源的道而言則是互通的，故標舉出良知作爲會通三教教相的上層概念強調儒釋（老）會通。由此可明顯見出造成觀點歧異之關鍵在於：彼此學術的側重面不同，一重別異——儒釋（道）之辨，一重合同——三教會通，自然立場便有歧異，因此梨洲批判龍溪近禪老，基本上是對龍溪的義理未有相應的理解，而其中之關卡在於梨洲對於龍溪混同儒釋（老）的不滿，而彼所以反對混同儒釋，其背後所代表的意義是：一方面是梨洲本身對釋理的不滿〔註68〕，一方面是梨洲以儒釋之辨作爲明代理學的基源問題，故認爲龍溪反此道而行，而予以批判之，因此亦可如此解釋，基本上梨洲對於龍溪的會通動機已不予肯定，自然對其順著此動機而發展之義理亦產生質疑，故

〔註68〕梨洲言道：「儒釋之學如冰炭之不同，然釋之初興，由儒以附益之，浸淫而至於毫釐之際，亦唯儒者能究其底蘊，故自來佛法之盛，必有儒者開其溝澮。……明初以來宗風寥落，萬曆間儒者講席遍天下……至於密雲湛然，則周海門、陶石簣爲之推波助瀾，而儒釋幾如肉受串，處處同其味矣。……學儒乃能知佛耳，然知佛之後分爲兩界，有知之而允蹈之者，則無詬、慈湖、龍溪、南皋是也；有知之而返求之六經者，則濂、洛、考亭、陽明、念菴、塘南是也。」〔清〕黃宗羲：〈張仁菴先生墓誌銘〉，《南雷文定後集》，卷4，頁53-55。

二人的論點是有明顯差異的。

　　故吾人在面對梨洲的評斷時應將其背後的哲學思考點出，不應為文字表象所困限，如此方能見出彼此觀點的異同處，就本節所探討的龍溪與梨洲的觀點可見出——梨洲未能深入理解龍溪系統中語詞的真正意涵，例如「無善無惡」，而因此產生多處誤解，就此而言是梨洲詮釋的主觀「先見」〔註69〕太深，過於強調儒釋之異忽略了詮釋對象本身客觀性的考量，畢竟龍溪所面對的是儒釋（道）會通的問題，自然與梨洲的論點截然不同。但吾人須經由對其批判的理論根據瞭解梨洲的主張，仔細釐析其批判之立場何在，進一步反省此立場是否與批判對象的立場一致，若一致則可直接見出批判對象之特色及限制；若不一致則屬不相應理解，而梨洲對龍溪的詮釋即屬此，但仍須就何以梨洲採取此立場進行批判的用心點出，進而反省由此立場進行批判是否仍有其存在價值。事實上據筆者考察雖然梨洲對龍溪多所曲解，但仍是有其些許之價值，其點出了龍溪論點的限制性——過於抽象不易為人所識取，而梨洲所重視本體的實有創生及承繼其師蕺山誠意、慎獨的實有工夫正好彌補龍溪強調工夫的無執及本體的虛無不易為人掌握的不足。亦由此不同的詮釋觀點，經由「對話」過程，亦能更豐富陽明學的內涵。

第四節　對江右學派的理解與批判——體證道德本體與工夫實踐兼重的江右學

　　上節已介紹了梨洲對龍溪的理解與批判，本節將繼續探討彼對江右的認識。相對於浙中而言，梨洲對江右獨有偏好，對此派之論點多予正面肯定，而認定其為王學嫡傳，給予極高之評價，梨洲言道：

> 姚江之學，惟江右為得其傳，東廓、念菴、兩峰、雙江其選也，再傳而為塘南、思默皆能推原陽明未盡之旨。是時越中流弊錯出，挾師說以杜學者之口，而江右獨能破之，陽明之道賴以不墜，蓋陽明

〔註69〕關於詮釋的「先入成見」此是德國詮釋學家高德美（Hans-Georg Gadamer）所提出的概念，其認為吾人詮釋原典時不可避免會帶有實存的歷史性及有限的脈絡性的成見，如此形成了吾人歷史性的地平線或視域（horizon）如此使詮釋者與原典與作者形成一「視域的融合」，甚至與其他詮釋主亦形成視域的融合，而展現出「對話」性格有關高德美的詮釋學論點可參照傅偉勳：〈現代儒學的詮釋學暨思維方法論建立課題——從當代德法詮釋學爭論談起〉，頁127-152。

一生精神俱在江右，亦其感應之理宜也。〔註70〕

由此段文字可見出梨洲對於江右是極為肯定的，其認為江右於王學中之貢獻有三：除了直承陽明宗旨外，並能就陽明未盡之處予以開發，同時亦對王學有救正之功，能將浙中派、泰州派使王學流於玄虛化、狂蕩化之狀況加以導正，使王學精神得以延續。前兩點是就義理本身論述的，最後一項則就將王學放入社會情境中思考，而以此肯定江右之價值。由此可知，梨洲對於江右的評斷除了就哲學義理處肯定江右能承繼陽明精神，同時就歷史文化層面肯定江右維持了儒門義理的純粹性，使其生機得以延續，基本上梨洲對江右之評斷是將陽明學與歷史文化整體關聯來看，而以此向度思考江右之重要性。

對於梨洲的論點牟氏頗不以為然。牟氏認為江右中唯鄒東廓、劉兩峰尚可稱得陽明之傳，至於梨洲所肯定雙江、念菴能發揚陽明宗旨，且救正越中的說法是不正確的〔註71〕。因此認為梨洲對王門之判教是不諦的，並進一步提出質疑認為——江右並不具統一的風格，且對於陽明宗旨的把握度有程度之別，其中陽明及門弟子中東廓、南野、明水三人與陽明思想無大出入，至於洛村、兩峰、師泉則因與雙江、念菴相近與師說背離。至於江右主將雙江、念菴，牟氏認為二人非但與陽明無直接關聯，且其義理與陽明不類，因此認為二人非陽明正傳〔註72〕。由此可明顯見出牟氏對於梨洲以雙江、念菴作為江右的代表，而忽略其他接近陽明義理之人物；且憑藉雙江、念菴的義理而認定江右為王學正傳，是有極大意見的，甚至以此認為梨洲不解陽明。

對於同樣問題，何以會有如此不同理解？此處將就梨洲是以何種詮釋進路對此江右進行理解，此處主要以雙江、念菴為代表，展開梨洲的思考方向：

〔註70〕 〔清〕黃宗羲：〈江右王門一〉，《明儒學案（上）》，卷16，頁377。

〔註71〕 牟氏言道：「說東廓、兩峰能得陽明之傳尚可，說雙江、念菴亦能得其傳則非，說其獨能破越中之囂張亦非。雙江、念菴所不滿者主要是在王龍溪。」牟宗三：《從陸象山到劉蕺山》，頁299。

〔註72〕 牟氏言道：「江右派人物甚多，然無獨特的統一風格，鄒東廓、歐陽南野、陳明水、黃洛村、劉兩峰、劉師泉等皆陽明之及門弟子，此中前三人大體守師說而無踰越，尤以鄒東廓為最純正，恰如浙中之錢緒山。後三人則因受聶雙江、羅念菴之影響而已不能守師而無踰越矣。……聶雙江、羅念菴是江右中守先發難者，故凡論及江右者皆注目于此二人，但此二人皆非及門而親炙者，……徵諸後來議論，雖皆已稱門人，而實未能了解陽明之思路。」牟宗三：《從陸象山到劉蕺山》，頁298。

先將王學放入歷史文化情境中思考江右對王學發展之影響性，再就王學內部義理反省——思考江右與陽明內部義理之關聯性，順此二向度認識梨洲所詮釋的江右學。藉由梨洲的文字中深入思考其意涵及更根源的用意所在，希望能勾勒出梨洲對江右學的詮釋系統大致的樣貌，使後人對江右派進行詮釋時可依此大致向度與梨洲的觀點進行詮釋的對話。

一、肯定江右派在實踐上救正王學

　　梨洲對陽明思想除了重視其義理外，亦重視陽明思想的完成歷程由雛型建構到整體完成，並非只是靜態、片斷地對陽明工夫完成境界作描述，如此便可使人清楚見出其間的漸進過程，而能有全面性整體的掌握。故梨洲於〈姚江學案〉詳細記載陽明工夫歷程中的前三變與後三變〔註73〕，其用意在於說明陽明學並非憑空偶得的，而是於百轉艱難中體證而來的，故欲對陽明宗旨有真切把握，不可不對陽明思想形成歷程有體會。

　　由梨洲對陽明發展歷程的重視可見出其背後所蘊涵的價值：其一，任何教法，工夫積累是必備的，連聖如孔子亦有十五志於學至七十從心所欲不踰矩的修養歷程。當然亦可能有一悟全悟者，但此只是工夫積累到一定層次的結果，即使達至此境界，仍須工夫持守，否則只是靈光乍現，基本上即使大智之人仍須有漸進工夫謹慎修習；其二，陽明思想本身有歷程性，除了上承儒家孔孟血脈，其本身亦有發展歷程，自然其後學亦應順著此發展過程繼續開展，且須針對陽明教法可能因後學不當的體會而導致的後果加以對治。當然此承繼之教法的認定梨洲並非認為應完全順著陽明義理依樣葫蘆，畢竟陽明的思想本身便是不斷在依勢調整的；由此可見出梨洲重視教法的因時制宜性，如此方能針對人們生命的問題提出解決，而不只是展現哲思的高明玄妙，此亦可反應梨洲的實用性格。況且完全符合陽明義理而無所開創的教法，如何能針對其可能產生的法弊予以對治。因此梨洲對教法之認定，其認為只要在宗旨符合陽明致良知教，並能針對當時王門弊端予以對治，便是能接續陽

〔註73〕梨洲言道：「先生之學始氾濫於詞章，繼而遍讀考亭之書，循序格物，顧物理吾心終判為二，無所得入，於是出入佛老者久之？……自此以後盡去枝葉，一意本原，以默坐澄心為學的，……江右以後專提致良知三字，……居越以後所操益熟，所得益化，時時知是知非，開口即得本心更無假借湊泊。」〔清〕黃宗羲：〈姚江學案·文成王陽明先生守仁〉，《明儒學案（上）》，卷10，頁201。

明思想者。以下便循此路數檢討梨洲對江右之評價，並由江右本身義理進行考察，以反省梨洲所建構的此套評斷系統是否充盡。

梨洲認爲陽明思想之宗旨在於致良知教，然此宗旨發自晚年未及與學者深究，而導致後學因無法深切體會而產生誤解〔註74〕，加上四句教的提出，後學對無善無惡及知善知惡未能有充份領會，亦造成不少誤解。主要關鍵在於王門後學對陽明所言的良知無法精確把握，而直接就根源處持守，使心充分作主，反將工夫著眼於對治紛雜的念識上，對此梨洲言道：

> 陽明以致良知教爲宗旨，門人漸失其傳，總以未發之中認作已發之和，故工夫只在致知上，甚之而輕浮淺露，待其善惡之形而爲克治之事，已不勝其艱難雜揉矣。故雙江、念菴以歸寂救之，自是延平一路上人。〔註75〕

除了只著眼於對治念識之病外，梨洲亦提出當時另一趨勢是強調事上磨練的工夫，但其認爲一強調事上磨練便是將事視爲對治的對象，如此便有主客之別，自然形成對立義下的分判作用，如此則流於離本體外求之弊。梨洲言道：

> 蓋致良知宗旨，陽明發於晚年，未及與學者深究。……後來學者只知在事上磨鍊，勢不得不以知職爲良知，陰流密陷於義襲、助長之病，其害更甚於喜靜厭動，蓋不從良知用功，只在動靜上用功，而又只在動上用功，於陽明所言分明倒卻一邊矣。雙江與先生議論雖未歸一，雙江之歸寂何嘗枯槁？先生之格物不墮支離，發明陽明宗旨，始無遺憾，兩不相妨也。〔註76〕

針對當時王門以情識爲良知，以知識爲良知，對陽明所言的良知無法眞切把握的現象，梨洲認爲主要關鍵在於王門後學對陽明致良知教把握不眞切，面

〔註74〕梨洲言道：「然致良知一語發自晚年，未及與學者深究其旨，後來門下各以意見攪和，說玄說妙，幾同射覆，非復力言之本意。」梨洲所言發自晚年，據緒山所編陽明年譜考察：「先生五十歲，在江西，……是年先生始揭致良知教。」〔清〕黃宗羲：〈姚江學案〉，《明儒學案（上）》，卷10，頁197。陽明一生只活了五十七歲，五十歲方提致良知教，此時已是陽明晚年時期，故梨洲之說明是與事實相符的。

〔註75〕〔清〕黃宗羲：〈江右王門學案四·郎中陳明水先生九川〉，《明儒學案（上）》，卷19，頁528。

〔註76〕〔清〕黃宗羲：〈江右王門學案二·文莊歐陽南野先生德〉，《明儒學案（上）》，卷19，頁413-414。

對此情況，雙江、念菴以主靜、歸寂之教法救正之，強調由良知處徹底作工夫，如此正可導正此弊象，而恢復陽明宗旨矣。

在此時代背景下，梨洲認為自陽明晚年大倡致良知教後，便成為明中葉以後社會的主流思潮。但任何教法均有其特色及限制性，因其所面對的是各式複雜的生命問題，且各人對教理的體證因個人氣質限制有所不同，因此當致良知教影響當時既深且鉅的同時，亦是其弊害影響當時最深之際；加上王門重要弟子龍溪大倡先天正心之學，強調無執無為，而泰州則強調率任本性而行，以體驗孔顏樂處之境界，整個王學看似豐富精彩，但對當時社會大眾而言，恐有茫然與所從之感。對此梨洲認為江右一系則能承陽明宗旨，對陽明所言的本體有真切深刻地體證，並有確實務本的工夫以端正本體，如此正可補救後學因不解致良知教或因行龍溪、泰州教法石產生的弊病〔註77〕，故梨洲稱其有「救正王學之功」、「王學賴以不墜」的作用。〔註78〕

以王學的整體發展來看，陽明由致良知教到四句教的提出是一大發展關鍵，梨洲認為問題在於後學對陽明良知、致良知宗旨未能有深刻體會，又對陽明所言於意念發用上對治的權說，誤當成根本教法，轉向發用上去求本體，殊不知此只是方便法門耳。對此梨洲言道：

> 陽明之良知，原即周子誠一無偽之本體，然其與學者言，多在發用
>
> 上，要人從知是知非處轉個路頭，此方便法門也。〔註79〕

因此陽明歿後，王學呈現眾家爭鳴的氣象，如何在眾源中尋出一主流，以代表陽明思想的真血脈。對此梨洲標舉出江右為正宗，並以其師蕺山作為其後的繼承者，形成所謂王學宗派，然其簡擇標準為何？此分判所代表的意義何在？均值得深入反省。

對於梨洲的簡擇標準，依其對龍溪、泰州之批判中可歸納出，其一，必須是儒家觀點，不得攙入佛老思想。其二，其教法必須是合於陽明良知宗旨，及

〔註77〕梨洲云：「陽明亡後，學者承襲口吻，浸失其真，以揣摩為妙悟，縱恣為樂地，情愛為仁體，因循為自然，混同為歸一。」〔清〕黃宗羲：〈江右王門學案四·同知劉師泉先生邦采〉，《明儒學案（上）》，卷19，頁505。

〔註78〕所謂救正王學之功此詞語引自梨洲云：「然龍溪之後，力量無過於龍溪者，又得江右為之救正，故不致十分決裂。」〔清〕黃宗羲：〈泰州學案〉，《明儒學案》，卷32，頁820。至於使王學賴以不墜，此詞語引自梨洲云：「是時越中流弊錯出，扶師說以杜學者之口，而江右獨能破之，陽明之道賴以不墜。」〔清〕黃宗羲：〈江右王門一〉，《明儒學案（上）》，卷16，頁377。

〔註79〕〔清〕黃宗羲：〈江右王門四·黃洛村〉，《明儒學案（上）》，卷19，頁518。

有確實之工夫論提出。其三，須能針對王學時弊提出因應之道。梨洲言道：

> 陽明先生之學，有泰州、龍溪而風行天下，亦因泰州、龍溪而漸失
> 其傳。泰州、龍溪時時不滿其師說，益啓瞿曇之秘市歸之師，萬蹟
> 陽明而為禪矣。然龍溪之後，力量無過於龍溪者，又得江右為之救
> 正，故不致十分決裂。泰州之後，其人多能以赤手搏龍蛇，傳至顏
> 山農、何心隱一派，遂復非名教所能羈絡矣。〔註80〕

由此段文字可明顯見出其判教依據，其認為龍溪、泰州之義理與釋氏義理有
攙雜處，是混儒釋為一道，與純粹儒門宗旨不合，對此江右則以純粹儒門
義理救正之。至於泰州多具豪傑之氣，率性而行，常悖離社會名教之規範，
對社會有負面影響。因此就此三系而言，無論就義理層面、實踐層面，江
右均是較無爭議的，且梨洲屢屢強調其對王學末流有救正之功，使陽明精神
得以接續，故就義理、實踐、傳承三方面而言梨洲判定江右為王學正宗。尤
其梨洲最強調的是義理的純粹性，對於攙雜佛老的儒理均強烈批判，因龍
溪、泰州之義理已不純粹，而江右卻能持守陽明良知宗旨，對儒門義理有保
存之功。

　　至於此分判其具有何種意義，正如前面所提出的，梨洲並不將陽明單獨
脫離整個儒學發展脈絡來看，而是觀察陽明學在學術發展歷程中整體性承繼
關係。梨洲言道：

> 有明學術，從前習熟先儒之成說，未嘗反身理會，推見至隱，所謂
> 「此亦一述朱，彼亦一述朱」耳。……自姚江指點出「良知人人現
> 在，一反觀而自得」，便人人有個作聖之路，故無姚江，古來學脈絕
> 矣。〔註81〕

梨洲認為整個儒學發展是一連串盛衰相繼的歷程，當朱學因立於官學而趨於
僵化，喪失本來面目，遂有陽明振起救之，故梨洲言若無陽明則儒學傳承命
脈便為之斷絕。依此亦可進一步推論出，當陽明學精神逐漸衰微之際必得有
人物承擔此傳承重任，而此人物便是江右後學。

　　因此我們可得知梨洲對於正宗的判定是順著內在義理之理解，並將江右
學與陽明學同時放入歷史發展脈絡中思考的，意即梨洲思考的是歷史發展中
的陽明學，並由此探究其背後義理宗旨，梨洲依此判定江右學合乎陽明宗旨，

〔註80〕〔清〕黃宗羲：〈泰州學案一〉，《明儒學案（上）》，卷32，頁820。
〔註81〕〔清〕黃宗羲：〈姚江學案〉，《明儒學案（上）》，卷10，頁197。

且對於王學有振衰起弊之功，故認定江右為王學的嫡傳。梨洲是將整個問題放在歷史脈絡中思考的，並非將王學單獨抽離於歷史脈絡只說義理本身進行考察。

二、肯定江右派主靜、歸寂合於陽明致良知教

　　牟氏對雙江、念菴之批判主要落在：其一，本體義上，牟氏認為二人將良知區分為已發、未發的不同狀態，而主張以未發的寂體為根本的見解是不諦當的。其二，落在工夫義說，牟氏認為若將「歸寂」看成工夫的過程上是可被接受的，而此與陽明初期重收斂之精神並無差異，但歸寂後仍需其他工夫相配合，否則易流於枯槁。牟氏言道：

> 雙江、念菴底主要論點是以已發、未發的格式想良知，把良知亦分成有已發與未發，以為表現為知善知惡之良知是已發的良知，尚不足恃，必須通過致虛守寂底工夫，歸到那未發的寂體，方是真良知，若於未發之體見得諦，養得真而純，則自發而不中節矣。此是以未發寂體之良知主宰乎已發之良知，而所謂致知者即致虛歸寂以致那寂體之良知以為主宰也。……此一想法幾乎全非王學之思路，……良知是未發之中，已發未發若依《中庸》原義解之，這是說在喜怒哀樂未被激發起的時後，我們體認良知為中體。……已發未發是就情說，並不說良知本身有已發未發也。此是伊川、龜山、延平、朱子相傳的本乎《中庸》言已發未發的老方式，但後來陽明〈答陸原靜書〉隨原靜之問亦將已發未發收于良知本身上講，此不合《中庸》原意。〔註82〕

牟氏認為已發未發之原意是就情而言，至陽明始用以說明良知，但其認為良知是無間於已發未發的，而雙江、念菴將良知區分為已發未發與此是有出入的。因此牟氏認為雙江、念菴將良知區分為已發未發兩種狀態是不諦於陽明的。對此批判可進一步反省將良知區分為已發未發兩種狀態是否即悖於陽明宗旨？陽明思想中是否即隱含聶羅二氏區分良知為已發未發的可能？

　　此處將探討陽明所言的良知與雙江所言的未發之中，其間的關聯性為何？並檢視二者在已發未發的語言概念使用上是否不同，如此方能進一步斷定彼此論點是否有出入。陽明言道：

〔註82〕牟宗三：《從陸象山到劉蕺山》，頁299-300。

> 未發之中即良知也，無前後內外，而渾然一體者也。有事無事可以
> 言動靜，而良知無分於有事無事也；寂然感通可以言動靜，而良知
> 無分於寂然感通也。動靜者，所遇之時也，心之本體故無分於動
> 靜也。理無動者也，動即為欲，循理則雖酬酢萬變，而未嘗動也；
> 從欲則雖槁心一念，而未嘗靜也。「動中有靜，靜中有動」又何疑
> 乎？有事而感通，固可以言動，然而寂然者未嘗有增也；無事不寂
> 然，固可以言靜，然而感通者未嘗有減也。「動而無動，靜而無靜」
> 又何疑乎？無前後內外而渾然一體，則至誠有息之疑不待解矣。未
> 發在已發之中，而已發之中未嘗別有未發者在，已發在未發之中，
> 而未發之中未嘗別有已發者存，是未嘗無動靜，而不可以動靜分者
> 也。〔註83〕

此段文字將陽明之宗旨清晰呈現，陽明認為若為析解之便可暫將良知區分為未發之中及已發之和，未發為良知本體，已發為良知發用，但此是解說上的暫時權變，但在實際義理上是要將此區分予以解消，呈現已發未發相即，體用不二，動靜相涵的觀點。未發之中即已發之和的本體，而已發之和即是本體的全體大用，二者就存在義言是體用相即的。陽明所言的未發之中即良知也，此處所謂的未發應是指本體的根源義言，並非說相對義言與已發相對的未發，故其後接著言無前後內外之相對區分，而呈現渾融的狀態，若是就相對義言良知，則如何可能包含一切相對相？因此筆者認為此處未發之中是就超越的寂然狀態而言其未發，意即境識俱泯，念慮未起的渾沌狀態。但因良知本體不得不呈現活動性，渾然未分的狀態必然會起活動變化，因此便有相對義動靜、寂感狀態之區分，陽明將此相對相稱為本體所遇之時，意即本體所處的具體情境，此情境與本體相關，但卻不屬於本體本身，因此此相對概念並非就本體本身變化狀態言。因此無論情境是已發未發，是動是靜，心體均是存在其間的，而本體在任何情境下均是動中有靜，靜中有動，或動而無動，靜而無靜，隨時呈現超越性動靜相攝的存在狀態。此處我們可得到一訊息：陽明所言的未發之中是就根源義言本體的存在狀態，至於動靜、寂感則就相對義言本體所處的情境，前者是動靜相涵，後者是動靜二分，本體（未發之中）本身無分於動靜、寂感，是相攝渾融的存在狀態，但於動靜、寂感之情境中無時不在其間作用。若不就此些概念加以釐清，容易因語詞誤用致

〔註83〕〔明〕王陽明：〈答陸原靜書〉，《傳習錄》，頁 146-147。

使語意的混淆。既明陽明之原旨後，將依此路數對雙江所言的本體論、工夫論觀點進行檢證，考察二者之關聯。雙江言道：

> 心之生生不息者易也，即神也，未發之中，太極也。未發無動靜，而主乎動靜者，未發也，非此則心之生道或幾乎息，而何動靜之有哉！有動靜兩儀而復有仁義禮智之四端，有四端而後有健順動止入陷麗說之八德。德有動有靜也，故健順動止而不失乎其本然之則者，吉以之生，蓋得其本體，發而中節也；入陷麗說，靜而反累於動者，凶以之生，萬失其本體，發而不中也。〔註84〕

雙江視本體論的未發之中與宇宙論的太極為相對等概念，是絕對存有，其本身超越相對動靜而存在，而為相對動靜之主宰。所謂主宰是言一切相對相均由此根源所創生，由動靜二相演化為四端，四端又衍伸成八德，無論四端八德均是本體在動靜的情境中呈現而成，至於八德的吉凶取決於本體是否得其正，若本體得其正則本體在情境中之發用便能得其正。由此可得知：雙江所言的未發之中是絕對存有，而非相對義的存在，因此此存有是超越已發未發及動靜的分別相，而呈現非分別相。至於寂體與知的關係，雙江言道：

> 良知本寂，感於物而後有知，知其發也，不可遂以知為良知，而忘其發之所自也。心主乎內，應於外而後有外，外其影也，不可以其外應者為心，而遂求心於外也，故學者求道，自其主乎內之寂然者求之，使之寂而常定。〔註85〕

事實上雙江對於良知強調其寂然未發的本體，以此作為根本，至於本體發用則因牽涉各種情境變數，使得其發用結果未必即是良知本體的充盡呈現，即非良知本體的全體大用，因此不以本體發用的知覺判斷為良知本身，而以此知覺判斷視為本體的影像，即與本體非同一物，而是一真一幻。因此認為人應求內在的根本存有，而不應誤以夾雜各種感官成分所形成的知覺判斷視為即是良知本身，如此方不致捨本逐末，棄真執幻。

　　由此可得知，雙江所以以寂然未發之中言良知，是因就人的現實生命考察發現，人的心理活動常有太多私欲夾雜，良知本體常無法充盡發用，若只是就本體在情境中的發用去作工夫容易落於外求之弊，不如回歸根源本體，

〔註84〕〔明〕聶雙江：《困辨錄》，《明儒學案》，《黃宗羲全集（七）》，卷17，頁441。

〔註85〕〔清〕黃宗羲：〈江右王門學案二‧雙江論學書〉，《明儒學案（上）》，卷17，頁429。

使其保持清明，而能充分作主宰。因此雙江對良知之發用並非只落在理想義探究，而是面對人的現實生命本身的限制性，而提出應以未發之中的本體為工夫下手處，而非一味強調理想義的良知本身必能無限制的充分發用，而是出於對現實生命的深刻掌握。

至於念菴，其論點與雙江大體一致，對於雙江的論點多能相應而深化之。念菴亦標舉出虛寂本體，強調以虛寂本體作為根本。念菴言道：

> 今之言良知者，惡聞靜之一言，以爲良知該動靜、合內外，主於靜焉，偏矣。此恐執言，而未盡其意也。夫良知該動靜、合內外，其統體也，吾之主靜所以致之。蓋言學也，學必有所由而入，未有入室而不由戶者。苟入矣，雖謂良知本靜亦可也，雖謂致知爲愼動亦可也，吾不能復其無極之眞者，孰爲之乎？蓋動而後有不善，有欲而後有動，動於欲而後有學，學者學其未動焉者也，學其未動而動斯善矣。動無動矣。〔註86〕

念菴主靜，靜是指本體的根源義言，並非與動相對，故能該動靜、合內外，涵蓋相對相。其所以主靜是因若就發用處來作工夫則不易掌握，因本體之發用不免雜入私欲而不純粹，就此爲下手處不易對治，故認爲應由根源處入手，即本體寂然未發的狀態，境識俱泯的渾沌狀態，此時是絕對至善的，以此爲工夫著手處。其對本體寂靜狀態有一段深刻的描述。念菴言道：

> 當極靜時，恍然覺吾此心中虛無物，旁通無窮，有如長空雲氣流行，無有止極，有如大海魚龍變化，無內外可指，無動靜可分，上下四方往古來今。渾成一片，所謂無在而無不在。〔註87〕

所謂的極靜是指工夫義的靜，在此情境中感應到本體的根源性，其具有無盡的創生力，能產生流行神用，此狀態無任何分別相可形容，而是呈現一渾融未分的狀態，能超越時空的限制而無限的存在。

就以上考察可發現雙江念菴所言的未發之中、寂體之概念均指本體義，並非相對於已發及動的概念而言。而此未發寂然的狀態事實上是涵攝相對義的已發未發，動靜對待，內外之別的，因此就此言並不違背陽明所言良知無間於已發未發、動靜、內外之觀點，而此良知本身的絕對性亦是陽明所肯定

〔註86〕〔清〕黃宗羲：〈江右王門學案三·文恭羅念菴先生洪先〉，《明儒學案（上）》，卷18，頁461。

〔註87〕〔清〕黃宗羲：〈江右王門學案三·文恭羅念菴先生洪先〉，《明儒學案（上）》，卷18，頁462。

的，但何以會爲人誤爲與陽明宗旨相悖？主要關鍵在於對雙江念菴所言的寂體、未發之中未有眞切相應的理解。此處將引龍溪對雙江念菴的質疑爲例說明此事實。龍溪言道：

> 良知宗說，同門雖不敢有違，然未免各以其性之所近擬議攙和。有謂良知非覺照，須本於歸寂而始得，如鏡之照物，明體寂然而妍媸自辨，滯於照，則明反眩矣。……有謂良知從已發立教，非未發無知之本旨。……寂者心之本體，寂以照爲用，守其空知而遺照，是乖其用也。……良知原是未發之中，無知而無不知，若良知之前復求未發，即爲沉空之見矣。〔註88〕

以上所引的文字是就龍溪對雙江念菴之批評而言，其批評雙江念菴本體論論點主要有二，其一是其重寂體而遺棄本體之發用（照），與體用不二之觀點相違；其二，其於良知之前求未發，是空妄的見解，因良知本身即是未發之中，除此別無所謂的未發之中。對於龍溪之批評，其理解是不相應於雙江念菴的，就雙江念菴而言其並非不重本體之發用，只是其說現實層面發覺本體的發用往往不是本體之充盡朗現，而是有其他因素攙雜，因此就此角度觀之便發覺本體之發並不純粹，故進一步上提內收，直遡由純粹的本體入手，而由本體的清明保證發用的純粹，因本體唯有充分自作主宰方能保證其發用不爲外物所干擾。至於龍溪其立場是站在理想義觀點，直接肯定良知本體必能充盡發用，在任何情境變化中本體無時無處不在作用，本體與其發用是同體存在的，不可區分。此二路數之主要差異在於，雙江念菴所認爲的良知之發是包含著感性欲求而言，並非說本體純粹發用而言，而龍溪則強調本體的純粹發用，對於龍溪所強調者，雙江念菴二人亦不會反對，唯認爲本體的純粹發用須奠基在本體的清明常定上方能保證。因此龍溪批評二人滯於歸寂是不當的，二人所對治者在於混私欲的本體發用，而非本體純粹發用。至於第二點，關於良知外而求未發的批評，雙江念菴所言的未發之中是於良知的發用上（混私欲者）尋未發本然，此未發本然並非獨立於陽明所謂的良知之外，而是未發之中即是良知本身，即前所言良知本體境識俱泯、渾然未分的狀態。龍溪之理解是將二人所言的未發之中以爲是獨立於良知外的存有，此是不相應於雙江念菴的。此處可進一步由念菴對龍溪的回應中更清楚理解其立

〔註88〕〔清〕黃宗羲：〈浙中王門學案二・郎中王龍溪先生畿・語錄〉，《明儒學案（上）》，卷12，頁272。

場。念菴言道:

> 來教云:「良知非知覺之謂,然舍知覺無良知,良知即是主宰,而主
> 宰淵寂,原無一物。」兄之精義盡在於此。夫謂知覺即主宰,主宰
> 即又淵寂,則是能淵寂亦即能主宰,能主宰亦即自能知覺矣,又何
> 患於向外之二哉?今之不能主宰者,果知覺紛擾故耶?亦執著淵寂
> 耶?其不淵寂者,非以知覺紛擾故耶?其果識淵寂者,可復容執著
> 耶?自弟受病言之,全在知覺,則所以救其病者,舍淵寂無消除法
> 矣。夫本體與工夫固當合一,原頭與見在終難盡同。弟平日持原頭
> 本體之見解,遂一任知覺之流行,而於見在工夫之持行,不識淵寂
> 之歸宿,是以終身轉換,卒無所成。兄謂弟「洛在著到管帶」,弟實
> 有之,在弟之意,以爲但恐未識淵寂耳。若眞識得,愈加著到,愈
> 無執著;愈加照管,愈無掛帶。既曰:「原無一物」矣又何患執著之
> 有無?可忘而忘,不待存而存,此是入悟語。然識得此處即屬平常,
> 不識得此處只是玩弄精魂,夫無可忘而忘,以其未嘗有存也;不待
> 存而存,以其未嘗有忘也,無存無忘,此乃淵寂之極。〔註89〕

龍溪對念菴之質疑主要是認爲念菴將知覺判斷誤以爲是良知之發用,而因知
覺判斷有惡的成分,以此認爲良知之發用有惡的可能,遂加以捨棄,此論斷
是不諦的。念菴所謂的良知就是主宰,無須另於良知之外尋一更高主宰,意
即良知外的虛寂主宰是不存在的;且良知之發用產生的知覺判斷雖然並非即
是良知本身,但良知卻不離此知覺能力,不應將良知的本體與發用加以區隔。
念菴之觀點則反駁龍溪之批評,龍溪認爲念菴由知覺入手,知覺即主宰即淵
寂約是就良知之本體及發用而言,而念菴的講法則是由根源處入手,若能持
守淵寂本體則本體便能自作主宰,自能充盡其知覺作用。念菴認爲其所以由
此入手蓋因其本身的生命問題主要在知覺判斷上,往往不能依良知而作主,
無法由知覺發用處作工夫,因此提出回歸淵寂本體來對治。基本上念菴對於
陽明本體工夫應當合一的宗旨亦能理解,但在現實生命上之限制,使其重新
思索此即工夫即本體的進路是否能解決現實困境,但由其本身實紀修證中證
悟到回歸根源方是治本之方,但其亦提出若無法眞切體證淵寂本體亦有執
著、玩弄光景之弊,因此對本體須眞切體證,便可無所執定矣。

〔註89〕 〔清〕黃宗羲:〈江右王門學案三·文恭羅念菴先生洪先〉,《明儒學案(上)》,
卷18,頁453-454。

由以上念菴之應答可發現：事實上雙江念菴一系所言的虛寂本體並非獨立於良知而存在，而即是良知本身渾然未發的生機流行；且二人並非反對良知之知覺發用，只因良知本身容易為感性欲求所蔽，使其與法充分作主，遂無法充盡發用，而形成攙雜私欲的知覺判斷，若就此處行工夫，不易究竟，遂由實際證修過程中發現藉著靜坐的工夫，回歸虛寂的本體，時時持守於此勿為私欲滲入，使其常保清明恆定，如此任何意念之發均是良知本體的全龍大用，一切知覺判斷均能依良知之法則而行。

雙江、念菴相較於龍溪，其間義理並非迥異，造成分歧的因素在於彼此對對方的義理未能充分認識而產生誤解。龍溪對於江右何以標舉已發、未發觀點背後的用意未能充全領會，而誤以主靜、歸寂之功法是耽於虛空。事實上任何義理一落入言說系統，必定產生認識上的限制，因此重要的是如何突破言說系統的表象，穿透其背後的宗旨所在。

通觀雙江、念菴的論點事實上與龍溪並無明顯殊別，在本體論上，江右將良知區分為已發、未發只是暫時權說，而此在龍溪系統中即是龍溪所言的心與意，未發與心是就境識俱泯、渾然未分的狀態言；而已發是就心感物而動而起分別相而言。但此處稍有不同的是江右所言的已發是就心的現實面言，故是有善有惡的；而龍溪所言的意是就心的超越面言，仍是無善無惡的。至於工夫論上，均強調實踐應落於根源處進行對治，所不同處則在於龍溪於工夫上另外標舉出「無執」的概念，而江右則就實有處強調主靜、歸寂，而未進一步言無執，但在工夫上均是強調由根源對治的觀點。

以上已分別就雙江念菴之義理本身進行考察，接著將順著前面的結論對梨洲之評斷予以考察其正確性，是否真如牟氏對梨洲之批判認定其將雙江念菴認為得陽明正傳之說法是不諦的。

梨洲認為雙江的主靜觀點可上溯於《中庸》慎獨，而與濂溪主靜、龜山觀未發氣象相關聯，而此乃儒門異於釋氏獨到的工夫所在。梨洲言道：

> 夫心體流行不息，靜而動，動而靜。未發靜也，已發動也；發上用功固為徇動，未發用功亦為徇靜，皆陷於一偏，而《中庸》以大本歸之未發者，蓋心體即天體也，周天三百六十五度四分度之一，而其中為天樞，天無一息不運，至其樞紐處實萬古常止，要不可不歸之靜。故心之主宰雖不可以動靜言，而惟靜乃能存之。此濂溪以主靜立人極，龜山門下以體夫怒哀哀樂未發前氣象為相傳口訣

也。……蓋心體原是流行，而流行不失其則者，則終古如斯，乃所
謂靜也、寂也，儒者存養之力歸於此，始不同夫釋氏耳。〔註90〕

其認爲心體本身是不斷活動變化的，動靜相續而起，若就心體活動的呈現的
動靜狀態作工夫皆有所偏，而應當回歸到心體活動的根源處。若將心體與天
體對顯來看，心體的根源處相當於所謂的天樞的地位，此樞紐萬古常存，不
得不以靜稱之，但此處所謂的靜並非相對義靜的概念，而是絕對義靜的概念。
因此心體不可以相對義的動靜說明，但唯有根源義的靜可說明其存在狀態，
而此觀點與濂溪、龜山所言的主靜、觀未發有同功之妙。對於靜，梨洲的一
段文字有更深刻描述。梨洲言道：

聖人以靜之一字，反本歸原，蓋造化人事皆以收斂爲主，發散是不
得已事，非以收斂爲靜，發散爲動也。一斂一發自是造化流行不息
之氣機，而必有所以樞紐乎是，運旋乎是，是則所謂靜也。〔註91〕

梨洲認爲主靜的靜並非就本體的活動所呈現靜的狀態，而是就一切活動的樞
紐，或以根源稱之，所以以寂靜稱之是因此根源向處念慮未起的寂然狀態，
但其間蘊涵著無盡的、渾淪的「創生動源」，此動源爲一切變化的創生及主宰
所在。因此主靜、歸寂所強調的便是回到此創生的根源處，而非就心體的活
動處靜的狀態而言。

梨洲以「創生根源」理解雙江所謂的寂體，此詮釋與雙江是相應的，對
於王門批評雙江區分已發未發爲二，對此梨洲作了合理的解釋。梨洲言道：

按雙江之寂：即先生所謂本體也。知主靜非動靜之靜，則歸寂非寂
感之寂矣，……自來儒者以未發爲性，已發爲情，其實性情二字，
無處可容分析？性之於情，猶理之於氣，非情亦何從見性，故喜怒
哀樂情也，中和性也，於未發言喜怒哀樂，是明明言未發有情矣，
奈何分析性情？則求性者必求之未發，此歸寂之宗所由立也。一時
同門具雙江辨者，皆從已發見未發，亦仍是析情於已發，析性於未
發，其情性不能歸一同也。〔註92〕

其認爲雙江所言的寂是指根源本體，與相對義的動靜、寂感的情境概念不同。

〔註90〕 〔清〕黃宗羲：〈江右王門二·貞襄聶雙江先生豹〉，《明儒學案（上）》，卷17，
頁427-428。

〔註91〕 〔清〕黃宗羲：《宋元學案·太極圖講義》，《黃宗羲全集（三）》，頁606。

〔註92〕 〔清〕黃宗羲：〈江右王門學案四·主事黃洛村先生弘綱〉，《明儒學案（上）》，
卷19，頁518。

已發（情）、未發（性）是一體不分的，離情無以見性，因情本身便是性體之全體發用，由發用中便可見出性體之創生及主宰作用，即使在本體寂然未發的狀態已蘊涵發用的動力，因此性情是不可區分為二的。但若要體證本體則須回歸未發的根源處，此正是歸寂說之宗旨；但反對歸寂說者均是由相對義的動靜處出發來理解江右，認為江右主張性靜情動，由情方能見性，如此理解則使性情不能合一，只落於由橫攝相對處言已發未發，而此與雙江原旨由根源處言未發，以未發作為已發之根源，已發是指本體的全體大用，已有明顯地歧出。

　　依梨洲的理解與詮釋，其認為雙江的歸寂觀點是指工夫由根源處對治，屬正本清源的工夫進路。在梨洲看來，其義理與其他王門弟子，尤其是龍溪的思考路數是不同的，雙江提出具體的實踐工夫，而龍溪卻忽略實踐的必要性；且對於龍溪對雙認之批判認為雙江區分良知為未發、已發是將良知區分為二，此是不諦當的，事實上雙江亦是強調已發未發亦是不可區分，但因未發為其根源處，若能守住根源，則其發用亦自然順遂。梨洲對於王門弟子對雙江之誤解有廓清之功，能分析出彼此差異的關鍵所在，主要在於將雙江所言的未發與已發關聯起來思考，而認定雙江並非將心體區分內外、上下，捨棄良知另求一虛妄的存有，此分判關鍵的提出對於理解其間的爭辯有提綱切領之妙。

　　至於梨洲肯定雙江、念菴救王學之功，但卻未免「頭上安頭」的弊病，此非梨洲不解雙江、念菴，而是認為此說法容易造成他人誤解。梨洲言道：「雙江、念菴舉未發以救其弊，中流一壺，王學賴以不墜，然終不免頭上安頭。」〔註93〕對於其所言的頭上安頭是指雙江念菴於良知本體之上另標舉未發之中（寂體），容易為人所誤解以為此有別於陽明所言的良知，而造成許多無謂的爭議；甚至易使人因不能深入理解其立言宗旨，只流於文字義理之爭辯，而使其功法無法廣泛推行。因此梨洲頗遺憾的是雙江念菴未能就陽明之良知義進一步深化而另立一未發寂體之概念，是其思想之限制的關鍵所在。

　　關於雙江念菴所言的工夫與陽明致良知是否有直接關聯性？即聶羅二人主靜歸寂的工夫是否與陽明工夫論相違，對此梨洲有番清楚的解釋。梨洲言道：

〔註93〕〔清〕黃宗羲：〈江右王門學案五・太常王塘南先生時槐〉，《明儒學案（上）》，卷20，頁539-540。

> 陽明自江右以後，始拈良知。其在南中，以默坐澄心爲學的，收斂
> 爲主，發散是不得已，有未發之中，始能有中節之和，其後學者有
> 喜靜厭動之弊，故以致良知救之，而曰良知是未發之中，則猶之乎
> 前說也，先生亦何背乎師門？乃當時群起而難之哉？〔註94〕

梨洲認爲雙江的歸寂說與陽明默坐澄心的工夫進路是一致的，均是觀照未發
的本體，使其保持清明靈覺，如此方能充盡發用，但此法門因弟子實踐不當，
流於耽靜時之光景，方提出致良知教救正此弊，因此靜坐澄心之功在陽明工
夫論中是被允許的教法，而江右主靜之教法與陽明宗旨亦是不違的，故梨洲
認爲雙江歸寂之說並未悖離陽明良知宗旨。

但此處又引發一問題：既然陽明嘗主默坐澄心而導致後學有喜靜厭動之
弊，而雙江念菴又提出此舊法，是否有重蹈覆轍的可能？對此牟氏提出質疑
認爲二人將工夫只鎖定在歸寂路數亦有不足處，而應進一步配合陽明所言的
工夫方有積極意義。牟氏言道：

> 大抵陽明悟得良知並提出致良知後，其後學用功皆落在如何能保任
> 而守住這良知，即以此「保任而守住」以爲致，故工夫皆落在此起
> 碼之最初步，……此皆爲的使良知保任守住而常呈現也，此本是常
> 行，不影響陽明之義理。雙江念菴之致虛守寂若亦是如此，如陽明
> 初期講學以收斂爲主，則亦不影響陽明之義理。……經過此一關以
> 體認寂體或良知眞體，並不能一了百當，……即致眞要使良知寂體
> 流行于日用之間，還是要作陽明所說的那一套，若如比則不影響陽
> 明義理。〔註95〕

牟氏認爲雙江念菴強調主靜歸寂基本上尚能以持守住良知爲主，並不致太違
背陽明之義理，但在工夫上若只言到體證此虛寂眞體仍只是初步，並不能徹
底落實，一了百當，而應配合陽明所言格致及爲善去惡的工夫。對於此質疑，
可藉由念菴的一段文字作爲辯解。念菴言道：

> 故知善知惡之知，隨出隨泯，特一時之發見焉耳，一時之發見，未
> 可盡指爲本體，則自然之明覺，固當反求其根源。蓋人生而靜，未
> 有不善，不善，動之妄也。主靜以復之，道斯凝而不流矣。神發爲

〔註94〕〔清〕黃宗羲：〈江右王門學案二・貞襄轟雙江先生豹〉，《明儒學案（上）》，
卷17，頁428。
〔註95〕牟宗三：《從陸象山到劉蕺山》，頁310。

知，良知者靜而明也，妄動以雜之，幾始失而難復矣，故必有收攝
保聚之功，以爲充達長養之地，而後定靜安慮由此以出，必於家國
天下感無不正，而未嘗爲物所動，乃可謂之格物。蓋處無弗當，而
後知無弗明，此致知所以必在於格物，物格而後爲知至也。故致知
者，致其靜無而動有者也。〔註96〕

念菴認爲若能反求根源作廓清之功，自能發而中道。而此清源之功亦是收攝
保聚本體之功，使本體能充盡創生、主宰，一切發用順此而生。若能時時行
此正源保聚之功，如此本體之發用即使遇物而感，均能不爲物所誘引，無論
在行道德判斷上、行爲表現上均能依本體之法則所主宰。而所謂的本體之發
用亦即陽明所謂的致知，致知須落實在具體情境中表現，故言致知必在於格
物，亦可言致知之功由格物中顯，即遇事而得其正可見出本體之作用。因此
可見出念菴亦強調本體之作用須在具體情境中落實，其所採取的法門是在根
源處作正本清源之工夫，保持心體的清明無染，如此便能使心體充盡發用，
表現在具體情境中便是正而不失，一切順遂，即所謂「本立而道生」的道理。
而此觀點與陽明格致之功是一致不違的，均是使本心能充盡發用而使事事物
物得其正理，所不同者在於雙江念菴特標舉出未發之中作爲根源，若未能對
此深入理解者會誤以爲此異於陽明良知宗旨，但若將未發之中對等陽明良知
來看，其工夫進路並無不同，對於牟氏之懷疑亦可予以解釋。

　　對於雙江念菴之思想進行反省後發現：其所言的本體論與陽明宗旨是相
應不悖的，所謂未發之中即陽明所謂的良知本體；至於工夫論，陽明只有所
謂格致、爲善去惡之功，但雙江念菴卻提出出主靜、歸寂說，而此亦是陽明
初期的工夫進路，故亦可視爲陽明進路的回溯，而此與濂溪主靜、延平觀未
發氣象的宗旨是相承續的，均是強調根源的回歸，而此與陽明工夫論宗旨是
不相違的，且雙江念菴亦由本體之正源進一步強調格致之功，而此亦是與陽
明格致宗旨的接合，更顯彼此之關聯性。因此我們可斷定雙江念菴之觀點與
陽明是相合的，唯有在江右自始至終標舉主靜歸寂之工夫進路此是陽明前期
所強調，但後期陽明轉爲以致知格物爲主，其間則有所差異，然此不足以論
斷江右學與陽明之殊異，畢竟教法是因應所處情境而更革的，說整體而言江
右學仍是合於陽明宗旨的。

〔註96〕〔清〕黃宗羲：〈江右王門學案三・文恭羅念菴先生洪先〉，《明儒學案（上）》，
　　　　卷18，頁478-479。

三、小　結

　　梨洲對於王學的反省是將陽明學與整個社會環境關聯起來，放在明代中葉至清初的時間脈絡中反省的。因此江右王門爲王門嫡傳的論斷便是在此觀點下的產物，而由《明儒學案》中對浙中、江右之論述中記載當時王門對整個時代的影響中可尋出其思維之痕跡。由此進一步思考思想史背後成立的根據，故須探討江右與陽明內在義理的承繼關係，以爲其論斷尋出背後的哲學基礎。

　　面對明代王學之整體發展，梨洲順著陽明前三變、後三變之發展歷程，進一步對陽明後學所提倡的四句教、四無教（浙中）及主靜、歸寂（江右）與實踐派（泰州）予以反省，此三系對陽明學的推廣均有重要地位，但梨洲卻獨標江右認爲其有救正王學之功，且於王門義理最純粹，而視爲正傳，而其評斷標準不是單以各系義理爲中心，而是說各系與整個時代之關係及文化傳承論斷之，因浙中使王學流於禪老虛寂，泰州不僅雜入佛老且使王學流於放恣背離社會規範。當然此論斷只是就歷史發展中呈現的現象而言，然而現象背後有發生的成因，石此成因須經由哲學反省方能指點出，因此由歷史角度思考的只能見出真象之跡，而真象之源則須配合哲學思考，故梨洲由整個時代發展，甚至整個傳統文化之發展斷定江右承陽明後三變之後的發展地位，進而深入反省內在義理的批判繼承關係，由此而完成判教工作。因此梨洲對於江右的詮釋主要是以思想史的角度進行對於現象整體的掌握，再以哲學角度進行深入析解，建構出其個人的詮釋體系，而所謂的江右爲王學正傳亦是在此詮釋系統下成立的，若吾人欲與梨洲系統進行理解時須進入此系統中，否則亦可開啓另一套系統進行對等的「對話」，但其先決條件仍須掌握梨洲立論的基點所在。

第五節　對泰州學派的理解與批判——重工夫實踐輕體證道德本體的泰州學派

　　在《明儒學案》中，由於此派組成分子其立身行己，講學論道之作風與其餘王門弟子不同，故不以泰州王門稱之，而另獨立爲泰州學案〔註97〕。相

〔註97〕唐君毅：〈王學之論爭及王學之二流（下）〉，《中國哲學原論・原教篇》（臺北：臺灣學生書局，1984年），頁395。

較於王門其他門派，泰州之特色在於大眾化、生活化，具有極強烈的實用性格。其組成分子涵蓋了士大夫外的社會階層有樵夫、陶匠、商人等，故其對社會的推廣層面亦較他派為廣，且此派所面對的問題意識亦較他派更能落實於具體的生活情境中，所關懷的問題是人的生命如何於生活世界中得到安頓，因此在實踐性格較突顯，而在理論方面建構較少，其理論根據大體順著陽明，但卻隨其實踐過程而有所轉化，意即因此派強調具體實踐，因此在理論上於良知外，另提出安身之道，將良知的作用具體實踐於生活世界中，故可視為陽明進一步的推展。但正因此派人物在行事上表現出「越名教而任自然」的特立行徑，往往為士大夫階層所排拒〔註 98〕。此派之主張對明際社會之影響既深且廣〔註 99〕，是明代中葉以後重要的意識潮流，為王學中不可忽視的一支。正因其地位的重要性，梨洲對其發展作了全盤的反省，其對於泰州派之評價是以陽明學甚至整個儒學作為理論準據，同時亦不忽略此派之獨特性：強烈的實用性格，故亦就此派之具體表現加以反省其得失，以此二進路建構其評價標準。梨洲言道：

> 泰州、龍溪時時不滿其師說：益啓瞿曇之秘而歸之師，蓋躋陽明而為禪矣。……泰州之後，其人多能以赤手搏蛇龍，傳至顏山農、何心隱一派，遂復非名教所能羈絡矣。……所謂祖師禪者，以作用見性，諸公掀翻天地，前不見有古人，後不見有來者。釋氏一棒一喝，當機橫行，放下柱杖，便如於愚人一般。諸公赤身擔當，無有放下時節，故其害如是。〔註 100〕

〔註 98〕對於泰州行徑之乖異，不少士大夫階層頗為排拒與痛斥。例如梨洲記載關於顏鈞之事：「然世人見其張皇，無賢不肖均惡之，以他事下南京獄，必欲殺之。」〔清〕黃宗羲：〈泰州學案〉，《明儒學案（上）》，卷 32，頁 821。梨洲又記載陽明對王艮特立獨行予以痛斥：「常是時，陽明之學謗議蜂起，而先生冠服言動，不與人同，都人以怪魁目之。同門之在京者勸之歸，先生亦移書責之，先生始還會稽見。陽明以先生意氣太高，行事太奇，痛加裁抑，及門三日不得見。」（同前）

〔註 99〕關於泰州派對社會之影響，可由梨洲《明儒學案》中之記載中見出。「心隱在京師，闢各門會館，招來四方之士，方技雜流，無不從之。」關於王艮，梨洲亦記載：「陽明而下於辯才推龍溪，然有信有不信，惟先生於眉睫之間省覺人最多。」對於韓貞，梨洲載之：「久之覺有所得，遂以化俗為任，隨機指點農工商賈，從之遊者千餘。」〔清〕黃宗羲：〈泰州學案〉，《明儒學案（上）》，卷 32，頁 822。除了以講學教化民心外，其論點對於當權者，亦產生作用，例如何心隱、李贄案，均成為主導民心歸趨，與當權黑暗政治對抗之實例。

〔註 100〕〔清〕黃宗羲：〈泰州學案〉，《明儒學案（上）》，卷 32，頁 820。

在理論方面，梨洲認爲此派之論點是援儒入釋的，已非純粹的良知學，故稱泰州派使陽明學流於禪學一路。因此在維護文化傳統的前提下，對此提出強烈駁正，希望能就儒釋義理易混淆處加以辨析釐清，使儒家意旨豁顯。在具體行事上，梨洲認爲既然此派強調具體實踐，因此對於此派代表人物之修證過程及在社會的具體表現上極爲重視〔註101〕，且就此派主張考察在社會推行教化過程及結果，加以反省批判。而梨洲所言的「非名教所能羈絡」便是就此派成員在具體行事上的表現而言，認爲此派成員強調行爲的自然率性，常不顧社會的禮教的制約，甚至常產生行爲與名教的衝突性。對於此現象，梨洲歸究其原因在於泰州之理論與禪釋「作用見性」之主張一致，非儒家式的實踐方式，故認定泰州之不諱名教約制任意而行的行徑是禪宗作用見性理論的具體實踐。由此可見出，梨洲認爲泰州之理論及具體實踐是屬禪釋一路，非儒學傳統，故對泰州提出強烈批判。

因此本節將環繞梨洲對泰州批判的核心論點：泰州所主張的日用即性即禪釋的作用見性觀點。本節之進行，先就梨洲以思想史觀點掌握泰州與王學之關聯性並將此關聯性與歷史發展結合起來理解，並進一步由此現象之跡深入進行思考導致此現象之成因，而以此建構梨洲對泰州的詮釋系統，瞭解了梨洲的系統後，進而直接就泰州義理進行理解，以逼顯出梨洲對泰州詮釋時的「先入成見」（prejudice）藉此見出梨洲的詮釋觀點。

一、對泰州學派重實踐輕道德本體的批判

梨洲所以認爲泰州背離陽明宗旨，使陽明學雜入佛理而漸失其傳，主要關鍵便在於泰州主張「日用即性」的觀點即是釋氏所言「作用見性」的觀點。對此將首先理解梨洲所謂的「作用見性」是何義，方能進一步瞭解何以梨洲會將日用即性與作用見性等同看待。關於作用見性主要是就禪宗中的祖師禪一派而言，梨洲言道：

> 佛氏之學有如來禪、祖師禪之異，然皆以空有不二爲底蘊。如來禪

〔註101〕梨洲於〈泰州學案〉對於代表人物之修正過程及行事記載甚詳。例如有關近溪之記載，梨洲云：「先生十有五而定志於張洵水，二十六正學於山農，三十四而悟易於胡生，四十六而直證道於泰山丈人，七十而問心於武夷先生。」〔清〕黃宗羲：〈泰州學案三‧參政羅近溪先生汝芳〉，《明儒學案（下）》，頁3。梨洲所以如此詳實記錄主要目的在於強調泰州人物之見解是有其修證歷程，因此在行泰州教法上不可只見其修證後的境界，而應關聯其整個修證過程來看，如此較易免於蕩越之弊，梨洲之用意在此。

言心性，祖師禪惡言心性；如來禪言體，祖師禪言用；如來禪談空，
祖師禪論實事；如來禪槁木死灰，祖師禪縱橫權術。爲祖師禪者之
言曰：「不怕甕中走卻鱉」，故只在事上立腳，心之存亡邪正一切不
足計也。兩禪之不同如此，而如來禪自眞空而妙有，祖師禪自妙有
而眞空，其歸則一也。〔註102〕

梨洲所理解祖師禪的特色是：不言空性，只言實用，即事物之妙用，而見出
萬有本空之理。祖師禪對事物的妙用並非肯定此些事物變化是眞實存在的，
意即不認爲萬物有其自體的，而是就萬物的生滅變化中指出萬有皆空之理，
即梨洲所謂的「自妙有而眞空」，即現象而證現象無自體，因無自體而言其空。
而此即現象言空之思考是建立在「空有不二」的系統架構中理解的，現象之
起是因緣湊合而生，因此現象無眞實本體之存在，因此現象本身便是空，至
於空的道理則藉由現象的生滅變化中呈顯，故現象與空是一體不二的，離空
無所謂有，離有無所謂空。因此梨洲言作用見性的概念時，亦常以作用是性、
作用爲性替代之〔註103〕，均是指於經驗現象中體證萬有皆空之理，同時亦可
理解爲現象就是「空」理的呈現，而所謂的現象均非指有實體的現象而言。
既然瞭解了梨洲對祖師禪作用見性的理解後，其意謂著無論如來禪、祖師禪
雖然在教法上指點的方式不同，但其背後的根本義理是一致的，均強調「性
空」的概念，而此與儒家強調性的實有創生義正是義理分判之關鍵，對此梨
洲言道：

蓋大化流行，不舍晝夜，無有止息，此自其變者而觀之，氣也。消
息盈虛，春之後必夏，秋之後必冬；人不轉而爲物，物不轉而爲人；
草不移而爲木，木不移而爲草，萬古如斯，此自其不變者而觀之，
理也。在人亦然，其變者，喜怒哀樂，已發未發，一動一靜。循環
無端者，心也；其不變者，惻隱羞惡，辭讓是非，糺之反覆，萌蘗
發見者，性也。從至變之中以得其不變者，而後心與理一。釋氏但
見流行之體，變化不測，故以知覺運動爲性，作用見性，其所謂不
生不滅者，即其至變者也，層層掃除，不留一法，天地萬物之變化
即吾之變化，而至變中之不變者，無所事之矣。〔註104〕

〔註102〕〔清〕黃宗羲：《南雷文案・與友人論學書》，《南雷集》，卷3，頁34。
〔註103〕梨洲言道：「佛氏之作用是性，則離達道無大本之謂矣。」〔清〕黃宗羲：〈江
　　　　右王門學案八・忠介鄒南皋先生元標〉，《明儒學案（上）》，卷23，頁620。
〔註104〕〔清〕黃宗羲：〈崇仁學案二・文敬胡敬齋先生居仁〉，《明儒學案（上）》，卷

此處梨洲提出儒釋義理的根本差異所在，在存有論方面，梨洲認為儒家強調萬象變化背後的根源之理，此實理是萬有創化的終極根源，是一切生化的主宰。此根源之理是絕對的、遍在的、真實的、永恆的存有，能行無限的創生作用。在佛家則否定宇宙中有一創生根源，而認為萬物皆因緣際會偶然而生，其終就會毀壞死滅的，而向萬物的生生滅滅中便可瞭解萬物中會歸於空寂的，無所謂消長盈虛之理。而釋氏所謂作用見性即是欲人於現象中體證萬有皆空的，與儒家強調於現象中見出恆常的生生之德是不同的。至於在心性論方面，梨洲認為儒家強調人應於心理活動過程中體證道德性的表現，而此道德性的表現便是人之所以為人的價值所在。至於佛家則認為人與萬物並無殊異，人同樣會成住壞空的，因此藉由人的知覺行為中體會人本身亦是因緣所湊合，並無所謂的實體存在，所有者只是空性，與其他萬有同樣是無自體的存在。故釋氏強調人應於生命的知覺運動中體會緣起性空之理，與儒家強調人之可貴在於道德本心是絕對不同的。由此儒釋之辨可得出一重要訊息，即梨洲認為儒釋之根本差別在於儒家強調心、理的實有義，而釋氏強調心、理的空無義，意即所謂實性、實理及空性、空理之殊別，因此在人的存有問題上，須掌握儒家所言的道德實性與釋氏強調的虛寂空性，方能簡別出彼此之差異性。

泰州派強調日用中無處非性理流行，因此無處非道之作用，而人應於日用倫常中體證天理之妙用，梨洲對於此「日用即性」之觀點並不予肯定，其對於泰州祝無功之說法有段評論，梨洲言道：

> 天臺以不容已為宗，先生從此得力，「身在心中」一語，實發先儒所
> 未發。至謂「主在道義，即蹈策士之機權亦為妙用」非儒者氣象，
> 乃釋氏作用見性之說也。古今功業如天空鳥影，以機權而幹當功業，
> 所謂以道殉人，遍地皆糞土矣。〔註105〕

若依此段文字所述，在泰州之觀點看來，即使如策士的陰謀，仍肯定其中必有本體的妙用，對此梨洲頗不以為然，在梨洲看來此論點與彼所批評的祖師禪言「縱橫權術」之論點是一致的。此處亦可顯現梨洲的論斷背後有一套價值體系作依據，其認為若依祝氏的說法則吾人日常行事之判準何在？由此段

2，頁 22。

〔註105〕〔清〕黃宗羲：〈泰州學案四·給事祝無功先生世錄〉，《明儒學案（下）》，卷
35，頁 106。

文字中意謂著梨洲仍肯定有一套真理價值作為吾人行為之判準，此真理價值
在梨洲系統中是就道德價值而言，此價值須經由實踐歷程中彰著，因此梨洲
肯定人世間有一套行為評斷價值，當然此價值非「抽象的普遍性」，而是「具
體的普遍性」〔註106〕，既然具普遍性自然仍可針對所有行為進行分判。在梨
洲看來泰州過度強調日用即性，但忽略了現實日用中有許多違逆天道的不合
理處，須經過吾人價值意識的簡別，如此處引祝氏言機權，一言及「機」便
有投機、私利之念頭攙雜其間，因此天道雖然須經由日用中顯，但其所以對
吾人產生意義仍是經由吾心之體驗、判斷方形成價值意義，故梨洲認為泰州
忽略於日用事為中經過心的體證而見出道德價值。因此對於梨洲的觀點不可
只就文字表象這行論斷，而應深入將其背後思維的基礎點出，以見出文字背
後潛隱之用意所在。除了在行為的解釋上提出質疑外，其認為在日用中指點
本體的過程中，不免為了權說指點方便，藉著吾人容易感受到的感官欲求中
指點抽象的性體，而此指點法，梨洲認為亦可能產生問題。梨洲言道：

> 先生所至，以學淑人，其大言謂：「明德本體人人所同，其氣稟拘他
> 不得，物欲蔽他不得，無工夫可做，只要自識之而已。故與愚夫愚
> 婦同其知能，便是聖人之道，愚夫愚婦之終于愚夫愚婦者，只是不
> 安其知能耳。」雖然以夫婦知能言道，不得不以耳目口鼻四肢之欲
> 言性，是即釋氏作用為性之說也。〔註107〕

此段文字是就指點法門而言，所指點的對象是平凡百姓，在當時一般百姓受
限於環境，故學問識見有限，是不容易直指本心的，只能以間接曲折的方式
指點，最簡易的莫過於以感官欲求中點化，但如何於感性欲求中真切地指點
出良知本體，此須靠教導者及被教導者的功力及慧根而定，沒有絕對保證，
若不慎反而會有錯誤理解的可能。故梨洲批評泰州於日用中指點性體之作

〔註106〕所謂具體的普遍性價值，是相對於「抽象的普遍性」價值而說的，此即卡西
勒所謂「藉由主觀的客觀性」觀點，因價值判斷必然與人相關聯，人本身進
行價值判斷時不可避免有某種程度的主觀性，但此判斷同時也是具有普遍
性，雖不具絕對必然性，但此標準應仍為大多數人所肯定，故價值判斷是雖
出於判斷者主觀的看法但卻又合乎某種普遍性原則。所以言具體是因價值
判斷往往受限於不同的時空，而有所變化，故不能以純粹性抽象性說明之，
只能以順應時空變遷的具體性形容之，表示世間並無一絕對超越的價值可主
宰人類一切行為。關於此說法可參考劉述先：《新時代哲學的信念與方法》（臺
北：臺灣商務印書館，1991年），頁122-123。
〔註107〕〔清〕黃宗羲：〈泰州學案三·侍郎楊復所先生起元〉，《明儒學案（下）》，卷
34，頁56。

用，容易使被指點者迷惑於感官欲求即是性的作用，此又可於前面所言的「機權亦是妙用」之觀點連結，泰州因過於佳調日用即性，認爲日用中無處非性理之呈顯，如此容易將生活中錯誤的行爲合理化，而使人忽略「具體普遍性價值」的重要。而其中關鍵在於教法對於人於實踐中體會實有創生的本體掌握不眞切之故，易使人誤以爲只要正視日用倫常的實踐即可，而忽略了其根本之作用在於「即用顯體」，於實踐中體證吾人眞性，若不將此根源點出，則容易使人迷惑於現象的變化，而無法於萬象中掌握眞常理想。故梨洲又言道：

> 夫儒釋之辨眞在毫釐，今言其偏於內，而不可以治天下國家；又言其只自私自利，又言只消在跡上斷，終是判斷不下。以義論之，此流行之體，儒者悟得，釋氏亦悟得，然悟此後復有大事，始究竟得流行。今觀流行之中，何以不散漫無紀？何以萬殊而一本？主宰歷然。釋氏更不深造，則其流行者亦歸之野馬塵埃之聚散而已，故吾謂釋氏是學焉而未至者也。其所見固未嘗有差，蓋離流行亦無所謂主宰耳。〔註108〕

梨洲認爲儒釋根本差異處在流行的根源，釋氏不論及此，只關注在萬象流轉終就會歸於空寂，即梨洲所言「野馬塵埃之聚散」，而不探討萬化流行如何可能。而儒家則關心在流行背後的創生根源，而此正是萬化無形的主宰，是萬化的根本，此根源並非獨立於流行之外的存有，而是流行即是此根源的全體大用，而此根源是流行所從出，流行雖不即是主宰，然主宰不離流行。因此梨洲認爲儒釋二家均能掌握萬化流行，所不同處在於釋氏見萬象因無所出，故無自性；而儒家認爲萬象有所出，故有其終極根源。

何以泰州的日用即性原本是強調良知本體於日用中落實，而竟會導致對道德價值的忽略，其關鍵點何在？筆者認爲問題出在泰州將陽明所言良知的道德價值轉向爲美感價值，希望使道德價值與美感價值能結合，但在結合過程如果不夠穩當，甚至偏於美感價值，反而容易使人流於執著美感價值產生的光景，而忽略道德價值的作用。因此由梨洲的批判中可以見出泰州學者在「由知轉樂」或進一步使「知樂一體」的融合過程中往往因不夠細密精確，反而導致光景的執定，故梨洲強調應以道德價值的穩立入手，若欲言及樂境

〔註108〕〔清〕黃宗羲：〈泰州學案三·參政羅近溪先生汝芳〉，《明儒學案（下）》，卷34，頁4。

仍須謹慎爲之，但仍不宜以此爲教法普遍推廣，因在實踐上有極高的危險性，一不慎容易流於狂蕩。梨洲言道：

> 至明而爲白沙之藤蓑，心齋父子之提倡，是皆有味乎其言之，然而此處最難領會，稍差便入狂蕩一路，所以朱子言曾點不可學，明道說康節豪傑之士，根本不貼地，白沙亦有說夢之戒，細詳先生之學，未免猶在光景作活計。〔註109〕

梨洲並不否定所謂的樂境，但其強調此處最難掌握，不易學習，若不慎反而會流於玩弄光景之弊。即使宋儒及白沙對樂境有所描述，但仍認爲過度強調此會有狂蕩的危險，故皆謹慎論之。因此梨洲在〈諸儒學案〉中評斷莊定山時認爲其對於曾點傳統能充分享受其間之樂處，但遺憾的是其「功夫未細，而受用太早」〔註110〕，此即牟氏強調良知於日用間的流行須以眞實工夫爲基礎，否則良知的流行只是光景，此是廣義的光景，在此虛妄的流行中，懸空描繪良知，則良知本身成了光景，此是光景的狹義〔註111〕。因此若無具體工夫作依據，則所體認的人我、物我一體流行，甚至於一體流行中所掌握的良知本體均是虛妄的假象，而非眞實的存在。

　　梨洲認爲曾點傳統與禪宗精神極爲相近，而分辨的關鍵便在於對道德本體的掌握與否。此是根本所在，若根本挺立即成爲儒，否則入於禪，此處可由梨洲辯白沙非禪之論點見出其端倪。梨洲言道：

> 白沙論道，至精微處極似禪，其所以異者在「握其樞機，端其銜綏」而已，禪則并此而無之也，奈何論者不察，同類並觀之予？〔註112〕

此處所謂的樞機、銜接是比喻關鍵、根本之意，此處是指心體，白沙之論雖與禪理近似，但其畢竟不是禪，因禪與非禪的關鍵便是在道德本心的掌握與否。

　　梨洲認爲曾點傳統的保證應建立在道德實性的把握上，其雖認爲言樂境

〔註109〕〔清〕黃宗羲：〈泰州・處士王東崖先生襞〉，《明儒學案（上）》，卷32，頁840。

〔註110〕梨洲認爲：「先生以無言自得爲宗，受用於浴沂之趣，山峙川流之妙，鳶飛魚躍之機，略見源頭，打成一片，而於所謂文理密察者，竟不加功，蓋功未入細，受用而太早。」〔清〕黃宗羲：〈諸儒學案上三・郎中莊定山先生昹〉，《明儒學案（下）》，卷45，頁375。

〔註111〕牟宗三：《從陸象山到劉蕺山》，頁287。

〔註112〕〔清〕黃宗羲：〈白沙學案上・通政張東所先生詡〉，《明儒學案（下）》，卷6，頁100。

有其危險性，但若能持守住道德本心而不失，就此確實作工夫，而達至此自然渾融之樂境，此觀點仍是合於儒家宗旨的。

由此亦可見出梨洲對於泰州的批判準據，完全是建立在是否於實踐中肯定本體的實有創生義，如此方不致流於空守虛妄的光景，進而順著性理本然之發用行事，若能把握此原則，梨洲方認為無論言日用即性，即心言樂，均是可被允許的。但泰州派大部分學者對此關鍵未能明確提出，只是一味強調「日用」、「樂」，而不強調「性」與「知」，如此儒釋界線不明，而不免失去儒家本位立場，而援儒入釋了。由梨洲的評斷依據可明顯見出梨洲所秉守的立論基礎與泰州立論宗旨明顯不同，主要落在對本體層次理解的差異：泰州是強調化境層次，而梨洲堅持實存層次。所謂境界層次是就泰州強調樂境的體悟，而樂並非實有義而是一種修養境界，至於梨洲強調道德意識便是對本體從實有義處掌握，而非視為境界。因此梨洲與泰州對本體層次的理解路向不同，自然造成系統的差異，雖然如此，吾人仍可進一步就此現象反省何以梨洲會以此觀點來批判泰州。

梨洲所以會以儒釋之辨的基點切入來批判泰州主要是梨洲是將泰州學派放在整個歷史文化歷程中思考的，既然泰州直承陽明而來，自然屬儒家體系，而儒學的宗旨便在於道德良知的肯定，此是儒學的真血脈，若不於此處立本則無法成其其為儒學面貌。梨洲便以此作為核心，對泰州派進行檢視，發現泰州派對於道德實性是略而不論的，反代以樂為心之本體，以梨洲的權衡標準看來無疑是衝突的。因此梨洲認為泰州派言日用即性，即心言樂時若能強調道德實性的優位性，其理論仍是合於儒學路數的，否則便入於禪釋。

二、將王學由「重德傳統」轉向「重樂傳統」

「日用即性」是泰州派共法，何以泰州派會如此強調日用即性之重要性？主因在於泰州認為聖人之道應廣及於社會各階層，士農工商均有學道的進路，而不僅只歸屬知識分子的族群。故王一菴對王艮有一段描述文字即可見出梗概，王一菴言道：

> 自古士農工商業雖不同，然人人皆可共學，孔門弟子三千，而身通六藝者才七十二，其餘則皆無知鄙夫耳。……天生我師，崛起海濱，慨然獨悟，直超孔孟，直指人心，然後愚夫俗子，不識一字之人，皆知自性自靈，自完自足，不暇聞見，不煩口耳，而二千年不傳之

消息，一朝復明。〔註113〕

因此日用即道論點的提出是王學廣範普及的開始，擴及於社會各階層，而《明儒學案》中所列代表人物其中便有商人、田夫、樵夫等階層，而此些階層所關切的便是日用民生，而非關切良知以何狀態存在及如何作用的問題，因此修道與生活必須是緊密結合的，直接由日用中體證本體的作用，而非離日用另尋抽象的良知本體。

尚於泰州派的關切對象是落在廣大的百姓，故將傳統儒家的聖人之道轉向於百姓日用，強調道德理想於具體生活世界的落實。王艮認爲：「聖人之道無異於百姓日用，凡有異者皆謂之異端。」〔註114〕王襞言道：「穿衣喫飯，接人待物，項項不昧的參來參去，自有個入處，……蓋是爾本有具足的良知。」〔註115〕方本菴言：「善事心者，日用事物皆心也。」〔註116〕泰州派的特色便是先驗地肯定人人皆有良知，而良知無時不在作用，故日用間無處非性體之呈現，除了日用生活外別無所謂良知性體，無所謂聖人之道。

正因泰州強調日用即性、日用即道，因此在人的存有問題上強調良知本體須與感性形軀關聯在一起，不應將良知獨立於形軀之外，而應就人的整體存在而言，同時兼顧構成人存在的精神層面與物質層面。故除了承順陽明言良知言安心之道外，另提出安身之道。所謂的安身便是愛惜形軀生命，使其得到安頓。因此除了精神生活須得到滿足外，物質生活亦不可匱乏。故王艮言道：

> 安其身而安其心者，上也；不安其身而安其心者，次之；不安其身又不安其心，斯爲下矣。危其身於天地萬物者謂之失本，潔其身於天地萬物者謂之遺末。〔註117〕

王艮之觀點無疑是對陽明學標舉良知的轉向與推展，陽明強調良知是就根本

〔註113〕〔清〕黃宗羲：〈泰州學案一‧教諭王一菴先生棟（語錄）〉，《明儒學案（上）》，卷32，頁866。

〔註114〕〔清〕黃宗羲：〈泰州學案一‧處士王心齋先生艮（心齋語錄）〉，《明儒學案（上）》，卷32，頁834。

〔註115〕〔清〕黃宗羲：〈泰州學案一‧處士王東崖先生襞（東崖語錄）〉，《明儒學案（上）》，卷32，頁845。

〔註116〕〔清〕黃宗羲：〈泰州學案四‧明經方本菴先生學漸（心學宗）〉，《明儒學案（下）》，卷35，頁97。

〔註117〕〔清〕黃宗羲：〈泰州學案一‧處士王心齋先生艮（心齋語錄）〉，《明儒學案（上）》，卷32，頁833。

的挺立言，而泰州強調安身則是陽明學發展的必然走向。畢竟人是一不可分割的整體存在，良知本體是不能離形軀而獨立，因此在陽明強調良知之重要性後，必然得進一步關切如何使良知本體落實的問題。而王艮「以心為本，以身為末區分輕重，認為本末應兼顧，遺本遺末均是有缺憾」的主張正好接續陽明良知學的發展脈絡，彌補王學末流因過度強調良知的優位性而忽略如何落實的問題。

至於人的生命得到安頓以後會是如何的境界，泰州於此標舉出樂境。此重樂傳統是自曾點而傳，自宋儒、明際陳白沙傳承而來，此重樂傳統一直為重德傳統所掩蓋，而在其間潛伏發展，而泰州便明確標榜此曾點傳統。牟先生認為泰州所言的樂，以王襞為例，其所言的樂是無所倚，與莊子「無待」為逍遙的境界相近，但此是不容易達至的極高神境〔註 118〕。唐君毅認為泰州所言的樂是與其身安有關，身安則人能於平凡的生活之事中得其樂，人只須還觀其身一氣流行，當下便見得安樂處〔註 119〕。泰州派強調日用中學習安身安心之道便能當下體驗其中的樂處，此樂是心體自然而發，無所依持，無處不在的。

事實上，在陽明甚至整個儒家體系強調本體存有與價值是一體的，但所謂的價值卻只強調道德價值，因此一言價值即是指道德價值而言。但因過度突顯道德價值之重要性，一旦道德失去真實內涵只剩下形式時便成了僵化的教條，反成為人生命的束縛，泰州鑑於王學過度強調良知的道德價值，使人的生命處於嚴謹兢業的狀態，缺乏生命的輕鬆活潑，故主張人應從緊繃的狀態釋放開來，強調體會生命原是自然活潑，不學不慮，充滿生機的，因此產生了對良知本體不同特性的掌握——由重德轉為重樂，使生命掙脫道德價值的束縛，展現原始自然的生機，此並不表示良知的道德義已取消，而是進一步轉化，化去因執著產生的緊張，使道德能在自然活潑的情境中被實踐。良知本體不再被獨立標舉，而是與形軀並重的，使身心合而為一。至於本體的價值則不再是道德價值獨尊局面，而是與另一種價值的並立——美感價值，泰州積極提升此價值之地位，使其化解道德實踐的緊張性，使個體生命能與整個人文界，甚至自然界形成一片活潑的自然生機，取消過多的人為制作，充分順應自然氣機的律動性，而良知本體便自然地在其間發用。

〔註 118〕 牟宗三：《從陸象山到劉蕺山》，頁 287。
〔註 119〕 唐君毅：《中國哲學原論・原教篇》，頁 398。

三、小　結

　　梨洲對泰州的批判是整體反省的，但並不意味著梨洲對於泰州諸人是全盤否定的，例如羅近溪，梨洲雖評斷其近禪但並不擯棄其說〔註120〕，由此見出梨洲並非否定儒釋義理之融會，其本身亦承認在時代風氣下此融會的過程是不可避免的，甚至朱子、陽明亦是嘗出入釋理而歸返儒宗〔註121〕，但何以仍對泰州進行嚴厲批判？主要因素在於梨洲，雖然將泰州獨立標出，但仍視其為王學的支系，且肯定此派對王學有推展之功，但亦不諱言泰州使陽明學傾向於禪而使其宗旨失傳，梨洲言道：「陽明先生之學，有泰州、龍溪而風行天下，亦因泰州、龍溪而漸失其傳。」〔註122〕而此批判是站在維護陽明學宗旨的立場而論的，此又牽涉到所謂梨洲所理解的陽明宗旨，彼對於陽明之詮釋強調人於實踐中去體證良知，肯定陽明的致良知教，承繼陽明的本體實踐，標舉實踐的重要。若將此論點放入泰州派進行檢證可發現：就實踐處言是相合的，但說實踐中去證成人性則與泰州日用即性似乎有某種程度的相似性，但就義理內在本質而言所證成的結果有所不同，即前述泰州的重樂傳統是強調實踐所創造的境界，而梨洲的重德傳統是強調於實踐中體證本體的實有創生性，此二者明顯之差異在於實踐後所體證的結果不同，泰州傾向曾點傳統，而梨洲仍是孟子傳統，正因彼此對於實踐的目的設定不同，故梨洲以泰州未能點出此關鍵而認為泰州悖離陽明宗旨。對於梨洲的論斷彼是建立在泰州與陽明密切承繼上而不由創造處判定，而此基點即是將泰州視為對陽明學是屬「批判的繼承」，意即肯定泰州對陽明學仍屬內在地承繼，並非外在地開創，故對於泰州攙雜釋理，其採取的便是嚴厲的批判態度。就梨洲如此的論斷，事實上梨洲並非不能理解泰然，此可由梨洲明確點出泰州是屬曾點重樂傳統

〔註120〕梨洲言道：「若以先生近禪，并棄其說，則是俗儒之見，去聖亦遠矣。」〔清〕黃宗羲：〈泰州學案三・參政羅近溪先生汝芳〉，《明儒學案（下）》，卷34，頁4。

〔註121〕梨洲言道：「儒釋之學如冰炭之不同，然釋之初興，由儒以附益之，浸淫而至於毫釐之際，亦唯儒者能究其底蘊，故自來佛法之盛，必有儒者開其溝澮。……明初以來宗風寥落，萬曆間儒者講席遍天下……至於密雲湛然，則周海門、陶石簣為之推波助瀾，而儒釋幾如肉受串，處處同其味矣。……學儒乃能知佛耳，然知佛之後分為兩界，有知之而允蹈之者，則無詬、慈湖、龍溪、南皋是也；有知之而返求之六經者，則濂、洛、考亭、陽明、念菴、塘南是也。」〔清〕黃宗羲：《南雷文定後集・張仁菴先生墓誌銘》，《南雷文定（三）》，卷4，頁53。

〔註122〕〔清〕黃宗羲：〈泰州學案一〉，《明儒學案（上）》，卷32，頁820。

中見出，但梨洲所以不同意泰州如此立論，主要在於此套論點在工夫實踐時有其困難處，關鍵在於樂境不易掌提，一不慎客易墮入玩弄光景之弊，或落入狂蕩恣肆之地步，不宜作為普遍教法。梨洲此套觀點主要是鑑於泰州對明末所造成的社會影響中考察而得，進一步由此現象回溯泰州的理論進行檢證而得的。對於梨洲此批判觀點基本上是能檢點出泰州真正弊端所在，當然任何教法的特色同時也是其限制之所在，而此正是進行思想史反省所必須面對的問題，與哲學思考可純粹就其理論特色進行理解是不同的。而梨洲對泰州的批判便是由思想史觀點切入，對泰州教法所產生的影響進行全面考察，並針對問題所在而對理論提出修正——以實踐中體證本體代替樂境的追求，就此而言，梨洲對於救正泰州所造成的負面作用，無疑是有其貢獻的。

當然梨洲的詮釋觀點只能代表梨洲個人對泰州學的詮釋立場，並不表示對泰州學只能有此詮釋系統，任何人均可以不同的詮釋觀點對泰州進行詮釋，當然亦可如牟氏以泰州（近溪）是將過去所強調抽象狀態的本體落實下來，歸屬於具體而真實的體，使人生命出於幽暗歸於順適平常〔註 123〕。牟氏之觀點是認為泰州（近溪）是將良知本體真實落實於具體生活世界，是內聖學必然的發展走向〔註 124〕。其立場主要關注在泰州所言的「日用」與「樂」上，因牟先生以預設泰州派對陽明良知本體已有清楚地掌握，而在此基礎上進一步向前開展。此詮釋立場即是將泰州視為陽明學創造的詮釋者，即由創造的發展層次來理解泰州學與陽明學之關係，此與梨洲的詮釋進路是截然不同的。但此二詮釋路向可經由「對話」的歷程來達到「視域」的交流，使泰州學因不同的詮釋系統而豐富起來。而本文主要的用意便在於瞭解梨洲對泰州的詮釋觀點及其詮釋歷程，希望能儘量接近梨洲的詮釋系統之原意，而使後面的對話工作能在此相應瞭解的基礎上進一步開展。

〔註 123〕 牟氏認為：「是以在道德踐履之體現『體』而使之成為具體而真實的體，使之成為天明天常的體，以成道德之實事，成具體的道德行為之純亦不已，拆穿此光景而化之，把那投置于抽象狀態中的體，懸掛的體，拖下來而使之歸於具體而真實的體，把那鬼窟打散，使體恢復其天明，使吾人之生命亦出於幽而歸于順適平常，乃成道德踐履中最艱苦的工夫，此步作到，便是化境。」牟宗三：《心體與性體》（二），頁 125。

〔註 124〕 牟氏認為：「何以說近溪以此為勝場是內聖之學發展中應有必有之義？蓋無論本體宇宙論地言『天命於穆不已』之流行之體，或是道德地言之心體性體或知體，皆須在道德實踐中體現中始成為具體而真實之體。」牟宗三：《心體與性體》（二），頁 124。

第五章　重視經世致用與肯定道德事功

第一節　前　言

　　本章所提出兩組對立問題，一組是知識與道德，一組是事功與道德，此
自宋代至清初一直是學術界爭議點所在，至明末又成為關切的問題。對此將
先針對何以梨洲會正視此些問題及此些問題是在何種情境下提出的；同時並
說學術史之發展見出梨洲是如何思考此些問題，並提出何種對治之方。

　　事實上梨洲所以認為知識與道德，事功與道德之對立必須解消，所針對
者並非朱陸、朱陳的觀點，而主要是針對明代的學術風氣，因當時學者未能
認清先儒之宗旨，而只重表面教相之異，甚至忽略了此兩組問題原初的動機
及終極理想，而往往流於意氣之爭，立場的叫囂。對此現象，梨洲言道：

> 奈何今之言心學者，則無事乎讀書窮理；言理學者，所讀之書，不
> 過經生之章句，所窮之理不過字義之從違，薄文苑為詞章，惜儒林
> 於皓首，封己守殘，摘索不出一卷之內，其規為措注，與纖兒細士
> 不見長短，天崩地解，落然無與吾事，猶且說同道異，自附於所謂
> 道學者，直非逃之者愈巧乎？〔註1〕

此處梨洲明白點出其所欲批判的是當時學術界號稱理學家、心學家之人，對
於心學、理學之精神並未能深切掌握，將道德與窮理區分為二。理學家所
言的窮埋亦非程朱所謂的窮理，不過是章句、字義之考究，甚至桎梏於觀點
異同之爭論，此與道學家應以修身致用為本的精神大大悖離。梨洲認為歸

〔註 1〕　〔清〕黃宗羲：〈留別海昌同學序〉，《南雷文定前集》，卷 1，頁 16。

根究柢在於明代官方修《宋史》時強將宋儒因事功、經制之不同區分爲儒林傳、道學傳，明白將道學獨立出來，此已產生歧出；同時在明代鄧潛谷將道學又分裂爲理學、心學二系，分類愈細，彼此偏重愈顯〔註2〕。由此反應出：明人對於宋代理學之精神已無法充全掌握，故梨洲認爲明代理學離原始儒家精神愈趨遙遠。對於此學術趨勢，梨洲頗爲不滿，故產生回溯根源之念，重新反省朱陸異同的問題，將此劣勢導正，遂有所謂解消知識與道德之對立，並進一步加以融合之舉。除了此問題，對於道德事功之對立亦然。梨洲言道：

> 自事功與仁義分途，於是言仁義之陸沉泥腐，天下無可通之志；矜事功者縱橫禆闔，咋舌忠孝之言，兩者交譏。豈知古今無無事功之仁義，亦無不本仁義之事功。四民之常，各事其事，出於公者，即謂之義；出於私者，即謂之利，故不必違才易務也。〔註3〕

梨洲認爲當時社會將事功、道德區隔爲二，各行所偏重，遂產生限制。重道德輕事功者，落於虛言道德，無濟世之功；言事功輕道德者只見出制度之偏，忽略了治本之道，故梨洲認爲事功道德須兼行不可偏廢。梨洲所批判的是當時空言仁義輕乎致用之學者，及重實事實行而輕乎道德實踐者，前者所指應是當時普遍現象，而後者是就泰州諸人之行徑而論，例如李贄、何心隱諸人，梨洲稱何心隱：「蓋一變而爲儀秦之學矣。」〔註4〕李贄強調實利實功，彼言道：

> 夫欲正義是利之也，若不謀利不可正矣，吾道苟明則吾功畢矣。若不計功，又何時而可明也？今日聖學無所爲，又何以聖爲乎？夫子曰：「仁者先難後獲。」言先其難者，其後當自獲，非謂全不求獲，全無所爲，而率爾冒爲之也，此孔子所以貴夫言不顧行，而欲先行其言者以此。〔註5〕

李贄反對賈誼「正其誼不謀其利，明其道不計其功」的說法，批評儒者不重實行之弊，而認爲孔孟眞精神在於強調實事實行，對於當時空言仁義之假道學嚴厲批判。對於李氏之觀點，站在梨洲的立場是極反對的，正如梨洲所批

〔註2〕〔清〕黃宗羲：〈留別海昌同學序〉，《南雷文定前集》，卷1，頁16。
〔註3〕〔清〕黃宗羲：〈國勛倪君墓誌銘〉，《黃梨洲文集》，《黃宗羲全集》第10冊，頁485。
〔註4〕〔清〕黃宗羲：〈泰州學案一〉，《明儒學案（上）》，卷32，頁823。
〔註5〕〔明〕李贄：〈德業儒臣後論〉，《藏書》（臺北：臺灣學生書局，1995年），卷32，頁544。

判的「諸公掀翻天地，前不見有古人，後不見有來者，……諸公赤身擔當，無有放下時節。」〔註6〕彼認爲泰州諸人之行徑便是輕乎以仁義作爲實踐之本，方至於行爲狂蕩無所約制，尚此可見出梨洲之主張所在。

由此可明顯發現：梨洲所以自覺此二對立問題之重要性，主要是見出此二爭議已造成社會、學術風氣即嚴重的不良影響，使整個思潮落入無窮的紛爭，而眞象卻被此些假象所蒙蔽，因鑑於此，梨洲深感有澄清之必要，故重新就根源處省思問題之癥結所在。首先就知識與道德對立問題之濫觴處進行考察。

最早提出聞見之知與德性之知之區分者是張載，張載認爲：「聞見之知，乃物交而知，非德性所知；德性所知，不萌於見聞。」〔註7〕張載認爲聞見之知是出於感官對外物之感識作用，是緣於外而起的知識；而德性之知是吾身本具，不時物起。又言道：

> 天之明莫大於日，故有目接之，不知其幾萬里之高也；天之聲莫大於雷霆，故有耳以屬之，莫之其幾萬里之遠也；天之不御莫大於太虛，故心之廓之，莫究其極也。人病以耳目見聞累其心，而不務盡其心，故知盡其心者，必知心所從來而後能。〔註8〕

由此見出張載認爲人認識外界是不能離開耳目聞見的，但又不能僅恃於此，因彼認爲聞見所得只是萬物表象，無法見出更深層的存在之理，而此則須心之作用，但人若執著於聞見則容易使心障蔽無法體認深層之理，故彼認爲人應棄絕以聞見爲究竟之心態，不以聞見蔽心，如此心方能清靈而能充盡體萬物存有之理。此處可見出：張載區分聞見與德性之知的不同，彼並不否認聞見之作用，只是點出人不應僅此爲限，應能正視心之作用方是根本之道，故張載強調「大心」。

至於伊川對聞見德性之知的區分與張載是相同的，伊川認爲：「聞見之知非德性之知，物交物則知之，非內也；今之所謂博物多能者是也；德性之知不假聞見。」〔註9〕伊川認爲聞見之知完全決定於外，識物多自然識見廣；而德性之知完全自起不依聞見而有。伊川言格物窮理，主張人應藉由治學體物

〔註6〕　〔清〕黃宗羲：〈泰州學案一〉，《明儒學案（上）》，卷32，頁820。

〔註7〕　〔宋〕張載：〈大心篇〉，《張子正蒙注》，頁104。

〔註8〕　〔宋〕張載：《張子正蒙注》，頁105-106。

〔註9〕　〔宋〕程顥、程頤：〈伊川語十一〉，《二程集》（臺北：漢京文化事業有限公司，1983年），卷25，頁317。

來認識天理，伊川言道：

> 或問：「學必窮理，物散萬殊，何由而窮盡其理？」子曰：「頌詩書，
> 考古今，察物情，揆人事，反復研究而思索之，求止於至善，非蓋
> 一端而已也。」又問：「泛然，其何以會而通之？」子曰：「求一物
> 而通萬殊，雖顏子不敢謂能也，夫亦積習既久，則脫然自有貫通，
> 所以然者，萬物一理故也。」〔註10〕

此處可見出伊川認為人不應只限於一心之持守，而應將心推擴於外界去即物
窮理，但程子所謂的窮理並非窮究物理，而是以己心去與萬物根源之理相感
通，因吾心之理與萬物之理是一體流行的，故窮理只不過是外吾之形軀，非
外吾心也。因此可見出：伊川並不廢聞見，所謂的治學、考察均須經由聞見
之作用，但須注意的是伊川所重仍非博物多聞的知識而是成德的知識，因此
聞見不過是體道之輔助資具。

　　至於朱子，彼對於知識之看法與伊川頗近似，朱子言道：「格物只是就一
物上窮盡一物之理，致知便只是窮理盡後，我之知識亦無不盡處，若推此知
識而致知也。」〔註11〕又言：「推極我所知，須要就那事物上理會，致知是自
我而言，格物是就物而言，若不格物何緣得知？而今人也有推極其知者，卻
只是泛泛然竭其心思，都不就事物上窮究，如此終無所止。」〔註12〕由此瞭
解朱子強調人必然需要致知，不可只謹守內在心性而不推擴，朱子認為心推
擴必及於物，而及物之目的便是窮萬物存有之理，而非科學物理，是以吾心
之知通貫於物上進行感通，使吾心之理因交流而更豐富。事實上朱子之觀點
並非意指吾心之理有所不足而須恃於外物之理，而是人因謂現實欲望氣質之
限，使吾性無法充分開展，故須藉由吾心自覺向外推擴，藉萬物之理與吾心
之互動使心逐漸開顯，外界不過是提供吾人自我提昇之資具，其動機及目的
仍是為成就自家生命。

　　至於象山，彼對於知識之看法，象山認為：「讀書固不可不曉文義，然只
是以曉文義為事，只是兒童之學須看意旨所在。」〔註13〕又言：「某常另後生

〔註10〕　〔宋〕程顥、程頤：《河南程氏粹言・論學》，《二程集》卷1，頁1191。
〔註11〕　〔宋〕朱熹：〈答黃子耕五〉，《朱文公文集》（臺北：里仁書局，1981年），卷
　　　　　51，頁3565。
〔註12〕　〔宋〕朱熹著、黎靖德編：〈黃義剛錄〉，《朱子語類》（臺北：文津出版社，
　　　　　1986年），卷15，頁467-468。
〔註13〕　〔宋〕陸象山：〈語錄〉，《陸象山全集》（臺北：世界書局，1979年），卷35，

讀書時，且精讀文義分明，事節易曉者，優游觀詠與日用相協，非但空言虛說。」〔註14〕由此可見出象山亦非棄書不觀，但彼強調念書不應泥於文義表象，應穿透而見出背後之深意；同時所學應運用於日用上，不可落於純知識的空言。

綜觀宋代諸儒對聞見之知與德性之知的看法可發現：此些儒者並完全反對聞見之知，何以言之？即如張載、程子雖然認為聞見之知是外起的，且認為執定於聞見會妨礙心去認識真理，但此說法之用意並非欲人脫離聞見，而是積極指點出人不應只限於此便自足，而應以體證天理作為最究竟之事，對於朱子、象山亦然。諸家在教相上雖有不同，然其最終目的均是朝向人應經由實踐去體證天理，只不過在指點方式上有所差異，例如象山便強調先立其大，認為人應於根源處穩立為主；而朱子則正視人存在之限制，故加強格物窮理的輔助之功，以加強人體道之道德動力。因此各家紛紛針對人的各種限制提出對治法門，應將其背後真正用心點出，方不致泥於字面而起無味爭執，對於朱陸異同中知識與道德的關係之理解亦應以此態度冷靜面對。

對於事功與道德之問題，關於事功的重視與否不能只就儒者本身是否提出具體的治國實務，因事功之實踐必須有客觀條件的配合，即所謂「時位」問題，應將此關聯在事功問題中討論。例如朱子、陳亮同樣面臨南宋汲汲可危的局勢，但彼此採取之方式卻截然不同，陳亮採取積極提倡事功之學，研究戰功戰術，數度上書主張抗金；而朱子所採取的態度便是於教化上安定人心，強調救國必先救本——強調君心之正〔註15〕，行「醇儒」之道〔註16〕，此處可明顯見出面對同樣的情勢，所提出的對治之方亦有不同：陳亮強調救國之實功，朱子強調先安定國本——正心，彼此均是提出實學經世，但採取之法門卻各有不同。但就陳亮之事跡考察可發現，同甫積極參與實際政事，但卻數度遭政敵迫害，而被捕入獄，由此可見出知識分子欲行致用理想仍有

頁279。
〔註14〕 〔宋〕陸象山：〈與朱濟道之二〉，《陸象山全集》，頁91。
〔註15〕 朱子言道：「義嘗謂天下之事有本有末，正其本者，雖若迂緩，而實易為力；救其末者，雖若切至，而實難為功，是以昔之善論事者，必得明夫本末之所在，而先正其本。……此熹所以……深以格夫君心之非者，有望於明公。」〔宋〕朱熹：〈與陳侍郎書〉，《朱文公文集》，卷24，頁905-906。
〔註16〕 朱子言道：「絀去義利雙行，王霸並用之說，而從事於懲忿窒欲，遷善改過之事，粹然以醇儒之道自律。」〔宋〕朱熹：〈與陳同甫書〉，《朱文公文集》，卷36，頁2302-2303。

其現實上的限制。

由朱子、陳亮論點之差異中可見出一現象：儒者對於問題的思考有不同的角度，或就實務上著眼，或由理念處著眼，但彼此均能正視現實的問題，因此關於朱子、陳亮道德事功之辨論，並非一方重實用，一方只重修養，而是可以由彼此對於問題不同的思考進路來看待。

本章與前章同是以歷史性儒學中所標舉人性及致用的概念，作為梨洲反省及批判的問題之主要立場。前章反省的是王學的發展歷程，而本章則是考察梨洲如何運用此核心觀點對對此二對立問題進行消解，並進一步加以融合，便是本章之思考重心所在。

第二節　重視經世致用

自朱陸提出道問學與尊德性後，在明代竟產生理學不同工夫進路之對立，形成宗朱派、宗陸派不同理念之對陣，但此參與對陣之局者並非真正對朱陸二人之學說有清楚認知，反而多淪為意氣、權勢之對立。故梨洲言道：「奈何獨不睹二先生之全書，從未究二先生之本末，糠秕眯目，強附高門，淺不自量，妄相詆毀。」〔註17〕因此為化解此學術公案，重新反省朱子、象山之觀點有其必要性。同時吾人可進一步思考知識與道德之關聯性，此二者是屬個別存在或是以某種關係結合，此問題對重德傳統的儒家一直是糾葛處所在。本節將針對朱陸會通及知識與道德安立之問題就梨洲之觀點進行反省，以見出梨洲歷史性儒學如何基於前賢之智慧重建知識與道德間的存在關係。

一、以理一分殊會通朱陸

關於朱陸異同的問題一直是宋明、清代學術界重要爭論議題，若回溯朱學、陸學本身去省察可發現：朱子標舉道問學，不過是為人提供一條由下學而上達之進路，並非出於純知識的認知興趣，其目的仍是以開顯人性價值為依歸，因此無法以智識主義者視之，只能稱朱子是提出一套以智達德的實踐路數。故林安梧認為知識與道德充滿辯證性和涵，均是通往終極而超越的性理，因此知識與道德的辯證均歸向本體論之建立〔註18〕。至於象山雖然強調

〔註17〕〔清〕黃宗羲：〈象山學案〉，《宋元學案》，卷58，頁1608。
〔註18〕林安梧云：「但在朱子的系統裡，我們卻看到知識與道德充滿辯證性的相涵相

道德之優位性，但其對於讀書亦是極重視的，故其論道：「束書不觀，游談無根。」〔註19〕又言：「某何嘗不讀書來，只是比他人讀得別些子。」〔註20〕既然朱陸二人均認爲知識與道德不可廢棄，但何以會造成兩派如此深的分歧？追根究柢是歸於朱陸之學彼此有明顯工夫實踐的差異，但朱陸二人對對方之論點皆充滿誤解與歧見，或交互批評對方爲禪；或批評對方只重本根忽略問學，重於外求不知立本，對於彼此之論點無法相應理解，雖漸有互動，但問題癥結仍在，而此歧異便逐漸深化，形成鴻溝。

　　朱學、陸學基本上是不同的理論系統，朱子主性即理，而象山是屬心即理，朱子將心與理歧分爲二，與象山心理爲一有明顯不同；而在工夫進路上亦有不同，朱子強調格物窮理，而象山強調先立其大，二人在本體論、工夫論上有明顯差異。當然各種主張其特色之所在，同時也是其限制之所在，雖然朱陸二人自覺地儘量避免此限制，但隨著學說之傳衍發展偏弊自然逐漸呈顯，而同時也形成兩種不同實踐進路的明確標榜。

　　就整個明代思想史的發展來看，明代朱學是以官學的樣貌呈現，在陽明學出現以前一直以獨專的姿態引領時代思潮；到了明中葉王學在民間發揮了不小的影響力，儼然與官方朱學分庭抗禮，形成各領風騷的局面；但到了明末王學末流逐漸趨向虛懸良知，忽略於生活世界中的具體實踐，已不足以因應時代所面臨的課題——救亡圖存，於是知識分子重新反思王學的限制，一方面對王學進行批判與改造，一方面又思索由朱學重實學實理的路數是否可化解此僵局，因此就整個明代思想史的發展來看可說是全盤籠罩在朱王之學的範圍中，亦即整個時代仍涵蓋在尊德性與道問學的爭議之下，不僅王學本身對此問題有所思考，宗朱學者呂涇野、羅整菴亦針對此問題進行理解。甚至到清代此問題的爭議仍然存在，顧、黃、王三人均針對此問題提出見解，戴震與章學誠對此問題亦往復辯難，到了乾嘉朱學逐漸統攝了整個學術界，此爭論暫告停歇。對於此歷史現象，我們可以發現就整體而言明清的程朱學

　　攝，因爲就朱子而言，知識的目的是通往終極而超越的性理，道德之目的亦然。知識的獲得原只是此性理之開展，道德之實踐亦只是此性理的流行。換言之，朱子的本體論、認識論、實踐工夫論是結合成一體的。而知識（認識論）與道德（實踐工夫論）的辯證都歸向本體論的建立。」林安梧：〈知識與道德的辯證性結構——對朱子學的一些檢討〉，《思與言》，22 卷第 4 期，1984 年 11 月，頁 321-333。

〔註19〕　〔宋〕陸象山：〈語錄〉，《陸象山全集》，卷 34，頁 269。
〔註20〕　〔宋〕陸象山：《陸象山全集》，卷 35，頁 289。

與陸王學彼此壁壘分明，尊德性與道問學截然區隔，此現象是如何造成的？如何可消弭彼此的歧見？對於此問題，梨洲的反省是：若就象山亦不忽略讀書之功用觀之，其與朱子重道問學亦無明顯區隔；同時朱子亦不輕忽重知以開顯性理天道，如此何來以尊德性與道問學區分朱陸異同？對此梨洲亦產生對過去強分朱陸異同之批判論點。梨洲言道：

> 非德性不成問學，非道問學則不成德性，故朱子以復性言學，陸子戒學者束書不觀，周程以後兩者固未嘗分也。……此一時教法，稍有偏重，無關於學脈也。〔註21〕

梨洲認為德性與知識是不可區離為二的，應將二者結合並行，因此朱陸之學原是知識、道德兼取的，後人所以認為朱子主問學，象山主德性，是教法上偏重的問題，但並不表示朱子便不重德性，象山不重問學。此處梨洲點出朱子重問學，象山重德性基本上是教法的偏重的不同，而以此二概念標舉彼此學說之特色，梨洲的論點是可針對此問題提出說明的。因朱子在工夫實踐上強調格物窮理，而象山強調「先立其大」——道德自覺，彼此在教法上各有偏重而造成不同的系統。因此尊德性與道問學只能作為朱陸教法側重面不同，但並非意指朱學只是重知而陸學只是重德。

梨洲進一步就朱子、象山的學術歷程進行考察，其由朱陸之文獻記載中發現朱陸二人早期與晚期之學術觀點有所變化，梨洲言道：

> 先生之尊德性何嘗不加功于學古篤行，紫陽之道問學何嘗不致力于反身修德，特以示學者之入門各有先後，曰：「此其所以異耳。」然至晚年二先生亦自俱悔其偏重，……觀此可見二先生之虛懷從善，始雖有意見之參差，終歸于一致而無間，更何煩餘論之紛紛乎？〔註22〕

其認為朱子重問學卻不離德性，象山重德性卻不廢問學，但二人在教法上明顯有問學與德性之側重面，對此梨洲由二人的文獻中發現，就二人思想發展早期可明顯見出彼此在教法的強調上有明顯歧異，但到了晚年二人均意識到因教法的側重導致個人及門人修養上的偏失，故分別就不足處進行補正，就此現象梨洲認為朱陸經由晚年補正其間的差異已漸彌縫。由此可見出梨洲認為朱陸晚年對彼此教法的修正，表現了朱陸二人均意識到知識與道德均是工

〔註21〕〔清〕黃宗羲：〈復無錫秦燈巖書〉，《南雷文定前集》，卷4，頁62。
〔註22〕〔清〕黃宗羲：〈象山學案〉，《宋元學案》，卷58，頁1067。

夫實踐中不可被輕忽的進路。

　　吾人可經由梨洲對朱陸異同的反省，得到幾項重點：其一，朱陸異同之產生是由於早期彼此教法之偏重；其二，朱陸異同的化解可展現在朱陸二人晚年自覺教法偏重之弊而提出修正，使彼此教法之差異性逐漸彌合；其三，就思想史之發展而言朱陸異同之爭議在朱陸歿後，因後學於朱陸教法各自標榜而產生派別對立，此是朱陸異同的延續發展。因此梨洲對於此項學術公案基本上是將朱陸異同的事件原初及後續發展分開反省，就事件的原初而言，朱陸向教法的偏重導致歧異，但經由晚年修正而致使教法的復合，故梨洲認為朱陸至晚年有會通的趨勢；但此事件之後續卻攙雜後學紛雜的因素使尊德行與道問學明顯斷裂為二，而形成派系的衝突，由此而形成的朱陸異同之爭梨洲是予以嚴正批判的。

　　對於梨洲對朱陸異同的會通，其貢獻在於朱陸異同之爭議不應限於後續的爭辯，而點出朱陸異同的問題應向發生根源處去反省，並說明朱陸本身的歧異藉由晚年彼此教法的融合早已化解，此見解之優點在於使吾人重新思考造成爭議的源頭所在，由此處來反省；但此說明之限制在於此說法只是現象陳述──說明朱陸晚年兼取尊德性與道問學，並未進一步對現象背後的基礎進行反省，何以當初朱陸會有道問學及尊德性之出入，意即忽略朱學、陸學義理之根本差異──性即理、心即理及其所建構出格物窮理、先立本心的工夫實踐，而此方是造成朱陸爭議之根本所在，須由此處進一步進行深刻地哲學反省，方能見出朱陸異同爭議的癥結所在。

二、知識與道德兼備的致用觀

　　由梨洲對朱陸會通之過程中可見出一訊息：尊德性與道問學於工夫實踐中不可偏廢，既然不可偏廢，則應如何安置二者各自適切的定位？對此將先釐清梨洲如何界定所謂的聞見之知與德性之知。此處將進一步將梨洲的論點放入思想史脈絡中見出其特色所在。

　　在明代，陽明以良知代替德性之知，而良知與聞見之知的區別與關聯，陽明亦極重視，陽明認為：「聖人於禮樂名物不必盡知，然他知得一箇天理，便自有許多節文度數出來。」〔註23〕彼認為人只須知天理，對於名物制度只須於知天理中認識即可，無須另求。陽明又言道：

―――――――――――――
〔註23〕　〔明〕王陽明：《傳習錄》下，頁208。

> 良知不由見聞而有，而見聞其非良知之用，故良知不滯於見聞，而
> 亦不離於見聞，……故致良知是學問大頭腦，是聖人教人第一義，
> 若主義頭腦專以致良知為事，則凡多聞多見莫非致良知之功，……
> 蓋日用之間，見聞酬酢，雖千頭萬緒，莫非良知之發用流行，除卻
> 見聞酬酢，亦無良知可教矣，故只是一事。〔註24〕

陽明將見聞之知與德性之知因性質之異區分為二，但卻認為在作用上二者是合為一的。而所謂的合一是見聞之知是致良知後附帶的結果，因致良知是致吾心之理於實事上，而在實踐之過程中為了達至盡善的結果，自然必須對實事有所考察，故在實事的完成中必然對此事亦能充分掌握。因此陽明將日常實事視為良知流行之場境（心物不二），故在致良知的同時便涵蓋了對實事的認識。由此見出在陽明系統中在性質上區分為德性與聞見，但在作用上聞見之知為德性之知所涵攝，以德性之知的實踐來保證聞見之知的獲取。至於龍溪，彼強調恢復吾心之本然，故反對一切思慮造作，對於知識其認為：「吾人學不足以入聖，亦是不能蒙，知識反為良知之害，……若能去其所以害之者，復還本來清靜之體，所謂溥博淵泉，以時出之，聖功自成。」〔註25〕除了龍溪外，王門後學凡強調由本體作工夫者，均有反知的傾向，對於此趨勢，東林諸子起而批判，提出重學以救正王門後學逐漸走向空守吾心的虛妄路數，如顧高二子均強調重學之重要，而蕺山亦強調此：

> 世謂聞見之知與德性之知有二，予謂聰明睿知非性乎？睿知之體不
> 能不窮於聰明，而聞見啟焉。性亦聞見也，效性而動者學也。今必
> 以聞見為外，而欲墮體黜聰以求睿知，並其睿知而槁矣，是墮性於
> 空，而禪學之談柄也。〔註26〕

蕺山反對將聞見、德性區隔為二，而認為吾性本具聞見與德性二知，將二知視為一知，故其又言道：「蓋良知與聞見之知同是一知，良知何嘗離得聞見？聞見何嘗遺得心靈？」〔註27〕蕺山所以言聞見、德性同為一知，主要是因蕺山重氣，強調氣性、義性不二，故故將聰明睿智（氣性）亦是性，而重氣性便自然與聞見相關聯，將聞見視為內具而非外求。此論點是建立在良知之作

〔註24〕〔明〕王陽明：〈答歐陽崇一〉，《傳習錄》，頁159。
〔註25〕〔明〕王畿：〈萬松會社〉，《王龍溪語錄》，卷5，頁21。
〔註26〕〔明〕劉宗周：〈論語學案・「多聞擇善，多見而識」條〉，《劉子全書及遺編》，卷29，頁625。
〔註27〕〔清〕黃宗羲：〈蕺山學案・語錄〉，《明儒學案（下）》，卷62，頁914。

用須藉由實存生命開顯，心與身是一體不二的，順此而言德性、聞見之知爲一，同爲吾心之知能，此論點之特色在於既然聞見既內具吾心，則吾人只須於本體確實作工夫即可，無須外求，而應致力於愼獨之功；同時因心必然產生學之動力，如此所謂的學亦是有本之學，此有本之學既可免外求之弊，亦可對治王門後學流於空疏之弊。

順著以上思想史現象之陳述可發現，聞見之知與德性之知隨著諸家義理側重面不同，而有不同之安頓方式，若順著心學發展脈絡中大體來看可發現此演變趨勢：陽明就性質面區分德性與聞見之知，但在作用上卻認爲二者是合一的，合一是就以德性之知來涵蓋聞見之知；到了龍溪、江右、泰州諸派則將聞見之知視爲負面價值，有反知之傾向，完全強調德性之知的作用；到了東林、蕺山因鑑於陽明後學因廢學漸走向空疏之路，故重新重視學的問題，蕺山則提出聞見與德性同內具吾心，並強調聞見之知的重要性，雖然重聞見之目的仍是以成德爲主，但已能正視聞見之知的重要性。至於梨洲，彼如何安頓聞見之知與德性之知？以下將就梨洲的論點進行說明，並將其論點與此發展脈絡關聯探討。

梨洲認爲所謂的聞見之知屬於感官的知覺能力，可以認識外在對象物；而德性之知則就本心而言，是道德判斷力及實踐力，對於此二種能力，梨洲言道：

> 有知有不知，此麗物之知，動者也；爲知之，爲不知，此照心也。
> 麗物之知有知有不知；湛然之知，則無乎不知也。子路認此麗物者
> 以爲知，則流於識神邊去，此毫釐千里之差，夫子一口道破，……
> 若云由此求之，又有可知之理，夫子豈向多寡上分疏？所謂麗物之
> 知、湛然之知，即此聞見之知、德性之知也。〔註28〕

梨洲認爲聞見之知是指認知能力，此認知能力是人可以憑藉此認知能力去認識物的現象，形成所謂的知識，但此能力本身有其限制性，故對於物之認識有相對量的區分，不可能遍知一切現象；但德性之知若不受氣質、物欲之障蔽，則可以充盡發用，對於物基本上是主客不二的關係，藉著一氣之感通，人可以證悟萬物的存在之理。此處可見出梨洲認爲聞見之知與德性之知是人所具不同性質的能力，必須加以區分，尤其不能以聞見之知爲良知，此意味著德性之知似有其優先性。對此梨洲進一步言道：

〔註28〕〔清〕黃宗羲：〈伊川學案上〉，《宋元學案》，卷15，頁349。

先生憫宋儒之後學者，以知識為知，謂「人心所有者不過明覺，而
理為天地萬物之所公共，故必窮盡天地萬物之理，然後吾心之明覺
與之渾合而無間。」說是無內外，其實全從外文，……夫以知識為
知，則輕浮而不實，故必以力行為工夫。良知感應神速，無有等待，
本心之明即知。不欺本心之明即行也。〔註29〕

梨洲肯定陽明之良知學認為能明白點出宋儒以知識為良知的限制，因彼認為
吾心眾理具足，無須外求，而宋儒則承朱子言心只具明覺力，須藉格物窮理
以充實吾心之理，在陽明看來此進路是重視外求與法把握住本體的，一離本
體便無法產生實踐力，故言其輕浮不實，而提出良知，以知行合一救正之。
由此段文字可見出：梨洲認為陽明之貢獻在於點出人所以為人的可貴便在於
良知，以對治宋儒外求之限制。此處梨洲承繼陽明認為有必要將聞見之知與
德性之知的性質明確區分。

　　既然陽明強調德性之知的首出性，而梨洲又是如何安頓見聞與德性之
知？梨洲認為見聞之知不可廢棄，但彼強調吾人由感官所形成的知識，必須
以心作為主宰，意即以本心來完成認知作用。此見解意味著梨洲認為心同時
是道德主體亦是認知主體，將道德判斷力、認知力、實踐力三者融合為一，
此三能力均為心先天本具的能力，可順著不同情境適時發揮其作用，且彼此
緊密聯結。如此讀書窮理則非外吾心去知覺萬殊之理，而是即心去窮理，因
眾理不外吾心，故梨洲認為：「窮理者，窮此心之萬殊，非窮萬物之萬殊也。」
〔註30〕因梨洲認為吾心所具之理便是天理，故窮理不可外心而求，而須先將
本心持守住。梨洲又言道：「讀書不多，無以證斯理之變化，多而不求於心，
則為俗學。」〔註31〕此處梨洲提到讀書是為了擷取書中之道理而與吾心之理
相印證，因此須將所書中道理時時與心相證臉，此意味著梨洲的讀書窮理是
環繞著吾心而開展的，讀書窮理是為於聖賢書及生活世界中開顯常道，提供
吾人完成道德實踐之資具，畢竟梨洲認為吾人不可能只空守本心便能體道證
道，因人性有太多的實存限制會阻礙吾性之彰顯，故須時時警策提撕，並將
吾人生命置於歷史傳統及廣大生活世界中尋得足以資助吾人實踐之憑藉。梨
洲又言道：

〔註29〕〔清〕黃宗羲：〈姚江學案〉，《明儒學案（上）》，卷10，頁201-202。
〔註30〕〔清〕黃宗羲：〈自序〉，《明儒學案（上）》，頁3。
〔註31〕〔清〕全祖望：〈梨洲先生神道碑文〉，《鮚埼亭集》，卷11，頁136。

夫先儒之語錄，人人不同，只是印我心之體，變動不居，若執定成
局，終是受用不得。此無他，修德而後可以講學，今講學而不修德，
又何怪其舉一而廢百乎？〔註32〕

梨洲認爲任何知識均須經由吾心之簡擇，進而取擇合於個人需求的路向，唯
有經吾心之鑑別方能受用。因此梨洲認爲先賢的語錄不可執定，必須適人適
性，否則便成了障蔽之具。彼進一步認爲講學之人必須將治學與修德結合，
否則只落於知識傳授，甚至可能對受學之人造成弊害。

　　由上述梨洲的觀點可見出，彼一方面承繼陽明區分聞見之知與德性之知
爲不同性質的能力，又繼承蕺山將此二能力收攝於吾必，認爲心同時能發用
爲德性與見聞。既然吾心具有此二能力，故在推致吾心的同時「學」的作用
亦隨之存在，故在吾人實踐歷程中面對眾事時，心同時發揮了認識力及判斷
力、實踐力，判斷力負責檢別事物是否合於吾之所需（例如成德或致用），而
認識力負責穿透表象去識取其背後所涵蘊之天理，並將此識取之理與吾心之
理相印證，進而表現出具體實踐，而此三種能力在本體發用時是同時進行的。
正因梨洲將此三種能力全收攝於吾心，故修德、治學、致用均成了心體必然
之發用，而爲工夫實踐之著力處，且三者須兼治不可偏廢。

　　對於此三向度的實踐，梨洲在修德上承繼其師蕺山誠意慎獨之教，同時
亦進一步開發治學與致用的向度。此一方面是余英時所稱社會政治因素的刺
激所致，而走向道問學及經世致用的路數〔註33〕，同時亦是王學末流虛言良
知，盡廢問學，而有道問學之重新提出〔註34〕，加上心性學因過於標榜義理，
不惜更動經典文句，造成諸多爭訟，因此必然走向「回向原典」的途徑〔註35〕，

〔註32〕　〔清〕黃宗羲：〈自序〉，《明儒學案（上）》，頁3。
〔註33〕　余英時氏言道：「和『道問學』一樣，『經世致用』也是清初儒學上承明代而
　　　　來的一個普遍動向。所不同者，『道問學』主要出於儒學發展的內在要求，而
　　　　『經世致用』則是儒學因受外在刺激而起。不但如此，『道問學』與『經世致
　　　　用』在當時正是相輔相成，並行不悖的兩輪。」余英時：〈清代學術思想史重
　　　　要觀念通釋〉，《中國傳統思想的現代詮釋》（臺北：聯經出版社，1987年），
　　　　頁422。
〔註34〕　余英時言道：「陽明之後因王學末流虛言『良知』，盡廢學問引起學者不滿，
　　　　所以漸漸有人出來重新強調『道問學』的重要。」余英時：《中國傳統思想的
　　　　現代詮釋》，頁407。
〔註35〕　余英時言道：「羅氏（欽順）爲了解決幾百年來儒學內部爭訟不息的問題，最
　　　　後竟乞靈於原始典籍中的語句，這是心性之學必然要轉向經學研究的最好說
　　　　明。理學爭論必須『取證於經書』，便是『經即理學』的眞源所在，這是思想

余氏的說法極有洞見，一方面點出明末清初的學術趨勢，同時亦點出造成此趨向的重要原因──心學發展的限制、時代變這。對此錢穆先生亦提出其見解，彼認爲經世之學的開啓是導因於心學愈走愈向裡，不得不向外開出新天地，而建立所謂的致用之學〔註36〕。綜合兩前輩的見解，便可見出梨洲是在何種時代趨勢下提出重學、致用的主張。

關於治學與致用的關係，基本上梨洲治學是建立致用的基礎上，故其強調治學是以「明道」爲主，彼認爲：「聖學之難，不特造之者難，知之者亦難，其微言大義，苟非工夫積久，能見本體。」〔註37〕梨洲以爲吾人所以須治學之功，便是於其中見出聖賢載道之旨，在彼看來六經皆載道之書〔註38〕，故強調通經之重要。除了強調通經，梨洲亦強調讀史之重要，全祖望記載道：「故受業者必先窮經，經術所以經世，方不爲迂儒之學，故兼令讀史。」〔註39〕章學誠亦言道：「浙東之學言性命必究於史」〔註40〕，尚此可見出，梨洲治學以由過去重是心性學傳統轉向重視經史之學，而所以重經史之學主要是以明道致用爲主。但此處值得思考的是治經史與明道致用在梨洲是如何將二者關聯起來的？而此與理學傳統又有何關聯？

在論學中對於博與約的看法，梨洲是強調「不患博而息不精」的〔註41〕，故章學誠亦言浙東學貴「專家」與浙西尚「博雅」不同〔註42〕，而梨糾所謂的貴精基本上是就學術的根本而言，意即梨洲所強調的「大經大法」、「宗旨」，此正是治學之目的所在，對於梨洲所謂的學問之本，便是所謂的「常道」，而所謂的常道必須經由學術萬殊之表象加以穿透方可見出。對此梨洲言道：

> 故窮天地萬物之理即在吾心之中，彼之學者錯會前賢之意，以爲此
> 理懸空於天地萬物之間，吾從而窮之，不幾於義外乎？此處一差，
> 則萬殊不能歸一。夫苟工夫著到，不離此心，則萬殊總爲一致。學

史上所謂『回向原典』的普遍現象。」余英時：《中國傳統思想的現代詮釋》，頁413。

〔註36〕錢穆：〈前期清儒思想的新天地〉，《中國學術思想史論叢》（臺北：東大圖書公司），頁2。

〔註37〕〔清〕黃宗羲：〈移史館論不宜立理學傳書〉，《南雷文定前集》，卷4，頁64。

〔註38〕〔清〕黃宗羲：〈學禮質疑序〉，《南雷文定前集》，卷1，頁10-11。

〔註39〕〔清〕全祖望：〈碑銘六·梨洲先生神道碑文〉，《鮚埼亭集》，卷11，頁136。

〔註40〕〔清〕章學誠：〈浙東學術〉，《文史通義》，頁158。

〔註41〕梨洲言道：「學不患不博，患不能精。」〔清〕黃宗羲：〈萬充宗墓誌銘〉，《南雷文定前集》卷8，頁123。

〔註42〕〔清〕章學誠：〈浙東學術〉，《文史通義》，頁157。

術之不同，正以見道體之無盡也。奈何今之君子，必欲出於一途，
勦其成説以衡量古今，稍有異同即詆之爲離經畔道，……夫道猶海
也，江淮河漢以涇渭蹄涔，莫不晝夜曲折以趨之，其各自爲水者，
至於海而爲一水矣。〔註43〕

此段文字可涵蓋梨洲對於學術之重要見解，彼認爲學術本身是允許多元並存
的，此意味著道體的無盡，「道」並非虛懸於學術之上，而是藉著學術分殊之
相來呈現，而治學之人則須於萬殊之相中體會「一本之道」，而吾人體道的重
要資具便是心。此處可得知：梨洲所謂的治學便是於紛紜的學術表象中見出
「一本之道」，而認識一本之道須藉著「心」的作用；而此觀點背後意涵便是
「道」即顯於現象中，須藉由「心」方能於現象中開顯。

　　此處可進一步追問梨洲所謂的「道」是何義？彼所謂的「道」便是人性
的呈現，是作者一生精神之總現，正因人性具有普遍性，故可超越時空之限
而爲後人之心所證驗。對此梨洲言道：

大凡學有宗旨，是其人之得力處，亦是學者之入門處。天下義理無
窮，苟非定以一二字，如何約之，使其在我。故講學而無宗旨，即
有嘉言，亦是無頭緒之亂絲也。學者而不能得其人之宗旨，即讀其
書，亦如張騫初至西夏，不能得月氏之要領也。〔註44〕

梨洲認爲讀書講學不可只就文獻之表象考察，而應以己心深刻地去體察，如
此方能見出創作者著述之宗旨，此是創作者眞正的用心所在。若能領略著述
之宗旨，便能掌握學術之精約，方能爲己所用。

　　梨洲所以提出學無定準的觀點，主要是針對當時學者好標榜、好議論的
風氣，加上科舉時文的盛行〔註45〕，學術生機逐漸因人爲限制而僵化，故梨
洲提出以「各人用得著的方是學問」的觀點來對治，強調以心去證悟書中的
常道，眞正使知識發揮致用之功，而非成爲負面障蔽人性之具。此處或許有
人質疑梨洲以學術並無絕對定準，完全以吾心作爲判準的觀點，是否會落入

〔註43〕〔清〕黃宗羲：《明儒學案（上）·明儒學案序》，頁7。
〔註44〕〔清〕黃宗羲：〈明儒學案發凡〉，《明儒學案（上）》，頁5。
〔註45〕關於明人好議論之弊，梨洲有深刻描述：「世風不古，今人好議前人，四書纔
　　　畢，即辨朱陸異同；今古未分，即爭漢宋優劣。」〔清〕黃宗羲：〈范道原詩
　　　序〉，《南雷文定三集》，卷1，頁7。關於科舉時文之弊，梨洲言道：「科舉之
　　　學盛，世不復知有書矣，六經子史亦爲冬華桃李，不適於用。」又言：「傳注
　　　再變而爲時文，數百年億萬人之心思耳目，俱用於描摹勦襲之中，空華臭腐。」
　　　〔清〕黃宗羲：〈傳是樓藏書記〉，《南雷文定三集》，卷1，頁16。

以個人好惡自由興政的境地？事實上梨洲所謂的心必須是經由修養工夫所呈現清明虛靈的心，因此治學與修德須並進，否則無法眞切地體驗書中所涵蘊的常道。藉著後人不斷以心去詮釋經典，使經典的生命經由詮釋的過程不斷被創造，如此整個文化道統精神方得以延續。

梨洲除了提出讀者（詮釋者）可以藉著心去識取書中的微官大義，並認爲讀者應具有考證的基本能力。其治經強調以經治經，以傳注爲輔，傳注以先秦、漢代的資料較可信；同時治經應重嚴謹的考證工夫，對於字詞、內容、來源均應詳加考訂〔註46〕，梨洲此套治經原則其態度是正確的，因學術本身必須求實，若文獻本身的來源出處都發生問題，即使再多的傳注、詮釋其功效亦是有限的。此徵實精神正可彌補宋明理學過度標舉義理，而忽略了經典本身客觀價值的問題，在梨洲看來對經典作如何的詮釋均是被允許的，所不允許者是因疑經進而有刪經、改經的作爲，如此經典原貌則因竄改而無法呈現，例如《大學》已經朱子、陽明等人數度改定，故梨洲強調求證原典，並進一步經由考證的工夫恢復經典原貌，此種治學態度是宋學逐漸轉向漢學徵實的契機。但此處須強調的是，梨洲此套治經態度與乾嘉純粹致力於章句訓詁的態度仍是不同的，梨洲不過將此視爲治學的準備工夫，並非原初的動機，亦非最終目的，其動機與目的仍是落在「明道致用」的宗旨，與乾嘉將訓詁考據視爲治學唯一的目的，其態度是有明顯不同的。對此可進一步試著將梨洲與亭林的觀點進行比較便可逼顯出梨洲學之特色所在。

關於亭林與梨洲治學之異，錢穆點出二人之差異所在：梨洲致力於義理，亭林轉向於考據〔註47〕，此區分是此治學之取向上論斷的。錢氏更進一步指出亭林之學的特色是以明道、致用爲根本的，但後學只就亭林所強調博文處下工夫，而忽略彼治道救世之主張，是未能充分理解亭林的〔註48〕。關於此

〔註46〕 關於以經治經，以傳注爲輔的觀點，梨洲言道：「何謂悟傳注之失？學者入傳注之重圍，其于經也無庸致思，經既不思無庸致思矣，若思何而悟之？何謂以經解經，世之信傳注者，過於信經。」〔清〕黃宗羲：〈萬充宗墓誌銘〉，《南雷文定前集》，卷8，頁123。同時，梨洲並不輕忽對文獻的考證，反而強調對經典傳注之內容應重視其可靠性。此態度表現在梨洲對尚書十六字箴言之考訂，對周禮可信度的懷疑，對春秋三傳記載知質疑等，基本上梨洲強調對經典內容可疑的部分應予考證，以將後人攙注的部分提出修正。
〔註47〕 錢穆：〈顧亭林中論亭林與梨洲兩人之異同〉，《中國近三百年學術史》，頁152。
〔註48〕 錢穆：〈顧亭林中論亭林與梨洲兩人之異同〉，《中國近三百年學術史》，頁145。

判斷走極有洞見的，順此余英時亦論到顧氏「經學即理學」的論點到戴東原、錢竹汀充分闡揚，並明確提出「訓詁明而義理明」、「訓詁爲義理之所出，義理不出訓詁之外」的觀點開啓乾嘉考證學之序幕；至於顧氏明道致用的精神至晚清方爲致世派如馮桂芬等所重視〔註49〕。由此亦可見出：顧、黃二人治學理念同是強調通經致用，所不同者，顧氏強調以經學代替理學，希望於經學中尋出救世之道以導正時代風俗；而梨洲則強調融合理學與經學，故對於致用並不限於實際用世，而以「各人用得著的方是學問」爲原則，或用於個人修身、用於民用或治天下均可，二人之取向有所不同。至於章句、訓詁、考證等工夫，二人均視爲通經之鑰，但就此部分的工作顧氏所下的工夫較深，如顧氏的《音學五書》對於乾嘉聲韻訓詁之研究影響頗深，而其《日知錄》中對於學術博引實證，對考據學影響至鉅；而梨洲對於經學之研究多散見於文集中，且多屬方法的指引，故在此方面顧氏之工夫深於梨洲，故錢氏論斷梨洲重義理而顧氏重考據是也。當然另一項關鍵在於梨洲的歷史反省側重人性於不同情境中對歷史常道之開顯，而亭林則偏重歷史現象的制度面及社會風俗，由此亦意味著就「復古論」來評斷，顧氏復古之色彩實濃厚梨洲遠甚，因此顧氏在論致用時強調「法古用夏」法後王的思想及「上則慕封建，下則晞宗法」的論點〔註50〕於著作中屢見，因此在致用的論點上梨洲是較能掌握時變的，此亦爲後來章學誠與戴東原史學與經學之爭辯之濫觴，亦形成浙東與浙西不同的學風。

　　由此可明顯見出梨洲治學是強調義理、考據兼採，然以義理爲主，可歸爲漢宋兼採派，重考據是爲求實，重義理（明道）是以此爲學問之根本；同時亦是經史並舉，通經以知人性天道之常，治史以知人事之變，而其終極目的便是爲了致用，基於常道與勢變之掌握所開啓的致用之學方能免於復古泥古，才能眞正適用於當世，且梨洲的致用範圍亦不限定於政經實務，因此可不受時空之限，同時亦指點後人正確的治學態度——掌握常道與勢變，方能認識時代的需求及根本應治之方，故梨洲的經世之學可以免迂闊不實之批評。

　　梨洲相對於陽明、蕺山，是更肯定治學之重要，同時賦予學術更獨立的定位，而重視學本身的客觀性，一改過去爲義理而扭曲經典之原意，而強調

〔註49〕　余英時：《論戴震與章學誠・自序》（臺北：華世出版社，1980年），頁3、5。
〔註50〕　錢穆：《中國近三百年學術史》，頁152、149。

徵實的精神，以回歸經典，回復經典原貌，作爲通經明道之基本工夫，進而
強調通經明理，明道以致用，而明道致用則是以心作爲樞機，經由即心窮理
以識取書中之宗旨，進而以此爲致用之資具，當然欲致用仍須考察勢變，故
須配合讀史，而讀史亦須以心去應知，認識人性發展之過程，結合此些心
得方是具備了致用的基礎，當然離實際施用仍是有距離的。基本上梨洲所建
立的實用之學，一方面根本於吾心不容已的實踐力，故具有道德性與致用性；
一方面又正視人所處客觀的歷史變遷之勢，故具有歷史性。因具有道德性所
以是無所爲而爲，無私欲攙雜的有本之學；因具有致用性，故異於餖飣考證
之學，也不同於過去得儒學只是成德之學，而是小則可以利於民用，大則可
以治平的實用之學；因具有歷史性，故非空腐僵化的形式之學，而能充分掌
握時代變遷之勢，因應時代需求，故筆者稱之爲歷史性的實用儒學，若能充
分掌握梨洲學的歷史性、道德實用性三個面相，方可充全認識梨洲學之特色
所在。

第三節　肯定道德事功

　　關於道德與事功的對立，可追溯於朱子、陳亮的王霸義利之辨，朱子所
代表的是承繼孟子以降的儒學傳統，陳亮所表現的則是當時積極重功利的事
功派，彼此對於事功與道德的認定上有明顯歧異。在主要論點上，朱子主張
「尊王黜霸」，肯定三代的王道功業，反對漢、唐根於利欲的事功，朱子言
道：「堯、舜、禹、湯、文、武以來，轉相授受之心不明於天下，故漢唐之君
不能無暗合之時，而其全體卻只在利欲上。」〔註51〕而陳亮則主張「王霸並
用」，首先肯定漢唐事功之價值，「漢唐之君本領非不洪大開闊，故能以其國
與天地並立，而人物賴以生息。」又言：「謂之雜霸者，其道固本於王也。」
〔註52〕同甫肯定漢唐之君的霸業，並認爲其動機是根源於王道，而主漢唐是
王霸並行。就二人的論點考察可明顯發現，造成歧異的關鍵在於：朱子就事
件「動機」處，堅持義利之辨，肯定三代否定漢、唐，而陳亮由事件的「效
果」處認爲漢唐事功與三代同具價值；朱子由動機出於義利來分判價值高

〔註51〕〔宋〕朱熹：〈答陳同甫書〉，《朱文公文集》，卷36。此亦見於陳亮〈寄陳恭
　　　　甫書〉十五首，此屬第八篇此處所引以《陳亮集》所附爲本。〔宋〕陳亮：《陳
　　　　亮集》（臺北：漢京文化事業有限股份公司，1983年），卷20，頁306。
〔註52〕〔宋〕陳亮：《陳亮集》，卷20〈壬寅答朱元晦祕書・又甲辰秋書〉，頁281。

下，以三代的王道作爲權衡，認爲漢、唐事功不足論；陳亮則由結果處來認定其動機，其肯定漢、唐「大功大德」是基於漢祖、唐宗的「救民之心」〔註53〕，由公利來肯定其義的動機，認爲「義利雙行」，利的結果足出於善的動機。

　　朱子所以重義輕利主要是就人性處肯定人的價值，提出理欲對列，強調理的優位性，認爲人欲勝則人道息，但天道仍然常運〔註54〕；而陳亮則正視人的實存性，認爲理不離欲，道不離器，故其認爲「天地常運而人道不息」〔註55〕，由此可見出：朱子對於漢、唐事功是落在根源處論斷，但其限制在於未能將此論斷落實於具體情境中，似將理虛懸於具體情境上，而未能將理事結爲一體；至於陳亮其對於漢唐事功由結果處論斷，其根據在於即事言理，其特色在於把握事件的實感，然其限制在於所言之理並不究竟，因其所言的理是事功之理，但彼所謂事功之理只能由事功的結果推斷其行事動機的「跡」，例如管仲於齊於周居功厥偉，然其行事動機是出於己私（此可由其日常行事中見），但因其於文化之功不可沒，故孔子許以如其仁，所謂如其仁只是就其功業上的努力予以肯定，然仍非眞正認爲管仲即是仁人，因此同甫所言的理只可說是事功之理，與朱子所言落於人性而言的終極之理，是有層次上的不同。由此處亦可見出兩人立論立場的根本差異，朱子重在理想面，強調理，而同甫重在實存面，強調勢；故朱子重性命安頓，以根源處的穩立，作爲一切事功建立的根柢，同甫重實事實功，強調確實面對實事進行對治，而由實事實功中完成理。對朱陳之爭辯，牟氏認爲：

> 在道德判斷中所表現之理性本體，亦只是理性本體之停于知性之抽象階段中，尚未至恢復其爲踐履中之具體的理性本體，此即道德理性在此方面，未能眞正復活而自見其自己。理性本體是在抽象掛空之狀態中，此所以陳同甫有架漏過時補度日之譏也，朱子只停于此知性之抽象階段中。……陳同甫想作到天地無棄物，四時無剩運，

〔註53〕同甫言道：「雖或急于天位，隨事變遷，而終不失其初救民之心，則大功大德，固已暴著于天下矣。」〔宋〕陳亮：《陳亮集》，卷3〈問答上〉，頁33。

〔註54〕朱子言道：「然天地無心而人有欲，是以天地之運行無窮，而在人者有時而不相似，蓋義理之心頃刻不存則人道息，人道息而天地之用雖未嘗矣，而其在我者，則固即此而不行矣。」〔宋〕陳亮：〈寄陳同恭甫書十五首〉八，《陳亮集》，頁305。

〔註55〕〔宋〕陳亮：〈又乙巳巳春書之一〉，《陳亮集》，卷20，頁287。

> 不又只停于原始之直覺主義，只能見到原始生命之價值，……一個
> 停于直覺主義，一個使理性停于知性之抽象階段，故兩不相服，而
> 形成對立也。知性與直覺本是相反對立的，欲克服此相反之對立而
> 至統一，必皆能淘濾轉化其自己而至從動的升舉轉化之觀點以眞實
> 化歷史始可能。〔註56〕

此段文字主要表現的是牟氏肯定儒家以此理想主義作爲對現實政治的期望，甚至以此道德理想作爲歷史事件的評斷標準皆是被允許的。但牟氏認爲歷史解釋若只涉及道德判斷而未及於對事件本身具體情勢的考量則是有不足的。因歷史判斷本身除了考量理想價值外仍須面對現實價值，否則無法針對歷史事實作出全面性公允的評斷。因此朱子之論斷應於作歷史判斷時必須加入客觀時勢變化因素，方能作出較適當的歷史判斷。至於陳亮，彼正視了實存問題，並強調於實存中見出理之存在，但在理的認識上有所不足，因此在行歷史判斷時無法於事實中分判三代、漢唐根本價值之不同，此正是同甫之限制。若二者能於對立中解消，進而至於統一，方能對漢唐歷史有更公允的論斷。以下將探討梨洲如何面對此癥結處對治，而重新加以建構。

一、對道德、事功對立性之解消與融合

對於朱陳義利王霸之爭議，梨洲於認爲朱子之限制在於卑視事功，而同甫之限制在於過於強調漢唐事功對天下之貢獻，而忽略眞實情況──百姓是否眞蒙其利？對此梨洲言道：

> 夫朱子以事功卑龍川，龍川正不諱言事功，所以終不能服龍川之
> 心。不知三代以上之事功與漢唐之事功迴乎不同，當漢唐極盛之
> 時，海內兵刑之氣必不能免，即免兵刑，而禮樂之風不能渾同。勝
> 殘去殺，三代之事功也，漢唐而有此乎？其所謂功有適成，事有偶
> 濟者，亦只漢祖、唐宗一身一家之事功耳，統天下而言之，固未見
> 其成且濟也。以是而論，則言漢祖、唐宗不遠于僕區，亦未始不
> 可。〔註57〕

梨洲認爲朱子過於強調仁義價值而忽略現實情境，故以三代制度作爲衡斷標準以此論斷漢唐，但卻未正視漢唐所處之時勢已不同於三代，因此梨洲點出

〔註56〕 牟宗三：《政道與治道》（臺北：廣文書局，1974 年），頁 254、255。
〔註57〕 〔清〕黃宗羲：〈龍川學案〉，《宋元學案》，卷 56，頁 1042。

朱子之限在於未能將三代仁義之理與漢唐所處之勢結合作為考量，而予漢唐事功適切地評斷；至於同甫，梨洲認為彼以實際事功標榜的漢唐與三代同道，而其立論之關鍵便在於漢唐造福了普天百姓，故梨洲便就此質疑是否同甫有過度膨脹漢唐事功之影響，若並無陳亮所盛讚的事實，則如何可以稱漢祖、唐宗對天下有所謂大德大功？若就事功結果考量，並非真正使生民獲益，則漢唐事功便如朱子所稱的私利之跡了，就此論之，陳亮之限制在於即事言理，然所言之事不明，則所言的理亦待商榷。

　　此處可以見出，梨洲認為一方面認為漢唐之勢與三代之勢迥異不可混同，一方面認為漢唐事功以民的立場考察，不過是一家之私的表現，梨洲的論斷基本上是站在理必須落在具體情境中思考，而對於具體情境亦應有適切地掌握。前者是針對朱子之限制而言，後者是針對陳亮而言，對於同甫未能掌握真實情境，梨洲又提出一實例云：

> 昔朱子、陳同甫義利王霸之辨不能歸一，朱子既不能絀同甫，同甫亦終不能勝朱子。同甫所以不能勝朱子者，必欲以天理全然付於漢唐之君，不以漢唐之臣實之也。漢唐之君不能如三代，漢唐之臣未嘗無三代之人物，以天理把捉天地，故能使三光五岳之氣，不為龐裂。〔註58〕

梨洲認為陳亮之立論過度站在「君」的立場立論，忽略了全盤考量，此即同於牟宗三先生認為陳亮有「英雄主義」的傾向〔註59〕，事實上漢唐事功之建立並非全為帝王一人所為，而是君臣上下齊心致力所致。故梨洲認為陳亮將天理歸於漢唐之君朱子必不肯同，若將天理歸付於漢唐之賢臣則朱子必欣然贊同。

　　由梨洲的論斷中可見出，彼試圖吸收朱子、陳亮論點之特色，去除其偏頗，而提出一更充全的解釋。基本上梨洲的觀點是肯定朱子義利之辨的立場，認為天理人欲不可混為一談，彼言道：

〔註58〕〔清〕黃宗羲：〈從祀〉，《破邪論》，《黃宗羲全集（一）》，頁193。
〔註59〕牟氏言道：「中國文化中自墨了起即有要求事功一暗流，陳同甫其一相也，顏習齋、李恕谷又其一相也，乾嘉考據則其變形也，……而皆一方引不出事功，一方又反對理性本體，反對堯舜相傳之心法，故皆不知事功形成之關鍵，故亦不能實現其要求。陳同甫是英雄主義的作用表現，顏李是事物主義的表現，墨子是直接反應的原始的實用主義的表現，此中惟顧黃王能得其正。」牟宗三：《政道與治道》，頁262。

氣質人心是渾然流行之體，公共之物也；人欲是落在方所，一人之
私也。天理、人欲正是相反，此盈則彼絀，故寡之又寡以至於無欲，
而後純乎天理，若人心氣質惡可言寡耶？……必從人欲恰到好處求
天理，則終身擾擾不出世情所見爲。〔註60〕

梨洲認爲以氣質、人心言心均能成立，但卻反對以人欲言心，因一言欲已含
有氣質之過的流弊，人欲勝則天理隱，故梨洲肯定朱子絀人欲存天理之觀點。
既然反對人欲自然是重義輕利，人正因有欲所以趨利，利與欲是緊密關聯的。
對於義利，梨洲有明確之判分云：

仁義者，無所爲而爲之者；楊氏爲我，墨氏兼愛，淳于髡「先名實
者爲人，後名實者爲己。」即此也。戰國儀、秦、鬼谷，凡言功利
者莫不出此二途。楊墨自其發源處。〔註61〕

此處見出梨洲所謂的義利之辨，仁義是「無所爲而爲」的無我觀，而功利是
「有所爲而爲」的大我觀或小我觀，其所爲者名與實也。因此在梨洲看來，
根源於仁義動機與功利動機是有明顯不同的，前者是自然無執，後者卻是有
心有爲，故表現在實際行事上自然有所不同。由義利之辨進一步關聯王霸之
辨，對於王霸之辨，梨洲亦有深入析解：

王霸之分不在事功而在心術：事功本之心術者，所謂「由仁義行」，
王道也；只從跡上模倣，雖件件是王者之事，所謂「行仁義」者，
霸也。……譬之草木，王者是生意所發，霸者是翦綵作花耳。〔註62〕

對於王霸之分，梨洲認爲其根本差異在於「動機」上，此即朱子所堅持的論
點，亦是直承孟子王霸之分的觀點。梨州認爲就事功來看王道、霸道的確有
極近似處，但基本上仔細區分仍可明確辨出，因王道根源於仁義，故自然無
執，而霸道雖是出於功利，但對王道仍有所嚮往，故於事功上模效，因出於
倣效故仍有心，與王道於本質上畢竟不同。此處梨洲點出以心術作爲判準，
心術是行事之動源，必須由事件中深刻穿透，方可見出。至於如何穿透，梨
洲進一步言道：

霸者只在事功上補湊，王者在心術上感動，民之應之，亦截然不同。
「驪虞」者，民爲法制所縛，無爭鬥作亂之事，「皥皥」則孝弟忠信

〔註60〕〔清〕黃宗羲：〈與陳乾初論學書〉，《黃梨洲文集》，《南雷集》，卷3，頁
442-443。
〔註61〕〔清〕黃宗羲：〈好辯章〉，《孟子師說》，卷3，頁85。
〔註62〕〔清〕黃宗羲：〈齊桓、晉文之事章〉，《孟子師說》，卷1，頁51。

相感而化，所謂必世而後仁者是也。王者未必不行霸者之事，而霸者不能有王者之心，就如漢唐之治，當其太平之時，民自驪虞，終不免於雜霸；三代之治，及其末也，故家遺俗，流風善政，尚有王者之氣象。後世之民，但有啼號愁慘，求驪虞亦無矣。王者吾不得而見之，得見霸者斯可矣。〔註63〕

此段文字透露三點訊息，其一，梨洲提供一套分辨之法門：由民心風俗來分判，梨洲由民心作爲分判更可見出王霸根本心術之殊異，而此相較陳亮站在帝王立場以國家的富強與否論斷似乎更究竟；其二，王者亦可有霸者之事功，因此以仁義爲動機亦可建立偉大的事功，但此事功與霸道事功仍有本質上的不同；其三，梨洲雖然認爲霸道不及王道，但就現實情境而言，霸道亦勝於當時的政治，畢竟霸道仍可使民安居樂業，但後世政治卻多殘害百姓，其眞正癥結仍是在於君王的心術有所偏失所致。

由以上的分析可瞭解，梨洲對於王霸事功之思考明顯站在「民本」的立場，此與陳亮明顯站在「君本」的立場，標榜英雄主義是有明顯差異的。而梨洲則就歷史反省及現實體察（因明代政治較宋代更爲黑暗）中認識了專制體制的限制，故其深切地批判專制體制中帝王專逞私欲所造成百姓的苦難，因此其點出「後世之法，藏天下於筐篋也。」〔註64〕將天下視爲一家之產業，不顧生靈之存亡，故其陳痛地主張「天下之治亂，不在一姓之興亡，而在萬民之憂樂。」〔註65〕深切地對專制體制進行批判，朱子對於漢唐功業點出不過是漢祖、唐宗「私利之跡」，而梨洲進一步針對行霸道君主進行批判，更進一步就賦予君王如此權力的專制體制進行批判，進而提出以三代公天下精神爲基礎而建構出一套符合百姓利益的公天下之法，此觀點較以往一味提倡三代王道精神，只就精神層次談論是有所不同的，彼進一步將此精神落實於制度，此是梨洲較朱子更能正視道德與事功之結合的原故。正因梨洲站在民本的立場探討王霸之分，故能對治朱子、陳亮之限制，就朱子而言，其肯定孔孟王道理想，但其對於此理想如何落實並未深刻認識，致使王道理想成爲形式原則而無法落實於具體事功，一方面無法將王道理想落實爲王道事功，一方面又否定漢唐事功，如此則呈現「反事功傾向」，而與陳亮標榜重事

〔註63〕〔清〕黃宗羲：〈霸者之民章〉，《孟子師說》，卷7，頁151-152。
〔註64〕〔清〕黃宗羲：〈原法〉，《明夷待訪錄》，頁5。
〔註65〕〔清〕黃宗羲：〈原臣〉，《明夷待訪錄》，頁3-4。

功傾向形成對立；至於陳亮，則一味站在君主的立場來看事功，一方面強調其所重者是具體漢唐事功，但因未能站在百姓的立場反省，其所言的漢唐事功可能亦多有誇大之嫌；另一方面正因其對於漢唐事功之認識可能有偏差，如此於具體事實中所見出之理自然亦有疑問，故其過於重視以成敗論是非的主張，自然與朱子的論點對立。而梨洲以「民本」的立場來看待漢唐事功，一方面接受了陳亮重客觀事功之優點，一方面亦彌補其對於事實認識有所偏頗之弊；對於朱子而言，一方面與朱子同樣重視王道之價值，一方面亦彌補朱子未能將王道理想落實之限制。經過如此的修正，若以民本觀點看待漢唐事功，陳亮以漢唐三代同道之觀點可能必須修正，重新思考其價值，而朱子也須就漢唐所處之客觀時勢，以此重新衡定其事功之價值，如此方能將王道理想落實於具體情境中充全思考。如此朱子、陳亮王霸義利之辨似乎尋得了對話的焦點，道德與事功、王道與霸道似乎並非截然對立，而是有統一的可能。

　　梨洲對於道德、事功是強調二者應密切結合，不應割裂為二，朱子標榜道德，陳亮標榜事功各有所偏，彼主張事功應以道德為本，而道德又不離事功，梨洲言道：「人唯志在事功，則學無原本，苟可以得天下，則行一不義，殺一不辜，亦且為之矣，其成就甚淺。」〔註66〕梨洲言道：「聖賢之道，未有不從源頭做起，故平天下必始於明德。」〔註67〕事功本於道德其所表現之事功必定不會強逞己私，而為他人謀福；道德必發用為事功，如此所言的道德方不落於虛妄。因此道德事功，梨洲認為道德是事功之體，事功是道德之用，體用是一體不二的，而此體用不二便是建立在梨洲實踐存有學上，彼一方面強調本體應於實踐歷程中顯，同時承繼陽明致良知強調即知即行，因此當良知清明能充分作主時，自能產生不容已的實踐力，而此實踐力表現在具體事件上便成就所謂的事功。故梨洲認為道德便是就本體的清明，無私欲之雜而言；事功便是就因本體清明所表現的事為而言，意即根源於道德的有本事功，故梨洲言道：「事功而不出于道，則機智用事出于偽。」〔註68〕梨洲極強調事功應本於道，否則其若根源於私欲，其弊害將無盡矣，尤其是掌握實權之人。對於此將於豪傑事功之更清楚點出。

〔註66〕〔清〕黃宗羲：〈人有不為章〉，《孟子師說》，卷4，頁107。
〔註67〕〔清〕黃宗羲：〈人不足與適章〉，《孟子師說》，卷4，頁99。
〔註68〕〔清〕黃宗羲：〈姜定菴先生小傳〉，《黃梨洲文集》，頁77。

二、藉治學及修德建立豪傑事功

　　既然已理解梨洲所謂道德、事功之聯結，此處將進一步思考，如何成就根源於道德的事功，而此亦可順著上一節對於知識與道德的思考整體關聯起來。

　　事實上，事功雖以道德爲本，但畢竟事功本身仍有其客觀性，而此是宋明理學家常忽略之處，誤以爲只須於道德下工夫即可建立事功，而讓主事功派學者譏笑爲不諳實務而空談心性。對此勞思光有其特殊見解：

> 人一言及事功，必涉及如何駕馭客觀形式之「理」，而此理即「成敗之理」，孔子以來似無重「成敗之理」之說，宋代陳亮朱子之辯似觸及此問題。然亦無甚明確理論；而另一面「成德」之觀念一直爲儒學思想之主脈，而「成德」與「成功」顯然不能混爲一事也。〔註69〕

此處勞氏點出成敗之理與成德之理不同，不應混爲一談，此說法是站在具體實現上的差異而言，因事功必須考量各種客觀求勞的變化，及思考對治策略，此屬於專業技術層面的問題，的確非正心誠意便可知悉的。就此而言事功確有其不同層面的考量，但是否眞的事功與成德眞的不能融合？勞氏認爲「道德只能成爲事功的某種條件，決非事功之充足條件，成德固不依賴於成功，但成功亦不能由成德直接生出。」〔註70〕故認爲梨洲仍足將事功與成德關聯起來，未能正視事功本身的客觀性。勞氏之觀點在於道德絕非事功之充分條件，故事功與法由成德生出，對此，此處將就梨洲的觀點陳述，以此些問題對應思考。

　　筆者認爲梨洲所以強調成德，主要是就行事動機之端正而言，此處雖無助於具體實務之推展，但其卻是行爲正當性產生之根據，因彼認爲動機之純粹與否其行事會影響他人。梨洲並非只是就本體上執守，而是重視本體之作用如何於實踐中落實，故可免一般儒者專言心性之弊，而能正視具體實踐。既然梨洲強調實踐，自然要求行事要合乎天理人情，如此行爲的成敗不就與成德相關聯。當然梨洲所謂的成德是關聯對時變的掌握，故強調讀史及豐富生活體驗，使社會適應性增強，故梨洲的成德是關聯著「學」而言的，即筆者於上節所指出的，梨洲強調知識與道德應兼取，而知識以致用爲本，既

〔註69〕勞思光：〈明末清初之哲學思想（下）〉，《新編中國哲學史》（臺北：三民書局，1990 年），頁 662。
〔註70〕勞思光：《新編中國哲學史》，頁 663。

以效用爲本，自能考量客觀時勢，思考其具體成效，如此梨洲主張一方面修德以端正個人行事之善動機，一方面治經世之學培養個人的具體成事能力，故對於歷史、地理、天文、曆算等學術，梨洲均認爲應可廣泛接觸，也因此梨洲在面對現實政經國防等問題思考時能掌握客觀情勢，並非空談理想。故梨洲對於具體事功之建立，強調的是才、德兼備（以德爲本），以修德、致學來充實德與才，培養實際致用的資具，梨洲言道：「道不能達之事功，論其學則有，適于用則無，講一身之行爲則似是，教國家之急難則非也，豈眞儒哉？」〔註 71〕如此豈是勞思光所謂梨洲只是重成德之教而忽略事功的成敗之理？

　　梨洲除了認爲人應藉著治學、修德以充實經世之能力，同時更重要的是如何將此能力具體發揮方是整體完成，意即梨洲所謂的致用有兩種層次，一是就學習層次而言，一是就實踐完成層次而言，前者是後者之基礎，後者是前者之完成。所謂的實現層次即屬所謂的事功，梨洲所謂的事功並不限於經國大業，而是涵蓋立德、立功、立言三種不同型態，彼認爲過度標榜建立平天下事功是不切實際的，因梨洲認爲事功是有現實「時位」之限制，時位是就客觀時勢及所處地位而言，此並非是人能充分掌握的，對此梨洲言道：

> 夫吾心之知，規矩也，以之齊家治國平天下，猶規矩以爲方圓也。……
> 使舉一世之人，舍其時位而皆汲汲皇皇以治平爲事，又何異於中風
> 狂走。即充其願力，亦是磨頂放踵利天下爲之之事也。〔註 72〕

由此得知，梨洲認爲重視事功不應只執於治平之事，而應就根本能力的穩立著手，並認清自己所處之客觀時位，否則一味重積極用世，反易導致社會的不安。彼所以如此論斷是因梨洲正視人於人世中有其自由與限制處，就自由處而言，人所能掌握的便是個人的良知；至於限制處則是人所處的「時位」，對此梨洲明確言道：「用行舍藏，因時制宜，終不落事局中。取辨功名，若常人之出處爲世所操，我不能操世，便是落於事局。」〔註 73〕若不能認識此客觀限制，則致用欲達至成效是不可能的。故梨洲認爲人在言致用時應先把握人可以自主處，並且認清客觀情勢，如此方能進一步言致用。

〔註 71〕〔清〕黃宗羲：《黃梨洲文集》，頁 77。
〔註 72〕〔清〕黃宗羲：〈與友人論學書〉，《黃梨洲文集》，頁 437-438。
〔註 73〕〔清〕黃宗羲：〈禹稷當平世章〉，《孟子師說》，卷 4，頁 119-120。

正因梨洲正視客觀時位對人的限制，因此對於事功之具體建立則就個人之才性及所處時位，將一生精神於此充盡表現，便是所謂事功之建立了。梨洲言道：「斂於身心之際，不塞其自然流行之體，則發之爲文章皆載道也，垂之爲傳注皆經術也。」〔註74〕對於梨洲所盛讚的「豪傑」，此爲梨洲所塑造的完型，是才德兼備的理想典範，彼不矜於功名富貴，「本領闊大，不必有所附麗，而起一片田地，赤手可以製造。」〔註75〕因此梨洲所標榜的豪傑是其一生能不追求名利，能順任本性之發用，在其所處時位中充盡發揮其作用，此皆是梨洲所肯定的豪傑。故其稱：「老莊之道德，申韓之刑名，左遷之史，鄭服之經，韓歐之文，李杜之詩，下至師曠之音聲，郭守敬之律歷，王實甫關漢卿之院本，皆其一生精神之所寓也。」〔註76〕「漢諸葛亮、唐之陸贄、宋之韓琦、范仲淹、李綱，文天祥，明之方孝孺，此七公者，至公血誠，任天下之重。」〔註77〕故梨洲所認爲的豪傑是就其一生能於立德、立功、立言上有其卓越的表現，此便是梨洲所謂豪傑的事功，而所謂的豪傑不在乎此人之祿位功名，只要能立志爲學，而將一生之精神專注於其所立定的理想，此等人便是梨洲所謂的豪傑了。因此梨洲所重的豪傑並非如陳亮所標舉的「英雄」，而是於具體生活世界中能充盡發揮個人存有價值者便可屬此類中人，而進一步認爲此些人正是整個歷史前進的創造者。此觀點之特色在於事功並非只有英雄可以建立，因此人人均可成爲歷史中的主角，此是將孔孟人皆可以爲堯舜，進一步肯定人人皆可以爲豪傑，均可自主地參與歷史創造。此相對於於朱子及陳亮的觀點，朱子將醇儒視爲典型，而陳亮則將英雄視爲典範，梨洲更進一步融合此二典形，塑造出所謂的豪傑，能兼重成德之學與具體事功，能配合時勢而開創合宜的經世之學，此便是梨洲所建立的根源於道德的事功理想。

〔註74〕　〔清〕黃宗羲：〈劉別海昌同學序〉，《南雷文定前集》，卷1，頁16。
〔註75〕　〔清〕黃宗羲：〈陳夔獻五十壽序〉，《黃梨洲文案》，頁496。
〔註76〕　〔清〕黃宗羲：〈靳熊封詩序〉，《南雷文定後集》，卷1，頁8。
〔註77〕　〔清〕黃宗羲：〈從祀〉，《破邪論》，頁193。

第六章　結　論

一、從道德性的儒學轉向歷史性的儒學

　　梨洲學術與整個時代環境及歷史發展是緊密關聯的，一方面是其所受的家訓〔註1〕，另方面是其所處時代促成其對於歷史問題的敏感度，換言之，若將梨洲抽離於時代環境單獨理解，則無所謂的梨洲學。梨洲對於時代發展的深刻關切，其最主要的目的是認識時代所處的情勢及其所面對的問題，進而於此進行反省並提出對治，從而於歷史中尋出醫方，也因此梨洲所建構的歷史性儒學頗能對治時代之弊。至於梨洲與宋明理學之關聯性，基本上梨洲學是重理、重心、重氣傳統激盪下所開展的：就理而論，梨洲認爲朱學將心理判分爲二，於心外窮理有外求之弊，遂主即心窮理；就心而論，梨洲承繼陽明以良知肯定人的存在，同時強調知行一體之重要，且面對王學末流逐漸將良知超越化，令知與行割裂爲二，遂主回歸陽明強調致良知教；而重氣傳統，梨洲肯定氣本論之說法可免理氣爲二，同時對於生活世界的各種變化能提出合理的解釋，對於梨洲理事合一的主張提供有力的支持。因此梨洲的歷史性儒學便是在此三大傳統的激盪下開展出來的，一面言「盈天地皆心」，同時又主「盈天地皆氣」，即此建構出氣本論哲學，一方面總結宋明，一方面開出新學。關於本文的詮釋入路的對比與釐清，此處先交待前輩的研究成果及

〔註1〕關於梨洲學之形成受家學影響，主要是就梨洲受其父黃尊素的薰陶而言。黃炳垕《黃宗羲年譜》記載：「忠端公被逮時，途中謂公曰：『學者不可不通知史事，將架上《獻徵錄》涉略可也。』公至是發憤，自明十三朝實錄，上溯二十一史，每日丹鉛一本，遲明而起，雞鳴方已，兩年而畢。」〔清〕黃炳垕：《黃宗羲年譜》，頁15。

路數，而提出本文採取的是劉述先的「思想史」進路，將梨洲放入整個思想史的脈絡中進行全面考察，探究梨洲是在何種情境下開發出此套新學，並對比同時期的船山學見出彼此歷史性的儒學的不同向度，梨洲重根源層面，而船山重現象層面；梨洲強調人去開顯歷史、創造歷史，而船山較側重歷史文化中所開顯歷史常道的部分，彼此有所偏重。而本文的研究方式則是經由對梨洲思想的解釋與理解中畫出梨洲思想的輪廓樣貌，對於批判則略提之，儘量對梨洲有相應的同情理解，順著梨洲所提出的歷史性思維向度，重現梨洲所關懷的問題，以見出梨洲是如何批判地繼承宋明，又如何創造地開展時代之學。

關於梨洲思想是否有前後期變化的問題，近世學者錢賓四主張梨洲早期與晚期觀點有明顯變化，劉述先則認爲梨洲並無前後期思想的變化〔註2〕，筆者採取劉述先的觀點，將梨洲思想視爲前後一致。

梨洲承繼陽明心學傳統及蕺由的重氣傳統，認爲人所處的生活世界全是大氣之流行，而於氣的流行中見出理之作用，以「理氣不二」來解釋自然界、人事界之現象。梨洲的氣本論，既有實存之氣，亦有元氣，元氣是人及一切存有物的終極根源。至於心則是人存有之根源，梨洲所言的心是氣心，但此氣心是根源於元氣，因此能於心的活動中見出「性理」，故梨洲所言的心是氣本論意義的心。同時梨洲認爲心不能超越的於形氣之外而獨存，必須關聯著實存生命而說的。梨洲認爲心不離實存生命；理（性）不離氣，並提出實踐的概念，強調經過實踐的過程方能見出心如何於實存生命中作用，而亦經由

〔註2〕 錢穆先生認爲由《明儒學案》,〈序〉中可見出梨洲晚年思想的轉變，其理由有三：其一言心學多重本體，而此則重工夫；其二心學多重向內，而此則轉向外；其三心學多重常，而此卻重變。因此認爲梨洲已由早期追隨蕺山思想而至晚年則發展出個人色彩的論點。參見錢穆：《中國近三百年學術史》，頁27。劉述先認爲：「《陳確集》編者有一按語與錢先生持論完全相反：『按梨洲所作陳乾初墓誌銘，以初稿未涉學術問題愧對良友，因而重撰一篇，互爲對照，重撰本認爲乾初"於先師之學，十得四五"，故引錄乾初原文特多，似乎有意爲之傳佈，改本則認爲"於先師之學，十得二三"，所引乾初原文亦已減少；最後改本則篇輻更短，引錄亦少，從此可以想見，梨洲晚年對重撰本並不滿意，與乾初論學之旨，亦且由接近而漸疏，特以文已發出，無從索回，故特存改定本於其《南雷文定》與《南雷文約》之中，以抒己見。』……《陳確集》的編者掌握材料遠較錢先生爲多，考據精詳，應以之爲準。由此可見錢先生謂梨洲晚年思想有巨大改變，義理考據，兩皆無當，絕不可從也。」劉述先：《黃宗羲心學的定位》，頁169。

具體活動中方見出人性之眞實價值，此即所謂「理不離事」之觀點。梨洲強調人應經由實踐去證成本體，一方面以實踐去體證本體，另方面由實踐去完成本體，如此可免去本體的虛玄化，同時指引出人如何去實現自我價值。正因心性並非超越存在，而是渾融於實存生命中，由實存生命中彰顯，因此人性就必須經由不斷地開顯歷程中逐漸透顯：雖然人性不是因實踐擴充方是善〔註3〕，而是經由實踐開啓人性之本然，實踐並不使人性有所增減，而是使其不爲私欲限隔而充盡呈顯。經由實踐歷程，人性之本然逐漸被顯豁，而此向晦而明便有所謂的變化，於此可見出人性亦有所謂歷史性，而此歷史性正是經由實踐歷程中顯，而所謂的實踐，梨洲並不局限於過去所謂的道德實踐，而走將人置入歷史文化的大脈絡中思考，一方面人經由實踐開顯人性便是開顯歷史之道，同時人性亦因歷史文化提供豐富的文化資產，使人性更能有上進力衝破私欲之限制，使生命更爲充實提昇，故「歷史——人」形成互動關係，此處所思考的是落在：人如何經由歷史實踐，去顯豁人的存在價值，而人在人性充盡發揮時便是參與了歷史創造。

梨洲歷史性的儒學並非憑空建構的，而是通過讀經治史，由歷史中擷取成長養分。梨洲理解的歷史是環繞著文化而說的，所謂的文化包含了政治、學術、經濟等制作，此些均是人性落實於具體事爲中的表現，所以「歷史即是文化史」，而梨洲所謂的歷史並非現今所謂狹義的史學，而是廣義的「即事言理」的史學——史即是事，理即在事中顯。正因梨洲認爲歷史是人性的自覺活動，故對於當代的文化制作儘可能予以全面保存，因彼認爲此些文化成果均表現了人性的不同面相，不可偏廢。而於諸多文化成果的保存中，梨洲隱含了一個最根本的動機及目的——肯定人性之價值，因此梨洲以人性作爲歷史思維之切入點，對歷史進行解釋與批判，就此而言「歷史即是人性史」。正因梨洲認清歷史之根本在於人性，至於其他人事變遷均是歷史運行過程中的變化之勢，均是暫時現象，其最終匯歸於歷史之常道。故梨洲面對國亡之衝擊，產生維護明史料之念頭，其根本動力在於延續歷史生命，而非只是出於民族氣節，即此見出梨洲是具有強烈的歷史意識。對於整個歷史發展的認

〔註3〕 梨洲言道：「夫性之爲善，何下如是，到底如是，擴充盡才而非有所增也，即不加擴充盡才而非有所減也。不爲堯存，不爲桀亡，到得牿亡之後，石火電光，未嘗不露，纔見其善，確不可移。」〔清〕黃宗羲：〈與陳乾初論學書〉，《黃梨洲文集》，卷3，頁442。

識，梨洲強調整部人類歷史是：環繞著道（人性）而建立的，均能開顯出道（人性）的某些面相，因此人類開顯道（人性）的歷程可無限延續。梨洲的人性史儒學的特色便是富有徵實精神及褒貶傳統，將表貶植基於可信的史料之上。而彼所以強調對人性價值之保存，事實上是出於致用的理想，因梨洲認為歷史對於現實中的人們而言是有意義的，其意義建立在歷史經驗的傳遞上，所謂經驗傳遞並非只是具體事例之運用，而是對於人的有限性及無限性有更深切的體認，能正視人的限制不去強求，而於人的自主性充分發揮人存在價值，使人不僅得到了生命的安頓及對現象的解釋，更能進一步提出如何為自己尋出理想之歸趨——經由歷史實踐（立德、立功、立言）肯定自己的價值，讓生命得以在適切地情境充分發揮，並於歷史發展中有所貢獻，此便是梨洲史學經世的終極理想所在。

　　第四章則探討梨洲對王學之反省，點出其儒釋之辨的批判觀點，分別就王門四句教、龍溪、江右、泰州諸派進行反省，由此見出梨洲對明代思想史之解釋與批判向度。本章主要之重點在於突顯梨洲對王學的反省其立論根據主要是落在思想史的角度上，而非只純粹針對各家的哲學論題進行理解批判。關於梨洲對四句教的理解，梨洲由最初的質疑到後來的肯定，其間的關鍵便是對四句教進行新詮釋，而所稟據者便是承繼陽明的本體實踐學而開展的實踐學，將陽明由工夫實踐的歷程言格致創造詮釋為工夫實踐的完成，肯定人人皆具有即知即行的能力，以此作為批判工具及立論根據。梨洲對於「無善無惡心之體」詮釋為心寂然之狀態是境識俱泯的，所謂的善惡並非就心的價值而言；而「有善有惡意之動」理解為意之發用是境識俱起的狀態，意是心的存在之理，並非指心之發；至於「知善知惡是良知」則認為知不當理解為主客對列的分別之知，亦非情識之知，而是吾心本具的道德判斷力。梨洲的創造處在於將緒山所理解的四句教由心之發的意上對治，強調為善去惡，轉向根源處的心上對治，而強調良知的實有性及實踐之重要則是一致的，當然其中亦充滿梨洲對四句教論點的曲解，但此誤解是由影響處提出的，故梨洲的批判並非因四句教本身之失，而是針對四句教作為教法所產生的限制進行省察。至於對龍溪之詮釋，此處梨洲對龍溪的誤解更明顯，梨洲並非針對龍溪的論點進行批判，而是將龍溪學與其影響聯結，而所謂由果推因。事實上在許多看法上有相近處，例如無善無惡，雖然對無善無惡的理解有歧見，然均是以境識俱泯來說明此狀態，對於龍溪有無工夫義的問題，事實上龍溪

所言的正心之學與梨洲的誠意之學是相近的,均強調由根源處作工夫。而梨洲與龍溪之根本差異在於:龍溪強調三教會通,而梨洲強調儒釋之辨,既然龍溪強調合同,遂提出「無」的概念,強調良知的虛無義;梨洲強調區分,遂提出「有」的概念,強調良知的實有義。因此彼此立場不同,立論方向自然迴異,就此而言梨洲的確誤解了龍溪,但彼者認為雖然梨洲誤解了龍溪,然其對於良知的實有義之重視仍可對龍溪有所補足之作用,尤其是作為教法上的考量。關於梨洲對江右的詮釋,前面已論及梨洲對王門之反省是由影響來反省理論,在對江右的論斷中可明顯見出彼認為江右在義理、實踐、傳承三方面而言,均得陽明之傳且有救正發揚王學之功。在發揚上,梨洲認為江右能以根源於良知的實踐,來救正龍溪落於禪強調虛寂不務實踐之弊及泰州落於祖師禪作用見性不受制約的狂肆作為;在義理及實踐上,江右主靜、歸寂說強調於根源處持守作工夫,在梨洲看來是有本的工夫實踐,故以此論斷江右為王學嫡傳。至於泰州派,梨洲批判泰州雖然強調實踐,但卻產生狂放不羈之悖名教之行徑,彼認為關鍵在於實踐中所體證之理不正確,未能於其中體證實有創生的本體,反而落於光景執定,而產生梨洲所批判的祖師禪「作用見性」之機權弊。就筆者考察,事實上梨洲所站的立場是重德傳統,而泰州所重的是重樂傳統,彼此之思考路徑不同,故梨洲對於泰州之批判事實上亦是不相應的。梨洲對於泰州之批判並未切中關鍵,因泰州之弊的造成在於時代因素——專制體制之控制,使泰州之理想無從施用,而產生以脆弱的生命與強大的社會體制對抗產生衝突,問題主要在於體制,至於泰州之限制則在於未能掌握適切的時位,若於適切的情境下發揮作用,此時代悲劇亦不會發生了。

基本上梨洲認為陽明學本身是真能展現儒學精神與釋學之差異,而其中重要關鍵便是對良知本體之掌握,但因此處容易滑轉而流於佛學所言的性空;同時若不能就良知本體真切作工夫,則易流於彼所批判的釋氏祖師禪中的作用見性,因此梨洲對於王學之批判主要關注點便在於王門後學對於陽明良知教是否能精準掌握,只要於根本處能掌握則採取正面評價,反之則以佛禪目之,而予以嚴屬批判,此便是梨洲衡定之關鍵所在。

第五章則是探討梨洲對當時的重要學術問題的見解,即知識與道德,事功與道德。這兩項問題的產生均是源於宋代朱陸道問學、尊德性之辯及朱子陳亮道德、事功之辯,藉由梨洲對此問題之反省可見出其的立場所在。對於

因朱陸異同造成知識與道德的對立，梨洲頗為不滿，而彼提出的化解之道便是由朱陸的論點中檢視，而發現朱子與象山於晚年觀點有會通之勢──朱子道問學並不廢尊德性，象山尊德性並不廢道問學，並指出朱陸之異的緣起是因早年在「教法」的側重面不同所致，但晚年已無明顯差異。對於梨洲之說法其限制在於未能正視朱陸之學義理上根本之差異，對朱陸異同的爭議並未充盡化解；然梨洲理解的特色在於：彼肯定任何人對於道均可以有不同的詮釋方式，因梨叫認為所以不同只是表象上的不同，其內在的根本則是一致的，此即梨洲「萬殊復歸一本」的論點，以此來彌縫朱陸歧異。同時梨洲亦指出知識與道德是相合不離的，彼依據在於：吾心同時且有認知力、判斷力及實踐力，因此可以表現出知識與道德，此些均屬所謂的實踐，均能開顯性理。故梨洲認為人在開顯道的實踐歷程不應偏廢治學與修德，更進一步指點所謂的治學是治有用之學，即通經讀史，治學必須配合修德方能端正動機，而治學亦可提供修德之資具，彼此是相輔相成，並行不悖的，梨洲由知識與道德形成之根源及實踐歷程化解知識與道德的對立性，而代以相成之道。至於道德與事功之對立性解消，梨洲所採取的方式亦是回溯原點法，重新針對事功與道德的對立之源進行反省。對於朱子重理之論點，梨洲認為其優點在於能掌握事功的根本價值，其限制在於未能即事言理，即未能正視具體事功建立之必要性；至於陳亮，其優點在於能即事言理，但其限制在於一方面對於所見之事不夠充全，一方面於事中所見之理亦不究竟，所見者只是事功之理，忽略了終極之理。對於此梨洲採取融合之方式，將事功與道德之產生動源均歸於一心，認為知行一體不離，故道德是就吾心的判斷力而言，事功是吾心不容已的實踐力；同時事功實踐與道德實踐亦有相成之作用，道德實踐主要是端正事功表現之動機，梨洲認為事功不可出於個人私欲，否則事功便流於機變巧詐，而事功本身亦是道德實踐落實於具體情境中之表現。彼認為事功之建立其基礎必須培養個人的識見與能力，故必須於歷史中擷取經驗，藉由治學便可知常通變；當然治學須配合修德，如此方能由根源處穩立，培養自己之氣度胸襟。至於事功之完成則必須落在不斷地修習歷程中使人性得以於具體事為上充盡發揮，而能表現出立德、立功、立業三不朽事功，因個人處境時遇不同，只須安於己之分位充盡發揮便是成就以道德為本的事功矣。

綜合各章的論述，此處可大略勾勒梨洲歷史性儒學整體樣貌：梨洲學是

由歷史脈絡中的宋明理學──（重心、重氣、重理傳統）及經學、史學傳統中擷取成長資源，加上個人對時代敏銳的感受力，逐漸形成其理論系統──人性史儒學，而梨洲致用的理想趨使其進一步以此系統對歷史現象進行批判，而於批判中逼顯出彼所欲呈現之宗旨，而梨洲對明代的文化史保存便是彼人性史儒學之具體成果。因此本文在架構便順此進程安排的，由梨洲理論基礎的形成，到歷史性儒學的建立，而以此架構對歷史（學術面）進行反省，而形成一個整體。因此也可以說本文是由梨洲論點中凝煉出──「歷史即是人性史」，「歷史即是文化史」，而順此路數將梨洲歷史性的儒學烘托出來，將彼繁複的學術論著藉此作番統整歸納之工作，將其至深的用心藉著本文儘可能的加以點出。

　　當然本文所作的不過是梨洲學研究的一個詮釋向度，只能代表眾多理解梨洲學方式中的一種，所見出的觀點亦不過是梨洲學的某些面相，並不足以反應全面的梨洲學，故仍有許多「對話」的空間。至於本文之限制，一方面未能對梨洲進行深入的批判，蓋因筆者認為應先對研究對象有深切的理解方可能見出其限制，而筆者自忖能力及其他條件的不允許，故只能作到此程度。另方面本文並未能對梨洲所有的學術於文中充分析解，蓋筆者之重點落在梨洲歷史性儒學與宋明理學之關係，是筆者對於取村上自覺的限定，故對於梨洲其他學術成果如經學、天文、地理等範圍並未涉及，此些領域皆有極大的開發空間及價值，待有志者參與開掘。

二、梨洲思想的時代意義

　　藉著前面所作的釐清工作，此處可進一步歸納經由本文的研究發現了那些梨洲學之特點，同時此些特點對於現今所處時代有那些發展的可能。

　　其一，梨洲提供吾人對人事現象解釋的一個向度──人性。認為一切文化制作均是以此核心所開展的，因此吾人對於各種現象之反省可尋此思考進路，見出事件背後的真正根源，而不致陷惑於紛紜的表象，當然此處所謂的人性必須關聯著事件的具體情境全盤的思考。同時梨洲認為既然任何文化均是人性之具體實現，因此任何人為事件均有其存在的價值，吾人須對於人事各種現象深刻體察，以見出蘊藏於事件背後真實的價值。

　　其二，梨洲提供一條安頓自家身心及充分發展自我價值的途徑──歷史實踐，人不應只將個人視為有限的存在，事實上人還可以是無限的存在，而

其間關鍵便是──人性，人可以經由人性的充盡發揮而將生命的有限性轉化為無限性，如此人不會再為現實的無常所掛心，不會因自己生命與所依傍而無助，梨洲認為人的生命可以掛搭於歷史之上，使個人生命與歷史大生命一體流行，給予自己歷史使命之擔當，使人生可以有意義的活著。當然將生命掛搭於歷史中並非指人可以脫離現實而只活在歷史假象中，而真正之用意在於所謂的歷史實踐是人真實而有意義的在現實適當的分位中充分發揮自己，在現實界踏實的實踐便足所謂的歷史實踐，此生活態度與過去豪傑的精神是一致的，均可作為後世取法之對象，當然梨洲並非欲人追求身後名，只不過指點出此些價值是可以超越現實名利富貴的追求，梨洲強調歷史實踐須順應人性之自然，任何不醇粹的動機均會妨害人性之充盡發用。正因梨洲肯定人性具有崇高的價值，可突被現實形軀之限制，可以為理想而提昇自己的生命，因此梨洲提出一條類似宗教不朽之觀點，提供人一條可以自主掌握的一條理想實現的途徑。

其三，梨洲由人性的歷史思維中，對專制體制進行深刻地批判，認為專制帝王的各種行事不過是一人一家之私，故提出重視民本的思想。畢竟政治體制對於吾人而言影響最為深切，在合理的政治體制下，人充分展現自己，人性也能有較自由的發展空間，否則在不合理的體制下，人的行為是有所限制的，雖然人性仍是自主的，但人性一落到具體發用便有所約制了。

其四，梨洲對於學術的紛雜性提出「一本萬殊」的觀點，基本上因每個人稟賦不同，所處的情境亦不同，自然對於真理的體認亦不相同，因此梨洲認為無須強求學術的一致性，如此是扼殺學術的自由生機，吾人必須於萬殊的學術文字表象中探掘其背後所反應的真理，而以此作為最終目的。同時對於學術創作，梨洲亦提出「致用」的觀點，強調學術應本於純粹善的動機，創造有意義的學術，反對出於應酬，重形式，重功利的人偽之學，此不僅無益於個人生命之成長，對於社會亦無正面作用，甚至反成為障蔽他人心靈之具，故強調創作有本有用的學術，不作無價值的學術。

由以上梨洲的觀點，吾人可順著思想史的發展發展脈絡一直關聯到現在的情勢來見出此些觀點之價值。在清中葉乾嘉時期，考據學形成學術之主流，主導著經學、文學、思想、史學的發展，過去梨洲所標榜的致用、性命均為此思潮所扼殺，而章學誠在此時卻以極綿薄之力傳承著梨洲精神。在當時即使重義理，亦明顯與明末清初之論點不同，此時對於人的思考則落在重視人

的實存生命，此可以戴震標舉「情欲」說見出，戴震言道：「道德之盛，使人之欲無不遂，使人之情無不達，斯已矣。」〔註4〕彼落在情欲上論價值，此明顯是宋明理學之反動，此重視實存生命的論點主導了清代對人存在之思考。此發展之結果，不僅使學問與生命斷裂爲二，已走向爲知識而知識的趨勢，同時對於生命的思考已將價值面與現實面割裂，使人只著眼於現實生活，忽略思考人存在之意義，如此人的生命是被抽離於整個歷史傳統的，也使人性被忽視而由實存生命所取代。此狀況一直到清末，面臨外力之衝擊，病徵便明顯呈現，因整個清代靠的是民族血氣生命的支撐，在面對危難時此實存生命便膨脹形成虛擴的抵禦之力量，但因彼缺乏內在精神的支拄，因此只能暫時的抵抗；最後在現實上爲外力擊垮之時，有志之士便開始反省自己的文化，甚至採取否定的態度，因此新的文化運動要求便展開，或是如嚴復翻譯西書，或如張之洞提出中體西用說，或如變法革新的提出，整個晚清時期籠罩在民族自救的呼聲中，此時重要的時代課題已落在——挽救民族的現實存亡上，因此著重面在於如何促使國富兵法。到了民國，整個民族仍呈現不穩定狀態，在文化問題上強調全盤西化的主張主導了當時的思想，對傳統充滿著不滿與批判，而此影響一直延續到強調經濟思潮的馬列主義引進中國，甚至到現在此問題仍未解決。

　　從乾嘉、晚清到現在的歷程中可明顯發現，整個發展與清初諸儒所關切的問題正好背道而馳——傳統對於這些階段的人而言是負累不是資產，因此一直希望掙脫傳統的束縛。但事實上我們可以發現，一個民族若失去文化生機，其存在便是虛浮的，無法找到立根處。就一個人而言亦然，一個人若失去了血緣支持，或失去價值信念，整個人的存在便容易墮入虛無；而我們由世界各國積極保存自己的歷史文化，便是因此些文化資產革國家生存的根基。曾幾何時我們由最重現歷史保存的民族，成了最忽略歷史的民族，而此現象將如何安頓整個民族億萬人的心靈？而梨洲正視傳統對於現實所具有的意義，可引發吾人思考文化慧命的問題，當然吾人在思考此問題時，必須注意對現實情境有充分的認識，認清時代所面臨的課題——例如兩岸關係及我國與世界其他國家的存在關係等實際面對的問題，同時對於整個中國文化的發展應有深刻的體認，認清歷史變遷中最根本最永恆的部分，於其中得到歷

〔註4〕見戴震：〈論才〉，《孟子字義疏證》（北京：中華書局，1982 年），卷下，頁41。

史智慧，以解釋目前紛雜的現象，將歷史與現實充分結合，方能對真象有更深切的認識。我們可以確信的是：一個沒有過去歷史的人或民族是無法認清未來的，亦無法具有充沛的前進力，因爲他沒有根。

　　至於現今的知識分子，梨洲的觀點亦可作爲實踐的理想，以「致用」爲學術研究之動機與目標，知識分子在現今社會仍是扮演舉足輕重的角色，若能秉持知識分子的良知，讓社會上更多的人認識社會真象或開啓人生智慧，幫助更多的人成長，也許便是現今知識分子重要的使命。同時吾人亦可重新思考儒家在目前所扮演的角色及定位，當代已有不少學者，如熊十力、唐君毅、牟宗三、徐復觀等前輩，對儒家生機的保存已費盡極大心力，吾人一方面得繼承他們的足跡前進，一方面得重新於儒家經典不斷省思，並掌握時代脈動，思考目前的時代問題，如本土化與中國文化之關聯，中國文化與西方文化融合的問題，民主政治的問題等唯有將儒家觀點與此些時代問題充分結合方能開啓新的時代性儒學，畢竟時代不同有其不同因應的問題，儒學也必須依時代而有不同的面貌，而梨洲歷史性儒學的提出正可提供吾人很好的鑑鏡。

重要參考書目

壹、古　籍

一、梨洲著作

1. 〔清〕黃宗羲：《南雷文案》（附《外集》、《吾悔集》、《撰杖集》、《詩曆》），臺北：臺灣商務印書館，1967 年 9 月。
2. 〔清〕黃宗羲：《南雷文定》，臺北：世界書局，1964 年 2 月。
3. 〔清〕黃宗羲：《明夷待訪錄》，《黃宗羲全集》（一），臺北：里仁書局，1987 年 4 月。
4. 〔清〕黃宗羲：《孟子師說》，《黃宗羲全集》（一），臺北：里仁書局，1987 年 4 月。
5. 〔清〕黃宗羲：《破邪論》，《黃宗羲全集》（一），臺北：里仁書局，1987 年 4 月。
4. 〔清〕黃宗羲：《弘光實錄鈔》、《行朝錄》、《四明山志》，《黃宗羲全集》（二），臺北：里仁書局，1987 年 4 月。
5. 〔清〕黃宗羲：《朱元學案》，《黃宗羲全集》（三～六），杭州：浙江古籍出版社，1993 年 11 月。
6. 〔清〕黃宗羲：《明儒學案》，《黃宗羲全集》（七～八），臺北：里仁書局，1987 年 4 月。
7. 〔清〕黃宗羲：《易學象數論》，《黃宗羲全集》（九），杭州：浙江古籍出版社，1993 年 11 月。
8. 〔清〕黃宗羲：《留書》，《黃宗羲全集》（十一），杭州：浙江古籍出版社，1993 年 11 月。
9. 〔清〕黃宗羲：《南雷集》，臺北：臺灣商務印書館，1965 年。
10. 〔清〕黃宗羲：《南雷文定四種》，臺北：世界書局，2011 年 5 月。

11. 〔清〕黃宗羲著、陳乃乾編：《黃梨洲文集》，北京：中華書局，2009 年 5 月。

二、其他古籍（依時代先後排列）

1. 〔宋〕周濂溪：《周子全書》，臺北：臺灣商務印書館，1978 年 9 月。

2. 〔宋〕張載：《張載集》，臺北：漢京文化事業股份有限公司，1983 年 9 月。

3. 〔宋〕程顥、程頤：《二程集》，臺北：漢京文化事業股份有限公司，1983 年 9 月。

4. 〔宋〕朱熹：《朱文公文集》，臺北：臺灣商務印書館，1967 年 9 月。

5. 〔宋〕陳亮：《陳亮集》，臺北：漢京文化事業股份有限公司，1983 年 12 月。

6. 〔宋〕陸九淵：《陸象山全集》，臺北：世界書局，1979 年 6 月。

7. 〔宋〕朱熹撰、〔宋〕黎靖德編：《朱子語類》，臺北：文津出版社，1986 年 12 月。

8. 〔明〕李贄：《藏書》，臺北：臺灣學生書局，1995 年 10 月。

9. 〔明〕王陽明：《王陽明全集》，臺北：河洛圖書出版社，1978 年 5 月。

10. 〔明〕王陽明撰、葉鈞點註：《傳習錄》，臺北：臺灣商務印書館，1991 年。

11. 〔明〕王畿：《王龍溪語錄》，臺北：廣文書局，1986 年 1 月。

12. 〔明〕劉宗周：《劉子全書及遺編》（上、下），京都：中文出版社，1981 年 6 月。

13. 〔清〕顧亭林：《日知錄集釋》，臺北：世界書局，1991 年。

14. 〔清〕顧亭林：《亭林詩文集》，臺北：臺灣商務印書館，1965 年。

15. 〔清〕王船山：《周易內傳》，《船山全書》第 1 冊，長沙：嶽麓書社，1996 年 10 月。

16. 〔清〕王船山：《周易外傳》，《船山全書》第 1 冊，長沙：嶽麓書社，1996 年 10 月。

17. 〔清〕王船山：《讀通鑑論》，臺北：臺灣中華書局，1960 年。

18. 〔清〕王船山：《張子正蒙注》，臺北：河洛圖書出版社，1975 年。

19. 〔清〕王船山：《讀四書大全說》，濟南：山東友誼出版社，1994 年。

20. 〔清〕全祖望：《鮚埼亭集》（上、下），臺北：華世出版社，1977 年 3 月。

21. 〔清〕萬斯同：《石園文集》，《續修四庫全書》第 1415 冊，上海：上海古籍出版社，1995 年。

22. 〔清〕章學誠撰、葉瑛校注:《文史通義校注》(上、下)(校讎通義合刊),臺北:里仁書局,1984 年 9 月出版。

23. 〔清〕陳確:《陳確集》,臺北:漢京文化事業股份有限公司,1984 年 7 月。

24. 〔清〕黃炳垕:《黃梨洲先生年譜》,北京:中華書局,1993 年 12 月。

25. 〔清〕皮錫瑞:《經學歷史》,臺北:漢京文化事業股份有限公司,1983 年 9 月。

貳、今人論著 (依著作筆劃順序徘列)

一、梨洲研究之論著 (依姓氏筆畫排列)

1. 古清美:〈從《明儒學案》談黃梨洲思想上的幾個問題〉,收入氏著《明代理學論文集》,臺北:大安出版社,1990 年 5 月。

2. 古清美:〈一代儒宗黃宗羲〉,《浙江月刊》16 卷 4 期,1984 年 4 月,頁 24-25。

3. 古清美:〈談陳乾初與黃梨洲辯論的幾個問題〉,《幼獅學誌》17 卷 3 期,1983 年 5 月,頁 69-87。

4. 古清美:〈黃梨洲的生平及其學術思想〉,臺北:臺灣大學中研所碩士論文,1974 年。

5. 狄百瑞:〈黃宗羲《明夷待訪錄》之現代意義〉,收入《傳統儒家的現代詮釋——當代新儒學國際學術論文集之二》,臺北:文津出版社,1994 年 12 月。

6. 沈文叔:〈從黃宗羲的《明夷待訪錄》——論其對傳統政治的看法〉,《法商學報》第 25 期,1991 年 6 月,頁 105-121。

7. 李東三:〈黃梨洲及其《明夷待訪錄》之研究〉,臺北:臺灣大學中研所碩士論文,1982 年。

8. 吳光:《南雷雜著眞蹟》,臺北:臺灣學生書局,1990 年 5 月。

9. 吳光:《黃宗羲著作彙考》,臺北:臺灣學生書局,1990 年 5 月。

10. 吳光主編:《黃宗羲論》,杭州:浙江古籍比版社,1987 年。

11. 吳光:〈黃宗羲與清代學術〉,收入氏著《儒道論述》,臺北:東大圖書公司,1994 年 6 月。

12. 金林祥:《教育家黃宗羲新論》,西寧:青海人民出版社,1993 年。

13. 林朝和:〈黃梨洲政治哲學之研究〉,臺北:文話大學哲研所碩士論文,1986 年。

14. 南鐘鎬:〈黃宗羲的政治思想〉,臺北:臺灣大學政研所碩士論文,1991 年。

15. 高準：〈黃梨洲政治思想的貢獻及缺點〉，收入《中國哲學思想論集——清代篇》，臺北：水牛出版社，1988 年 2 月，頁 81-95。

16. 黃尚信：〈黃梨洲經世之學研究〉，臺北：文化大學中研所博士論文，1991 年。

17. 黃尚信：〈黃梨洲思想淵源探索——明代王學對黃梨洲思想的影響〉，《新竹師院學報》第 4 期，1990 年 12 月，頁 23-39。

18. 陳熙遠：〈黃梨洲對陽明「心體無善無惡」說的述解與其在思想史上的意涵〉，《鵝湖月刊》15 卷 9 期，1990 年 3 月，頁 11-26。

19. 張高評：《黃梨洲及其史學》，臺北：文津出版社，1989 年 10 月。

20. 張淑娥：〈黃宗羲之學術思想述要〉，《臺南師專學報》20（下冊），1987 年 4 月，頁 53-67。

21. 董金裕：〈明夷待訪，待誰之訪〉，收入《第一屆清代學術研討會論文集》，高雄：中山大學國文系編印，1989 年 11 月初版，頁 185-193。

22. 董有華：〈浙東史學鼻祖黃宗羲〉，《浙江月刊》22 卷 4 期，1990 年 4 月，頁 4-6。

23. 齊婉先：〈黃宗羲之經世思想研究〉，臺北：政治大學中研所碩士論文，1991 年。

24. 蒙培元：〈劉宗周、陳確、黃宗羲的「心性情合一說」〉，收入氏著《中國心性論》，臺北：臺灣學生書局，1990 年 4 月。

25. 劉述先：《黃宗羲心學的定位》，臺北：允晨文化股份有限公司，1986 年 10 月。

26. 蔡輝龍、沉惠英：〈黃宗羲思想的分析〉，《古今藝文》19 卷 4 期，1993 年 8 月，頁 8。

27. 謝國楨：《黃梨洲學譜》，臺北：臺灣商務人人文庫，1971 年 3 月。

28. 羅光：〈明朝初業哲學思想——黃宗羲〉，《哲學與文化》8 卷 2 期，1981 年 2 月，頁 74-80。

29. 羅義俊：〈從王陽明到黃梨洲〉，《中國文化》第八期，1993 年 6 月，頁 40-48。

二、其他相關論著

1. 丁化民：《明中晚期理學的對峙與合流》，臺北：文津出版社，1993 年 2 月。

2. 王茂等：《清代哲學》，蕪湖：安徽人民出版社，1992 年 1 月。

3. 王俊義、黃愛平：《清代學術與文化》，瀋陽：遼寧教育出版社，1993 年 10 月。

4. 王財貴：〈儒學判教的基型——有關王龍溪四無圓教義之探討〉，「第二屆

當代新儒學國際會議」研討會論文，1994 年 12 月。

5. 山井湧著、盧瑞容譯：〈明末清初的經世致用之學〉，《史學評論》第 12 期，1990 年 7 月，頁 141-157。

6. 方東美等：《中國人的心靈——中國哲學與文化要義》，臺北：聯經出版社，1987 年 1 月。

7. 古清美：《明代理學論文集》，臺北：大安出版社，1990 年 5 月。

8. 古偉瀛：〈中國傳統知識分子對歷史知識的態度——以顧炎武為中心〉，收入《史學評論》第 11 期，1989 年 7 月。

9. 古偉瀛：〈史家顧炎武〉，收入中興歷史系主編：《中西史學史研討會論文集》，臺北：文津出版社，1986 年 1 月。

10. 石訓等：《宋代哲學》，開封：河南人民出版社，1992 年 12 月。

11. 牟宗三：《中國哲學十九講》，臺北：臺灣學生書局，1991 年 12 月。

12. 牟宗三：《心體與性體》（一～三），臺北：正中書局，1992 年 11 月。

13. 牟宗三：《政道與治道》，臺北：廣文書局，1974 年 7 月。

14. 牟宗三：《從陸象山到劉蕺山》，臺北：臺灣學生書局，1990 年 2 月。

15. 牟宗三：《歷史哲學》，臺北：臺灣學生書局，1974 年 10 月。

16. 牟宗三：《圓善論》，臺北：臺灣學生書局，1985 年 7 月。

17. 任繼愈等：《中國哲學史》（四），北京：人民出版社，1994 年。

18. 余英時等：《中國歷史轉型期的知識分子》，臺北：聯經出版社，1992 年 9 月。

19. 余英時：《中國思想傳統的現代詮釋》，臺北：聯經出版社，1987 年 8 月。

20. 余英時：〈清代學術思想史重要觀念通釋〉，收入《中國思想傳統的現代詮釋》，臺北：聯經出版社，1989 年 2 月。

21. 余英時：《論戴震與章學誠——清代中期學術思想史研究》，臺北：華世出版社，1980 年 1 月。

22. 余英時：《歷史與思想》，臺北：聯經出版社，1976 年 9 月。

23. 余英時：〈清代思想史的一個新解釋〉，收入《中國哲學思想論集——清代篇》，臺北：水牛出版社，1988 年 2 月。

24. 岑溢成：〈王心齋思想的現代詮釋〉，「第二屆當代新儒學國際學術會議」會議論文，1992 年 12 月。

25. 李貴豐：〈王船山賢能政治論〉，「明清之際中國文化的轉變及延續研討會」會議論文，1990 年 5 月。

26. 李紀祥：《明末清初儒學之發展》，臺北：文津出版社，1992 年 2 月。

27. 沈清松：〈解釋理解、批判——詮釋學方法的原理及其應用〉，收入臺大哲學系：《當代西方哲學方法論》，臺北：三民書局，1988 年 3 月。

28. 沈福偉：《中西文化交流史》，臺北：東華書局，1989 年 12 月。

29. 杜維運：《清代史學與史家》，臺北：臺灣東大出版社，1984 年 8 月。

30. 杜維運：《清乾嘉時代的史學與史家》，臺北：臺灣學生書局，1989 年 4 月。

31. 杜維運：〈清代史學之地位〉，《史學評論》第 6 期，1984 年 7 月，頁 1-13。

32. 杜維運：《聽濤集》，臺北：弘文館出版社，1985 年 11 月初版。

33. 阮芝生：〈試論司馬遷所說的「究天人之際」〉，《史學評論》第 6 期，1984 年 7 月，頁 39-79。

34. 林安梧：《王船山人性史哲學之研究》，臺北：東大圖書公司，1991 年 2 月。

35. 林安梧：《存有·意識與實踐》，臺北：東大圖書公司，1993 年 5 月。

36. 林安梧：《台灣·中國邁向世界史》，臺北：唐山出版社，1992 年 8 月。

37. 林安梧：〈知識與道德之辯證性結構〉，《思與言》22 卷 4 期，1984 年 11 月，頁 321-333。

38. 林安梧：〈論劉蕺山哲學中「善之意向性」——以〈答董標心意十問〉為核心的疏解與展開〉，《國立編譯館館刊》19 卷第 1 期，1990 年 6 月，頁 107-115。

39. 林繼平：《李二曲研究》（上、下），臺北：商務印書館人人文庫，1980 年 12 月初版。

40. 周予同：〈五十年來中國之新史學〉，收入《中國史學史論文選集三》，杜維運、陳錦忠編：臺北：華世出版社，1980 年 3 月。

41. 周道濟：〈我國民本思想的分析與探討〉，收入中國文化復興運動推行委員會編：《中國史學論文選集》第 5 輯，臺北：幼獅文化事業股份有限公司，1986 年 2 月。

42. 岡田武彥：張桐生譯：〈宋明的實學及其源流〉，收入王孝廉編譯：《哲學·文學·藝術日本漢學研究論集》，臺北：時報文化出版公司，1986 年 5 月。

43. 姜允明：〈宋明理學中整體和諧性的形上原理〉，收入氏著《心學的現代詮釋》，東大圖書公司，1988 年 12 月。

44. 韋政通：《中國思想史》（下），臺北：水牛出版社，1989 年 7 月。

45. 侯外廬等編：《宋明理學史》（上、下），北京：人民出版社，1984 年 4 月。

46. 侯外廬等：《中國思想通史》（五），北京：人民出版社，1992 年 9 月。

47. 侯外廬：《近代中國思想學說史》（上），上海：生活書店，1947 年。

48. 容肇祖：《明代思想史》，臺北：開明書店，1978 年 10 月。

49. 耿寧：〈從「自知」概念來了解王陽明的良知説〉，《中國文哲研究通訊》4 卷 1 期，1994 年 3 月，頁 15-20。

50. 唐君毅：《中國哲學原論——原教篇》，臺北：臺灣學生書局，1984 年 2 月。

51. 唐君毅：《中國文化之精神價值》，臺北：正中書局，1991 年 1 月。

52. 唐君毅：《文化意識與道德理性》，臺北：臺灣學生書局，1986 年 4 月。

53. 唐君毅：《哲學論集》，臺北：臺灣學生書局，1990 年 2 月。

54. 徐復觀：《中國思想史論集》（續編），臺北：時報文化出版公司，1982 年 3 月。

55. 梁啓超：《中國近三百年學術史》，臺北：華正書局，1989 年 8 月。

56. 梁啓超：《中國學術思想變遷之大勢》，臺北：中華書局，1971 年 10 月。

57. 梁啓超：《清代學術概論》，臺北：啓業書局，1973 年 11 月。

58. 黃俊傑編：《中國文化新論——思想篇二——天道與人道》，臺北：聯經出版社，1983 年 4 月。

59. 黃俊傑：〈宋儒對於孟子政治思想的爭辯及其蘊涵的問題——以孟子對周王的態度爲中心〉，「孟子學國際研討會」會議論文，1994 年 5 月。

60. 黃霍譯：《價值是什麽》，臺北：聯經出版社，1991 年 1 月。

61. 陸寶千：〈嘉道史學——從考據到經世〉，收入杜維運、陳錦忠所編：《中國史學史論文選集三》，臺北：華世出版社，1980 年 3 月。

62. 陳來：《朱子哲學研究》，臺北：文津出版社，1990 年 12 月。

63. 陳來：《有無之間——王陽明哲學的精神》，北京：人民出版社，1991 年 3 月。

64. 陳來：《宋明理學》，瀋陽：遼寧教育出版社，1992 年 6 月。

65. 陳鼓應、辛冠潔、葛榮晉主編：《明清實學思潮史》（中），濟南：齊魯書社，1989 年 7 月。

66. 陳文石：《明清政治社會史編》（上），臺北：臺灣學生書局，1991 年 11 月。

67. 陳祖武：《清初學術思辯錄》，北京：中國社會科學出版社，1992 年 6 月。

68. 陳訓慈：〈清代浙東史學〉，收入杜維運、黃進興編：《中國史學史論文選集二》，華世出版社，1979 年 10 月。

69. 陳榮灼：《「現代」與「後現代」之間》，臺北：時報文化出版公司，1992 年 4 月。

70. 陳郁夫：〈王船山「聖功」論述評〉，「明清之際中國文化的轉變及延續研討會」會議論文，1990 年 5 月。

71. 勞思光：《中國哲學史新編》，臺北：三民書局，1990 年 12 月。

72. 曾昭旭：《王船山哲學》，臺北：遠景出版公司，1983 年 2 月。

73. 張立文主編：《理》，北京：中國人民大學出版社，1990 年 12 月。

74. 張立文主編：《氣》，北京：中國人民大學出版社，1990 年 12 月。

75. 張立文主編：《道》，北京：中國人民大學出版社，1990 年 12 月。

76. 馮友蘭：《中國思想史新編》（五～六），北京：人民出版社，1992 年 5 月。

77. 傅偉勳：〈批判的繼承與創造的發展——關於中國文化重建的問答〉，收入氏著《批判的繼承與創造的發展——「宗教與哲學」二集》，臺北：東大圖書公司，1986 年 6 月。

78. 傅偉勳：〈現代儒學的詮釋學暨思維方法論建立課題——從當代德法詮釋學爭論談起〉，「第二屆當代新儒學國際會議」會議論文，1994 年 12 月，頁 127-152。

79. 傅偉勳：〈創造的詮釋學及其應用——中國哲學方法論建構試論之一〉，收入氏著《從創造的詮釋到大乘佛學——「哲學與宗教四集」》，臺北：東大圖書公司，1990 年 7 月。

80. 張學智：〈論劉宗周的「意」〉，《哲學與文化》21 卷 3 期，1994 年 3 月，頁 260-272。

81. 楊儒賓主編：《中國古代中的氣論及身體觀》，臺北：巨流圖書公司，1993 年 3 月。

82. 楊國榮：〈儒家價值觀的歷史轉換——明清之際的儒學〉，《孔孟學報》第 68 期，1994 年 9 月，頁 173-189。

83. 詹海雲：《清初學術論文集》，臺北：文津出版社，1992 年 3 月。

84. 詹海雲：〈清初實學思潮〉，收入國立中山大學國文系編印：《清代學術研討會論文集》，1989 年 11 月。

85. 路新生：〈從援儒入佛和儒釋之辨看理學的興衰與乾嘉考據學風的形成〉，《哲學與文化》21 卷 5 期，1994 年 5 月，頁 443-460。

86. 〔法〕路易・加迪等：鄭樂平、胡建平譯：《文化與時間》，臺北：淑馨出版社，1992 年 1 月。

87. 愛德華・希爾斯著、傅鏗、呂樂譯：《論傳統》，臺北：桂冠圖書公司，1992 年 5 月。

88. 溝口雄三：〈論明末清初時期在思想史上的歷史意義〉，《史學評綸》第 12 期，1990 年 7 月，頁 99-140。

89. 熊十力：《明心篇》，臺北：臺灣學生書局，1990 年 3 月影印四版二刷。

90. 熊十力：《新唯識論》，臺北：里仁書局，1993 年 3 月。

91. 鄧立光：《陳乾初研究》，臺北：文津出版社，1992 年 7 月。

92. 管敏義主編：《浙東學術史》，上海：華東師範大學出版社，1993 年 12 月。

93. 蔡仁厚：《宋明理學》（上、下）臺北：臺灣學生書局，1991 年 9 月

94. 劉述先：《朱子哲學思想的發展與完成》，臺北：臺灣學生書局，1984 年 8 月。

95. 劉述先：《新時代哲學的信念與方法》，臺北：臺灣商務印書館，1991 年 7 月。

96. 錢穆：《中國學術思想史論叢》（七～八），臺北：東大圖書公司，1980 年 3 月。

97. 錢穆：《中國近三百年學術史》（上），臺北：臺灣商務印書館，1968 年 4 月。

98. 錢穆：〈經學與史學〉，收入杜維運、黃進興編：《中國史學史論文選集二》，臺北：華世出版社，1979 年 10 月。

99. 戴景賢：《王船山之道器論》，臺北：廣學社印書館，1982 年 12 月。

100. 謝國楨：《明末清初的學風》，臺北：仲信出版社，1980 年。

101. 龔鵬程：〈我看「儒學經世」〉，收入《儒學與當今世界——當代新儒學國際學術論文集之二》，臺北：文津出版社，1994 年 12 月。

102. 〈「明清實學研究的現況與展望」座談會〉，《中國文哲研究通訊》2 卷 4 期，1992 年 3 月，頁 9-26。

103. 國立臺灣師範大學人文教育研究中心：《陽明學學術討論會論文集》，1989 年 3 月。

104. 臺大哲學系主編：《當代西方哲學與方法論》，，臺北：東大圖書公司，1988 年 3 月。

三、相關史學論著

1. 李宗侗：《中國史學史》，臺北：中國文化學院出版部，1979 年 12 月。

2. 李宗侗：《史學概要》，臺北：正中書局，1992 年 12 月。

3. 杜維運、黃進興編：《中國史學史論文選集二》，臺北：華世出版社，1979 年 10 月。

4. 杜維運：〈比較史學與世界史學〉，《史學評論》第 1 期，1978 年 7 月，頁 25-39。

5. 杜維運、陳錦忠編：《中國史學史論文選集三》，臺北：華世出版社，1979 年 10 月。

6. 余英時：〈中國史學的現階段：反省與展望——代發刊辭〉，《史學評論》第 1 期，1978 年 7 月，頁 1-24。

7. 周樑楷：《歷史學的思維》，臺北：正中書局，1993 年 4 月。

8. 吳光明：《歷史與思考》臺北：聯經出版社，1991 年 9 月。

9. 姜義華等：《史學概論》，臺北：水牛出版社，1992 年 4 月。

10. 胡昌智：《歷史知識與社會變遷》，臺北：聯經出版社，1992 年 5 月。

11. 〔英〕柯林烏著、陳明福譯：《歷史的理念》，臺北：桂冠圖書公司，1992 年 8 月。

12. 〔英〕柯靈烏著、陳明福譯：《柯靈烏自傳》，臺北：故鄉出版社，1985 年 3 月。

13. 〔英〕柯林烏著、張文傑等編譯：〈歷史哲學的性質和目的〉，《現代西方歷史哲學譯文集》，臺北：谷風出版社，1987 年 11 月。

14. 〔德〕馬丁‧海德格著、王慶節、陳嘉映譯：《存在與時間》，臺北：桂冠圖書公司，1993 年 7 月。

15. 黃俊傑：〈中國古代儒家歷史思維的方法及其運用〉，《中國文哲研究集刊》第 3 期，1993 年 3 月，頁 361-390。

16. 梁啟超：《中國歷史研究法》，臺北：里仁書局，1984 年 10 月。

17. 〔德〕黑格爾著、工造時譯：《歷史哲學》，臺北：里仁書局，1984 年 12 月初版。

18. 喬治忠：《清朝官方史學研究》，臺北：文津出版社，1994 年 3 月。

19. 勞思光：〈牟著《歷史哲學》〉，收入《書簡與雜記——思光少作集》，臺北：時報文化出版公司，1987 年 12 月。

20. 張哲郎：〈道德判斷與歷史研究〉，收入《中西史學史研討會論文集》，臺北：文津出版社，1986 年 1 月。

21. 趙干誠、鮑世奮譯：《史學導論》，臺北：五南出版社，1988 年 10 月。

22. 趙干誠、鮑世奮譯：《史學方法論》，臺北：五南出版社，1992 年 4 月。

23. 〔法〕雷蒙‧阿隆著、張文傑等編譯：〈歷史的規律〉，《現代西方歷史哲學譯文集》，臺北：谷風出版社，1987 年 11 月。

24. 劉昶：《人心中的歷史——當代西方歷史理論述評》，臺北：谷風出版社，1989 年 1 月。

25. 錢穆：《中國史學發微》，臺北：東大圖書公司，1989 年 3 月。

26. 簡俊聰：《歷史學的本質》，臺北：五南圖書公司，1989 年 7 月。

27. 編輯部編譯：《西洋現代史學流派》，臺北：弘文館出版社，1986 年 4 月。

後　記

　　本書是由筆者碩士論文《梨洲歷史性儒學之建立》修訂而成。筆者自 1992 年 7 月自中央大學中文系畢業，直升中研所碩士班，於 1995 年 6 月取得碩士學位。碩論的寫作，對我學術能力的養成，意義重大。在業師林安梧教授嚴格的要求及訓練下，從初期平列式的思考，漸漸轉向立體性思考，也讓我確立繼續深造的目標。

　　17 年後，回頭看自己當年的作品，雖然在問題思考、概念使用及文字表達有不少缺失，但對梨洲思想的理解大體仍是正確的。因此，筆者將論文題目及各章節標目，與章節內容稍作修定，使表達更清晰、更簡要，同時也將註腳及書目作完整修訂，使其更嚴謹。但最重要的論文內容，仍保持原本樣貌，為個人留下學術歷程紀錄。也因此並未針對之後出現的專著、期刊論文加以討論。

　　整部碩論的完成，首先感謝恩師林安梧教授的費心指導，讓我在碩士階段培養研究能力，進而於博士階段嘗試更高深的研究。在此也感謝曾昭旭教授、古清美教授於口試時，提供極寶貴的修正意見，個人受益良多。古教授已謝世多年，但她治學之嚴謹，至今仍令人難忘。

　　最後，感謝家父楊景柏先生、家母張素真女士，他們的身教、言教對我影響甚深，是我不斷前進的動力。在新民高中任教的舍妹自青，多年來在繁忙的教學之餘常為我發表於期刊的論文英譯，使拙作得以順利發表，對我幫助甚多；舍弟自森目前任教於臺北醫學大學牙體技術學系，雖然研究領域不同，但彼此相互交流、論學，讓我深受啟發。在此也感謝先生學德的全力支持與包容，讓我能專心於研究與教學工作；兩位寶貝呂紹君、呂紹辰的乖巧

與貼心，讓我對人生充滿熱情，覺得自己非常幸福。

　　本書受限於碩士階段的學力，見解多有不足，希望日後能再就梨洲思想作更深入研究。在這十餘年間有不少關於梨洲學術的專書、學位論文、期刊論文問世，有許多精闢的見解，足見梨洲學早已成為現今學界的顯學。期待學界有更多傑出的學術研究，使學術慧命延綿不絕。

楊自平

書於新竹智思齋

2012 年 10 月